"十三五"普通高等教育本科部委级规划教材

商务谈判与礼仪

SHANGWU TANPAN YU LIYI

李志军◎编著

中国纺织出版社

国家一级出版社
全国百佳图书出版单位

内 容 提 要

什么是商务？我们为什么要谈判？谈判如何开局？谈判中要注意哪些礼仪？国际商务谈判涉外礼仪的重要性如何？本教材从专业的角度，系统化地为读者一一解答。书中案例生动，课后习题针对性强，满足师生情景化教与学的需要。一本在手，谈判高手指日可待。

图书在版编目（CIP）数据

商务谈判与礼仪 / 李志军编著. --北京：中国纺织出版社，2018.6（2021.8重印）

"十三五"普通高等教育本科部委级规划教材

ISBN 978‐7‐5180‐5270‐7

Ⅰ. ①商… Ⅱ. ①李… Ⅲ. ①商务谈判—高等学校—教材②商务—礼仪—高等学校—教材 Ⅳ. ①F715.4 ②F718

中国版本图书馆CIP数据核字（2018）第171833号

策划编辑：陈 芳 责任印制：储志伟

中国纺织出版社出版发行

地址：北京市朝阳区百子湾东里 A407 号楼 邮政编码：100124

销售电话：010—67004422 传真：010—87155801

http://www.c-textilep.com

E-mail：faxing@c-textilep.com

中国纺织出版社天猫旗舰店

官方微博 http://weibo.com/2119887771

北京通天印刷有限责任公司印刷 各地新华书店经销

2018 年 6 月第 1 版 2021 年 8 月第 4 次印刷

开本：710×1000 1/16 印张：17

字数：272 千字 定价：48.00 元

本书要研讨的主题是商业谈判和礼仪，但作为沟通管理方面的研究者，在落笔的第一时间里，笔者对商业谈判和礼仪的定位就是它是一种沟通形式，是在商业领域特殊场景下的沟通。因为从这一视角观察、思考有助于跳出就事论事的固有思维，给予这本书或者这个选题一个更大的空间。

谈判的核心只在于说服吗？

商业谈判是非常专业的谈判，但不意味着只针对所谓的一些专业人员。很多人一想到谈判就是正襟危坐，必是国家外交、企业权益之争。其实谈判无处不在，可能是买卖家的讨价还价，也可能是促成某件事的引导说服。记得当年有一部脍炙人口的电视连续剧——《细说乾隆》，里面有句话至今难忘，乾隆皇帝讲："有人说这是个谈判的时代"。所以，并非坐在谈判桌的两边才叫做谈判，生活中无处不是谈判，说得更确切一些，谈判是一种思维方式，如果把谈判的理念和规则在生活中随时随处进行应用，那么思维方式就已经改变了。

谈判中最核心的能力就是说服力，也可以称为争辩力。也许是受儒家文化影响，很多人在对待"争辩"方面基本上是"让他一尺又何妨"，看似是宽容大度，但很多情况下未尝不是界限不清，是非不分，是一种自我价值感过低的表现。另一方面，当真正需要争辩时，又往往并不具备有效的争辩方法论。学校教育中基本不教口才、识人之术。相当多成年人的争辩力停留在"胡搅蛮缠""有理声高"的阶段，这样的场面在生活中屡见不鲜。在现代职场和社会竞争中，很有必要学会有理有据有节的"争辩"。而"争辩"在谈判中也是少不了的。

如何理解说服力的真实内涵呢？

首先，说服力是赋予于人的，也就是说，决定谈判结果的是谈判者，而并非谈判的内容。在促使谈判双方达成协议的关键要素当中，专业知识所起的作用不足10%，人在其中所起的作用超过50%，双方是否互有好感，是否互相信任，是否愿意倾听彼此的要求，将直接影响谈判的最终结果。

如果你认为谈判的关键是实质性问题，那么很遗憾，我不能说你的看法有错，但你却缺少了作为谈判者的说服力。在谈判当中，拥有真理和事实固然重要，但只是可能赢得谈判的筹码之一而已。人和谈判过程要更重要得多。很多人一直觉得谈判的成败取决于双方的诚意和筹码。但实际上这些策略放在一起展现出的可能是一种完全不同的对待谈判的思路。

其次，说服力并非体现在谈判要说服对方做自己想让他做的事情，也并非是要战胜对方，而是在实现自己目标的同时，帮助所有相关者达到他们的目标，实现整体利益最大化。所以，你要思考的是，你是想赢了对手，还是赢得对手。也就是谋求一种双赢局面的发生还是在进行一场零和博弈。

既往接受的很多教育和观点都推崇竞争，能在竞争中获胜的才是强者，竞争力是实现自我利益最大化的能力。谈判技巧、权力或手段的力量被过分高估了。大多数谈判教程以及影视作品中对谈判的描述，向人们灌输的是这样一种观点：只有获得超越对方的优势，才能迫使对方按照你的意愿去做事。这种观点存在很多问题。

随着时代的进步，能充分合作的人才是成功者。纳什用数学方法证明了瑞士哲学家让－雅克·卢梭（Jean-Jacques Rousseau）于1755年提出的理论，即当行动各方协同合作时，整体利益的规模几乎总是会越变越大，因此每一方都能分得比其孤军奋战时更多的利益。

试想，在一次谈判中，如果你为对方节约了一小时、一星期或让对方免于操心，或打消了对方对风险的后顾之忧——这其中会蕴涵多大的价值呢？如果你开始像这样思考了，一整套全新的选择将会豁然出现在你的面前。

提高争辩力绝不等于轻易树敌。很多时候，不应仅仅注重当时的胜负，还必须考虑过后是否会招人怨恨。如果当时赢了，却留下了积怨，那之后会遭到什么样的报复就不得而知了。

最希望看到的情形就是，在自己掌握主导权、对方正在为难的优势状态下，由自己提出和解。如果可以做到这样，双方就不用决裂，而且很有可能以对自己非常好的条件达成协议。正如《孙子兵法》的精髓之一"不战而屈人之兵"。

但还有一点必须要强调，说服力并非总是有效，谈判也是如此。在实际生活中使用这些方法和规则，并不一定每次都能成功，需要经常使用，期待的是10次里有1次能获得出乎意料的收获。即使是谈判高手，也只是成功率比普通人高一些而已。正如笔者在危机管理研究中所看到的一般，没有绝对的招数是保证能解决问题的，有时问题的解决可能是运气这次站在了你的一方。

礼仪构建沟通的和谐

礼仪同样也不是商业谈判所独有的，而是对文明社会生活的方方面面都很重要。荀子曾讲过："人无礼则不生，事无礼则不成，国无礼则不宁。"就是说一个不讲礼仪的人，一定很难在社会上立足；一件不合礼仪的事，一定很难办成；一个不重视礼仪的国家，一定政局不稳，不得安宁。人们的礼仪是否周全，不仅显示其修养、素质的形象，而且直接影响到事业、业务的成功，因为他保证了人与人之间可能达到的和谐与有序。

在谈判中，双方是否互有好感，是否互相信任，是否愿意倾听彼此的要求，虽并非都是礼仪所及，但你却无法对此视而不见。我们希望礼仪所传达出的是真情相待，而并非权谋之举，并不鼓励那种通过所谓周到的服务而成为成功的拖延战术以逼对手就范，而是坚信礼仪是一种基本的为人处世的规范。对谈判对手注重礼仪，也是给自己行方便。

同时礼仪也是构成教养的一个重要部分。一个由有教养的人组成的社会，即使是陌生人之间也会获得一种默契。仅仅依靠私德建立社会默契非常艰难，但商业的规范可能建立起要容易些，所以希望社会规则的重建能够在商业中得以实现。

本书并不是单纯教人如何谈判，如何遵守礼仪，而是要让人从内心深处成为一名真正的谈判者，让这些谈判技巧和策略就像人的性格一样，成为人密不可分的一部分。一旦这些技巧实现了内化，几乎所进行的每一次谈判都会有所改善。谈判就是生活的一部分。而作为教材，除普及谈判基础知识之外，同样希望学生通过对该课程的学习建立一种恰当的"争辩"思维，知礼善谈，学以致用。所以希望读者以一种更为开阔的视角看待这一本书所传递的价值，也希望能够成为您生活中提高沟通能力的好帮手。

李志军

2018 年 2 月

目录
contents

第一章　认识商务谈判

本章学习目标

1.了解、认识商务谈判和其特征。
2.基本掌握商务谈判的主要类型。
3.知晓商务谈判的基本原则与程序。

两个孩子分一个橙子，他们决定由一个孩子负责切橙子，而另一个孩子优先挑选，由此两人各得到一半橙子。回家后，一个孩子把皮剥掉扔进了垃圾桶，把果肉放到果汁机里做成果汁喝；另一个孩子则把果肉挖掉扔进了垃圾桶，而把橙子皮留下来磨碎，混在面粉里烤蛋糕吃。这个故事中，两个孩子虽然各自拿到了一半橙子，但都没有做到物尽其用。如果他们能够进行沟通协商，各自表达意愿，那么这一个橙子将得到充分的利用，两人都能实现利益最大化。这个协商的过程可以说就是谈判的过程。本章主要讨论的是商务谈判的概念、特征、类型、基本原则和程序。

第一节　商务谈判的概念与特点

"谈"是"讲、论，彼此对话"的意思；"判"是"评断"。结合起来就是对话双方明确阐述自己的意愿观点，努力寻求双方关于各项权利义务的一致意见。

一、认识谈判

（一）谈判的产生

首先是追求利益。因为谈判是一种具有明确目的性的行为，其最基本的目的就是追求自身的利益。其次是为了谋求合作。社会依赖关系的存在，不仅为相互间的合作互补提供可能，也成为一种必要方式。最后是达成共识。暴力并非处理矛盾的理想方式，应摒弃对抗，谋求互惠互利。

（二）谈判的概念

美国谈判学会会长尼尔·伦伯格在《谈判的艺术》中指出[1]：每一项要求满足的愿望，每一项寻求满足的需要，都是诱发人们展开谈判的前因，只要人们为改变相互关系而交换观点，只要人们为取得一致而磋商协议，他们就是在进行谈判。广义的谈判是指除正式场合下的谈判外，一切协商、交涉、商量、磋商等，都可以视为谈判。狭义的谈判仅仅是指正式场合下的谈判。另外，比尔·斯科特在《贸易谈判技巧》[2]中将谈判解释为"双方面对面会谈的一种形式，旨在通过双方共同努力，寻求互惠互利的最佳结果。"

（三）谈判的基本特征

1. 谈判各方具有依赖关系

人们的一切活动都建立在一定的社会关系基础上。参与谈判的各方可能是买卖关系、技术支持与被支持关系等，彼此具有依赖性。

2. 谈判是由各方当事人共同参与的

谈判是两方以上的交际活动，只有一方则无法进行谈判活动。而且只有参与

---

❶ （美）尼尔·伦伯格著，《谈判的艺术》，上海翻译出版公司，1986 年
❷ （英）比尔·斯科特著，《贸易谈判技巧》，中国外贸出版社，1986 年

谈判的各方需要有可能通过对方的行为而得到满足时，才会产生谈判。

3. 谈判的目的是平衡各方的需求和利益

尼尔伦伯格指出，当人们想交换意见、改变关系或寻求同意时，人们开始谈判。这里，交换意见、改变关系、寻求同意都是人们的需要。这些需要来自人们想满足自己的某种利益，这些利益包含的内容非常广泛：有物质的、精神的，有组织的、个人的等。当需要无法仅仅通过自身而需要与他人的合作才能满足时，就要借助于谈判的方式来实现，而且，需要越强烈，谈判的要求越迫切。

4. 谈判成功与否的标志是最终能否达成协议

由于参与谈判各方的利益、思维及行为方式不尽相同，存在一定程度的冲突和差异，因而谈判的过程实际上就是寻找共同点的过程，是一种协调行为的过程，而谈判成功就是找到共同点达成协议。

5. 谈判是一种信息交流过程

谈判需要解决问题、协调矛盾，不可能一蹴而就，需要不断地进行协商交流，它是一个信息交换的过程。

二、商务谈判的概念与特点

（一）商务谈判的概念

商务谈判是指不同的经济实体各方为了自身的经济利益和满足对方的需要，通过沟通、协商、妥协、合作、策略等各种方式，最后达成各方都能接受的协议的活动过程。

（二）商务谈判的基本特征

由于商务活动的特殊性和复杂性，商务谈判活动表现出以下特征：

1. 谈判对象的广泛性和不确定性

商务活动是跨地区跨国界的。就双方而言，无论是买者还是卖者，其谈判的对象可能遍及全国各地甚至全世界。同时，每一笔交易都是同具体的交易对象成交的，因此在竞争存在的情况下就会充满不确定性。

2. 谈判环境的多样性和复杂性

从某种意义上讲，只要具备了谈判双方及某个物理空间，即可进行谈判。因此谈判环境本身会具有多样性和复杂性的特征，并非只有所谓的标准配置。但谈判环境的确会对双方的心理和发挥产生某种影响，可能是正面的，也可能是负

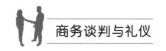

面的。

3.谈判条件的原则性与可伸缩性

商务谈判的目的在于各方面都要实现自己的目标和利益，但若达成这一结果，双方博弈的同时必然要达成某种妥协，这种妥协就具体体现在交易条件有一定的伸缩性，但不能以丧失自身的基本利益为代价，这即是谈判人员必须坚守的原则性。

4.内外各方关系的平衡性

谈判结果最终达成的满意程度其实取决于两方面的认可程度。其一，谈判对手的接受；其二，自己阵营的评价。因此，这种满意还可以理解为来自谈判双方在构建彼此关系和内部关系时达成的平衡性程度。

5.合同条款的严密性与准确性

商务谈判的结果是由双方协商一致的协议或合同来体现的。合同条款实质上反映了各方的权利和义务，合同条款的严密性与准确性是保障谈判获得各种利益的重要前提。切忌在拟订合同条款时，掉以轻心，不注意合同条款的完整、严密、准确、合理、合法，那么不仅会把到手的利益丧失殆尽，而且还要为此付出惨重的代价。

第二节　商务谈判的类型

商务活动的特殊性和复杂性导致商务谈判的对象、环境、时间、地点等都具有不确定性和复杂性。所以商务谈判的分类也呈现出多种方式。本节内容将从10个分类角度进行详细介绍。

一、按谈判时间划分

对于谈判时间长短的划分并没有统一的定论，但可做如下分类。

短期商务谈判：指时间在3个月以内的谈判。

中期商务谈判：指时间在3个月至1年内的谈判。

长期商务谈判：指时间在1年以上的谈判。

二、按谈判所在国度划分

国内商务谈判：是指商务谈判参与方均来自一个国家内部。

国际商务谈判：是指谈判参与方分属两个及两个以上的国家或地区。

国内谈判与国际谈判的背景存在较大差异。对于国际商务谈判，谈判人员首先必须认真研究对方国家或地区相关的政治、经济、法律、文化、气候、环境等背景。同时也要认真研究对方国家或地区谈判人员的个人阅历、谈判风格等。此外，对谈判人员在外语水平、外贸知识等方面也有相应的要求。这些内容会在商务谈判的准备与商务谈判的礼仪方面具体涉及，这里不做重点阐述。

三、按谈判地点划分

（一）主场商务谈判

主场商务谈判是在己方所在地进行的商务谈判，会给己方带来很多便利和优势。

1.谈判信心足

由于谈判是在己方所在地进行，在谈判时间表、各种谈判资料的准备、突发情况的请示汇报等方面均比较方便，从心理上会给予谈判者一种安全感，在谈判的态度上也能表现出充满自信、从容不迫。

2.礼貌待人，以德服人

作为东道主，必须懂得礼貌待客，在迎来送往、饮食住行方面都要安排妥当，使对方感受到如家的环境气氛，从而赢得对方的信赖。

3.内外线谈判

如果谈判在己方所在地或附近进行，那么客方就有条件了解己方的内部情况，如工厂、企业等方面获取己方信息，为谈判增加筹码。

（二）客场商务谈判

客场谈判是在谈判对手所在地组织的商务谈判。客场谈判的好处是谈判可能更为主动，在企业和领导授权的范围内更好地发挥能动性。

1.客随主便

到对方的地盘进行谈判，可能会遇到很多陌生的东西，在谈判开始时就会形成一些无形的障碍，在谈判地位上显得比较被动，表现出"客随主便"。

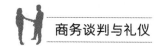

2.主应客求

作为客人对主人的尊重应视为礼貌的表现，而不是示弱。对"主便"也要有客应，客场谈判也要学会在谈判过程中积极提出要求，使主方考虑客方的意见。

3.易受冷落

客场谈判在逗留时间、授权范围、远距离通讯、经费限额等方面都会受到诸多限制，如果遇到不肯让步的对手，客场谈判将面临让步到底、坚持到底和一走了之三种选择。如果选择坚持谈判而对手又不肯妥协，往往会因对手"需要请示公司，请等待消息"等借口坐上"冷板凳"，进入到焦虑难耐状态。

（三）中立地谈判

中立地谈判是指谈判地点设在第三地的商务谈判，通常为关系不融洽、信任度不高的谈判双方所选用。这种选择比较适合双方进行非实质性接触谈判，而且在谈判中较少受到干扰，谈判的物质准备交于第三方，可以减少事务性工作。

四、按谈判参与人数和规模划分

（一）个体商务谈判（一对一）

是指双方只出一个主谈，只有一个人就一个问题进行磨合磋商，争取达到一致的商务往来。

因此一对一的谈判没有外力可借助，必须调动谈判人员自身的主观能动性，调动自己所掌握的谈判策略，全力以赴。虽然可以全力以赴，也有论题转换灵活性的优点，但一个人知识面再广，经验再丰富，在遇到多学科大领域边缘性交叉性商务领域时，依然很难胜任。所以一对一谈判应主要针对老客户老产品，小范围，低金额才较为适用。

（二）集体商务谈判

一个人以上、若干人在一起，以主要谈判人员为主，对某个话题某个商务往来进行磋商磨合，争取达到一致。

由于是集体谈判，就会有知识互补，经验交叉，同时可形成集思广益的优点，并可借助同伴形成思想碰撞以产生各种火花。除此之外，还有人多势众的优势。但集体谈判也有其弱点，即易发散，不易集中，甚至讨论时如在团队中有强势人物，大家思路通常也会跟着走，虽然强势人物的观点未必正确。

一般集体商务谈判分为三种类型：①小型谈判，一般 4 人以下；②中型谈判，一般 4~12 人；③大型谈判，一般 12 人以上。

五、按谈判的主体划分

（一）个人间的商务谈判

指以个体形式出现的商务谈判。既可以是代表私人间商业利益的谈判，也可以是代表组织进行的谈判。

（二）组织间的商务谈判

是商务谈判中出现最多的一种类型。即组织以个体或团队的方式为谋求各自利益而进行的谈判。

（三）国家间的商务谈判

此种商务谈判一是规格高，二是涉及国家层面的利益，三是通常牵扯多个领域或行业，比如中国加入世界贸易组织的谈判就是如此。

（四）几者之间的交叉谈判

这一类型出现的情况比较少，涉及了前三类利益主体之间的利益博弈，因此内容复杂，谈判难度大。

六、按参加谈判的利益主体数量划分

（一）双边谈判

所谓双边谈判，是指谈判主体只有当事人彼此两方，而没有第三方作为正式利益主体参加的谈判。这种谈判利益关系比较明确具体，涉及谈判客体也较为简单，因而也比较容易达成一致意见。国际商务谈判大多是双边谈判。

（二）多边谈判

参与谈判的代表至少是三方利益代表，即谈判主体涉及三方或以上的谈判，又称"多角谈判"。多边谈判涉及的范围广，人员复杂，谈判之前的准备工作难度大。在实际谈判中，多边谈判往往演化为就某个问题意见相互对立的双方。由于参与方多、谈判条件错综复杂，需要顾及的方面也多，因此很难在多方利益关系中加以协调，从而增加了谈判的难度。

七、按谈判议题方式划分

（一）横向商务谈判

横向谈判是指在确定谈判所涉及的主要问题后，开始逐个讨论预先确定的问题，在某一问题上出现矛盾或分歧时，就把这一问题放在后面，先讨论其他问题，如此周而复始地讨论下去，直到所有内容都谈妥为止。

这种类型的优点在于：① 议程灵活，方法多样。不过分拘泥于议程所确定的谈判内容，只要有利于双方的沟通与交流，可以采取任何形式。② 多项议题同时讨论，有利于寻找变通的解决办法。③ 有利于更好地发挥谈判人员的创造力、想象力，更好地运用谈判策略和谈判技巧。

这种谈判方式的不足之处在于：① 加剧双方的讨价还价，容易促使谈判双方做对等让步。② 容易使谈判人员纠缠在枝节问题上，而忽略了主要问题。

（二）纵向商务谈判

是指在确定谈判的主要问题后，逐个讨论每一问题和条款，讨论一个问题，解决一个问题，一直到谈判结束。

这种谈判方式适用于原则性谈判，其优势在于：①程序明确，把复杂问题简单化。②每次只谈一个问题，讨论详尽，解决彻底。③避免多头牵制、议而不决的弊病。

但缺点亦显而易见：① 议程确定过于死板，不利于双方沟通交流。② 讨论问题时不能相互通融，当某一问题陷于僵局后，不利于其他问题的解决。③ 不能充分发挥谈判人员的想象力、创造力，不能灵活地、变通地处理谈判中的问题。

八、按谈判者接触方式划分

（一）面对面谈判

顾名思义就是谈判双方（或多方）直接地、面对面地就谈判内容进行沟通、磋商和洽谈。日常生活中，大到每日媒体提及的国际国内各类谈判，小到推销员上门推销，售货员向顾客介绍商品，顾客与小商贩的讨价还价等，都属于面对面谈判。

（二）电话谈判

就是借助电话这一通信工具进行沟通信息、协商，寻求达成交易的一种谈判方式。它是一种间接的、口头的谈判方式。主要优势是快速、方便、联系广泛。特别是在经济迅速发展的社会，在经济洽谈、商务营销中，方便、快速更有决定意义。

（三）函电谈判

函电谈判是指通过进行磋商，寻求达成交易的书面谈判方式。该方式与电话谈判有相似之处，两者都是远距离、不见面磋商，但前者用文字后者用语音。函电谈判方式在国际贸易的商务谈判中使用最普遍、最频繁，但在国内贸易的商务谈判中则较少使用。

（四）网络谈判

是指借助于互联网进行协商。对话的一种特殊的书面谈判。基于电子商务的出现和迅猛发展，网上谈判方式也被企业提上重要的议事日程。

九、按谈判双方采取的态度与方针划分

（一）软式谈判

软式谈判也称让步式谈判。这种谈判把对方视为朋友，强调的不是占上风，而是建立和维持良好的关系。软式谈判一般的步骤是：信任对方—提出建议—做出让步—达成协议—维系关系。如果当事双方都能够以"关系"为重，以宽容、理解的心态友好协商，谈判就会效率高、成本低，相互关系也能得到进一步加强。但是，对某些强硬者一味退让，最终往往只能达成不平等的协议。因此只有在长期友好关系的互信合作伙伴之间，或是在合作高于局部近期利益的情况下，软式谈判的运用才具有意义。

（二）硬式谈判

硬式谈判也称立场型谈判。这种谈判视对方为劲敌，强调谈判立场的坚定性，强调针锋相对。采用硬式谈判，往往双方互不信任，互相指责也为常态，因此谈判很容易陷入僵局，无法达成协议。而且，这种谈判即使达成某些协议，也会由于某方的履约消极，甚至想方设法撕毁协议，从而陷入新一轮的对峙，最后导致相互关系的完全破裂。在对方玩弄谈判技巧，其阴谋需要加以揭露，在事关自身利益而无退让余地、竞争性商务关系、一次性交往而不考虑今后合作、对方思维天真并缺乏洞察利弊得失之能力等情况下，运用硬式谈判是必要的。

（三）原则式谈判

原则式商务谈判是指视谈判为解决问题的手段，重点放在利益上，根据价值达成协议。这种类型的谈判既吸取了软式谈判和硬式谈判的优长，又避免了二者存在的不足。这种谈判方式强调公正原则和公平价值，其主要特点是人、事分开，重点放在利益而不是立场上。谈判中对人温和，对事强硬。在做决定之前，先构思各种可能的选择，坚持根据公平的客观标准来做决定，并以此为前提，争取最

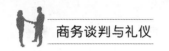

后结果。

运用原则型谈判的要求是：当事各方从大局着眼，相互尊重，平等协商；处理问题坚持公正的客观标准，提出相互受益的谈判方案；以诚相待，采取建设性态度，立足于解决问题；求同存异，争取双赢。这种类型的谈判，同现代谈判强调的实现互惠合作的宗旨相符，越来越受到社会的推崇。

十、按谈判内容划分

由于企业经济活动的内容多种多样，因此商务谈判的内容也是复杂广泛。在经济活动中经常碰到的商务谈判主要有以下几种：

（一）货物买卖谈判

货物买卖谈判是指以达到商品交易成功为目的的谈判活动。这是交易中最具代表性的谈判，货物买卖谈判的内容十分广泛，这种谈判难度较低，条款比较全面，一般包括：标的、质量、价格、日期、验收、装运、责任、支付等条款。

（二）投资项目谈判

投资项目谈判可以分为创办独资企业谈判和创办合资企业谈判。

创办独资企业的谈判双方通常是企业与投资所在地的政府部门，因而谈判的内容主要集中在宏观方面，主要内容有：投资项目、投资额、当地市场销售比例、税收政策、环境保护、劳动力雇佣、利润汇出、投资期限、财务审计等问题。

创办合资经营企业的谈判主要发生在企业间，因而谈判的内容主要集中在微观方面，主要包括：投资总额和各方的投资比例、出资方式、销售市场、组织机构、合营期限、投资缴纳的方式与时限、利润的分配等。

（三）技术贸易谈判

技术贸易是指以技术为对象的买卖交易活动。通常是技术的接受方与技术的转让方就转让技术的形式、内容、质量规范、使用范围、价格条件、支付方式等在技术转让中的一些权利、义务和责任关系等方面所进行的谈判。技术贸易谈判一般包括三个方面的内容：技术部分的谈判、商务部分的谈判和法律部分的谈判。

技术贸易谈判由于是围绕技术这一特殊商品进行的谈判，与其他形式的谈判尤其是货物买卖谈判相比具有独有的特点，即围绕使用权进行，价格较难确定，周期长，政府干预较多。

（四）劳务贸易谈判

劳务贸易谈判是劳务买卖双方就劳务提供形式、内容、时间、劳务的价格、计算方法及劳务费的支付方式等有关买卖双方的权利、责任、义务关系所进行的谈判。由于劳务本身不是物质商品，而是通过人的特殊劳动，将某种物质或物体改变其性质或形状，来满足人们一定需要的劳动过程。因此，劳务买卖谈判与一般商品买卖谈判有所不同。

（五）租赁业务谈判

租赁业务谈判主要是指围绕租用标的物而进行的谈判。它主要涉及租用标的物而进行的谈判，特别是租赁标的物的选择、交付情况、维修保养，租期到后的处理，租金的计算及支付方式，以及租赁期内租赁者与承租者双方的责任、权利、义务关系等问题。

（六）损害及违约赔偿谈判

损害及违约赔偿谈判与前几种类型的商务谈判相比是一种较为特殊的谈判。损害是指在商务活动中由于某方当事人的过失给另一方造成的名誉损失、人员伤亡损失和财务损失。违约是指在商务活动中并非不可抗力发生，合同的一方不履行或违反合同的行为。对损害和违约负有责任的一方应向另一方赔偿经济损失。在损害和违约赔偿谈判中，首先要根据事实和合同分清责任的归属，在此基础上，才能根据损害的程度，协商谈判经济赔偿的范围和金额，以及某些善后工作的处理。随着商务活动的发展，损害和违约赔偿谈判会经常发生，因此这方面的谈判应引起充分重视，以维护己方的合法权益。

第三节 商务谈判的基本原则

如果要保证商务谈判的顺利进行，应掌握以下八大原则

一、依法办事原则

依法办事原则是指在商务谈判及签订合同的过程中，要遵守国家的法律、法规，符合国家政策的要求，涉外谈判则要求既符合国际法则，又尊重双方国家的

有关法律法规。商务谈判的合法原则具体体现在三个方面：

一是谈判主体合法，即参与谈判的企业、公司、机构或谈判人员具有合法资格。

二是谈判议题或标的合法，即谈判的内容、交易项目具有合法性。与法律、政策有抵触的，即使出于参与谈判各方自愿并且意见一致，也是不允许的。

三是谈判手段合法，即应通过合理的手段达到谈判目的，而不能采取行贿受贿、暴力威胁等不正当的方式。

二、平等自愿原则

商务谈判是双方为了满足各自的需要而进行的洽谈和协商，目的在于达成协议，满足各自所需。参与商务谈判的各方无论其经济实力强弱与否，他们对合作交易项目都具有一票"否决权"。从这一角度来看，交易双方所拥有的权利是同等性质的。交易中的任何一方如果不愿意合作，那么交易就无法达成。这种统治的否决权在客观上赋予了谈判各方平等的地位，谈判当事人必须充分认识并尊重这种地位，否则，商务谈判很难取得一致。从另一个角度来讲，谈判双方都有同样的权利，应受到同等的尊重。所以，在商务谈判中，参与谈判的各方应以平等的姿态出现，无论其谈判实力多么强劲，都不应该歧视或轻视对手。同时，应尊重对方的意愿，在平等自愿的环境中进行商务谈判，才会使得谈判最终达到预期效果。

三、友好协商原则

在商务谈判中，双方必然会就协议条款发生这样或那样的争议。不管争议的内容和分歧程度如何，双方都应以友好协商的原则来谋求解决。切忌使用，也不能接受要挟、欺骗和其他强硬手段。如遇到重大分歧几经协商仍无望获得一致意见，则宁可中止谈判，另择对象，也不能违反友好协商的原则。谈判当事人应将眼光放得长远一些，寻求彼此谅解。做出中止谈判的决定一定要慎重，要全面分析谈判对手的实际情况，是缺乏诚意，还是确实不能满足我方的最低要求条件，因而不得不放弃谈判等，只要尚存一线希望就要本着友好协商的精神，尽最大努力达成协议。所以，谈判不可轻易进行，但也切忌草率中止。

四、互利共赢原则

所谓互利共赢原则，是指在商务谈判中，要使参与谈判的各方都能获得一定的经济利益，并且要使其获得的经济利益大于其支出成本。在商务谈判中，任何一方在考虑自身利益获得的同时也要考虑对方利益的满足，而不能独自占有过多的经济利益。要懂得商务谈判需要学会妥协，通过妥协和让步来换取己方的利益。

互利共赢的谈判是技巧问题、策略问题，其实更是观念问题。在谈判过程中，可以通过扩大选择范围，寻求多种方案，提出创造性建议，拉开谈判目标差异的方法进行互利共赢的商务谈判。

五、诚实信用原则

商务谈判中，谈判双方保持诚信非常重要。诚信在经济范畴内是一种稀缺资源，诚信中的诚，就是真诚、诚实，不虚假；信就是恪守承诺、讲信用。信用最基本的意思，是指人能够履行与别人约定的事情而取得信任。诚信，简单地讲就是守信誉、践承诺、无欺诈。在商务谈判中坚持诚信原则，应体现在以下三个方面。

首先是以诚信为本。诚信是职业道德，也是谈判双方交往的感情基础。讲求诚信能给人以安全感，使人愿意与其洽谈生意。诚信还有利于消除疑虑，促进成交，进而建立较长期的商务关系。

其次是信守承诺。如果谈判人员在谈判中不讲信用，出尔反尔，言而无信，甚至有欺诈行为，那么很难与对方保持长期合作。

最后是掌握技巧。谈判是一种竞争，要竞争就离不开竞争的手段，为此，需要运用各种谈判策略、技巧。讲求诚信，不会阻碍谈判人员运用业务知识技巧进行谈判，以谋求良好的谈判效果。

总之，谈判的伦理就是，既不提倡通过不诚实或欺骗行为来达到自己的目的，也不反对运用有效的策略和方法。

六、求同存异原则

寻求共同利益是谈判成功的基础点。但在实践中，双方虽然都意识到谈判的成功将会实现共同利益，谈判破裂会带来共同损失，但在行动上却会为各自的利益讨价还价，互不相让。最优化方式应该是提出建设性意见，这种方式可以有效地帮助谈判双方将创造从决策中分离出来，寻求共同利益，搁置分歧，尽量让对方的决定变得容易。在谈判中，为了寻求共同利益，还可以采用拉开谈判目标差异的方法，即把目标与其他利益挂钩，从对方考虑的难题出发，寻求达到自己的目的，以缓和双方的不同利益，即"合作的利己主义"。

七、客观公正原则

所谓客观公正是指独立于谈判各方主观意志之外的合乎情理和切实可用的标准，这种客观标准既可以是市场惯例、市场价格，也可能是行业标准、科学鉴定、同等待遇或过去的案例等。由于谈判时提出的标准、条件比较客观、公正，所以调和双方的利益也变得具有可行性。首先，提出客观标准，双方都可提出客观标准进行衡量；其次，经过讨论客观标准后，就要用客观标准说服对方，公正不移地按照客观标准进行衡量。总之，由于协议的达成依据是通用惯例或公正的标准，双方都会感到自己的利益没有受到损害，因而会积极、有效地履行合同。

八、时效性原则

所谓时效性原则，就是要保证商务谈判的效率与效益的统一。商务谈判要取得高效益，就不能搞马拉松式的谈判。在谈判中要有时间观念，任何谈判都不可能无休止地进行，时间成为影响谈判成功的重要条件。时间会有利于任何一方，关键是看人们如何利用时间。在谈判中，人们最容易做出让步的时间是接近截止时，当谈判接近截止期时，会使谈判者从心理上产生压力，因而不得不作出让步，因而谈判者应在此时注意把握时间，谨慎考虑。

另一方面，谈判是一种投资，因为在谈判中需要花费时间、精力和费用。这样，谈判的投资与取得谈判经济效益就存在一定的比例关系。以最短时间、最少精力和资金投入达到预期的谈判目标，就是高效的谈判。

第四节　商务谈判的基本程序

商务谈判在流程上的要求比较严格，只有事先对相关模式和涉及的阶段有较为熟练的把握，才有可能在谈判中掌握主动，获得预期的结果。

一、商务谈判的 PRAM 模式

所谓 PRAM 模式，是指谈判由四部分构成，分别是制定谈判计划（Plan）、建立关系（Relationship）、达成协议（Agreement）及协议的履行和关系的维持（Maintenance）。

（一）PRAM 模式实施的前提

PRAM 谈判模式的设计与实施有一个重要的前提：必须树立正确的谈判意识。这种谈判意识是整个模式的灵魂。

PRAM 谈判模式要树立的谈判意识包括以下几点：

①谈判是协商，而不是"竞技比赛"。竞赛是以输赢为结果的，冠军永远只有一个。谈判则不同，谈判是通过信息沟通，使双方在充分认识目前和未来可判断环境的基础之上，不断调整自身的需要而形成的满足双方需要的方式选择。

②谈判双方的利益关系应该是互助合作关系。谈判双方之间的关系既有合作关系又有竞争关系，是合作基础上的竞争。如果把市场比作一块蛋糕，那么，谈判双方必须首先通力合作把蛋糕做出来，然后才是蛋糕如何分割得更合理、更有效率，更能满足双方的需要。

③在谈判中，双方除了利益关系外还有人际关系，后者是实现前者的基础和保障。任何交易都是有风险的，必须付出成本，因此，为了控制交易风险，谈判双方必须首先对交易伙伴作出评估和选择，良好的人际关系是彼此建立好感与信任的基础。

④谈判者不仅要着眼于本次交易谈判，还要放眼未来，考虑今后的交易往来。商务谈判不同于其他事务的谈判，其主要目的是满足双方的经济利益。对经济利

益的追求是所有企业永不停息的追求，只要企业存续，就不可能停止商务谈判。而每一次谈判之间并不是截然孤立的，企业实力的表现、企业诚信形象的树立是通过每一次的活动逐步形成的。寻找一个交易伙伴是有代价的，谈判方案的执行依然需要双方的共同努力与合作，因此，谈判过程中必须有长远考虑。

这种谈判意识会直接影响和决定谈判者在谈判中所采取的方针和策略，也决定谈判者在谈判中的行为。

（二）PRAM 模式的构成

1.制定谈判计划

在制定谈判计划时，首先要明确己方的谈判目标；其次要设法了解和弄清对方的谈判目标。在确定了两者的目标之后，应把两者加以比较，找出在本次谈判中双方利益一致的地方。对于双方利益的共同点，应该在随后的正式谈判中首先提出，并由双方加以确认。这种做法能够提高和保持双方对谈判的兴趣和争取成功的信心，同时也为后面解决利益不一致的问题打下良好基础。对于双方利益不一致的问题，则要通过双方发挥思维的创造力和开发能力，根据"成功的谈判应使双方利益需要得到满足"的原则，积极寻找使双方都满意的办法来加以解决。

2.建立关系

在正式谈判之前，要建立起与谈判对方的良好关系。这种关系不是一面之交的关系，而应是一种有意识形成的、能使谈判双方在协商过程中都能够感受到的舒畅、开放、融洽的关系。换言之，就是要建立一种彼此都希望对方处于良好协商环境之中的关系。

要建立这种关系是因为在一般情况下，人们是不愿意与自己不了解、不信任的人签订合同的。在与一个从未谋面也没有听说过的人做交易时，人们从不敢麻痹大意，在行动之前就会层层设防，在谈话中也会尽量做到不轻易许诺；反之，如果双方都已相互了解，建立了一定程度的信任关系，谈判难度就会大大降低。因此，可以说谈判双方之间的相互信赖是谈判成功的基础。

如何建立谈判双方的信任关系，增强彼此的信赖感呢？经验证明，做到以下三点至关重要：

①要坚持使对方相信自己的信念。对事业与个人的关心、周到的礼仪、工作上的勤勉等都能使对方信任自己。

②要表现出自己的诚意。与不熟悉的人进行谈判时，向对方表示自己的诚意非常重要。为表明自己的诚意，可向对方介绍一些在过去的交易中自己与他人真

诚相待的例子。

③通过行动最终使对方信任自己。为使对方信任自己，要做到有约必行、信守诺言。必须时刻牢记，不论自己与对方之间的信赖感有多强，只要出现一次失约，彼此之间的信任感就会崩溃，而其一旦崩溃在短时间内将难以修复。

3.达成使双方都能接受的协议

在谈判双方建立了充分信任的关系之后，即可开始进行实质性的事务谈判。在这里，首先应核实对方的谈判目标，其次应对彼此意见一致的问题加以确认，而对彼此意见不一致的问题则应通过充分地交换意见，寻求一个有利于双方的利益需要和双方都能接受的方案加以解决。

对谈判人员而言，应清楚地认识到，达成满意的协议并不是协商谈判的终极目标，其终极目标应是使协议内容得以圆满地贯彻执行。因为，写下来的协议无论对己方多么有利，如果对方感到自己在协议中处于不利地位，必然会很少或根本不具备履行协议条款的动机。如果对方不遵守协议，那么协议也将变得一文不值。虽然可以依法向对方提起诉讼，但解决问题却可能需要花相当长的时间，并为之投入大量的精力。此外，在提起诉讼期间，希望对方办到的事情依然不会得到实现，因此，虽然己方最后可以胜诉并得到赔偿，但同样会付出沉重的代价。

4.协议的履行与关系维持

在谈判中，人们最容易犯的错误是：一旦达成令自己满意的协议就认为万事大吉，会鼓掌欢呼谈判的结束，以为对方会立刻毫不动摇地履行其义务和责任，这实在是一种错觉。因为履行职责的不是协议书而是人，协议书不管规定得多么严格，其本身并不能保证协议得到实施。因此，签订协议书是重要的，但维持协议书，确保其得到贯彻实施更加重要。

为促使对方履行协议，必须认真做好以下两项工作：

①为对方遵守协议约定的行为给予适当的、良好的情感反应。经验告诉我们，对一个人的成绩给予良好的反应是最能鼓舞其干劲的。因此，在对方努力信守协议时，给予其及时肯定的赞扬和感谢，其信守协议的精神就会保持下去。

情感反应的形式多种多样，可以亲自拜访致以问候和表示感谢，也可以通过撰写邮件、打电话来表示感谢。

②当要求他人信守协议时，自己首先应信守协议。通过努力，确保协议能认真履行，对具体一项交易而言，可以画上一个圆满的句号。但对于一个具有长远战略眼光的谈判人员来讲，还有一项重要的工作要做，就是维系与对方的关系。从为今

后继续进行交易往来的目的考虑，对于在本次交易协商中发展的与对方的关系，应想方设法予以保持和维护，避免以后与对方进行交易时，再花费力气重新培养。

维系与对方关系的基本做法是：保持与对方的接触和联络，主要是个人之间的接触。

（三）PRAM 模式的运转

PRAM 谈判模式的四个部分，实际上也是进行谈判的四个步骤，依次经过这四个步骤，也就完成了某一具体交易的谈判过程，如图 1-1 所示。一般谈判人员习惯把谈判看成是一个独立的、互不联系的、个别的过程，把与对方的初次会面作为开始，而把达成协议后的握手作为结束。而 PRAM 谈判模式则不同，它把谈判看成是一个连续不断的过程，因此本次交易的成功将会促进今后交易的不断成功。

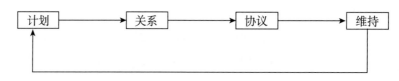

图1-1　PRAM谈判模式步骤图

二、商务谈判的基本过程

一般来说，商务谈判的过程可以划分为准备阶段、开局阶段、摸底阶段、磋商阶段、成交阶段和协议后阶段等几个基本阶段。

（一）谈判的准备阶段

谈判准备阶段是指谈判正式开始以前的阶段，其主要任务是进行环境调查、搜集相关情报、选择谈判对象、制定谈判方案与计划、组织谈判人员、建立与对方的关系等。准备阶段是商务谈判最重要的阶段之一，良好的谈判准备有助于增强谈判的实力，建立良好的关系，影响对方的期望，为谈判的进行和成功创造良好的条件。

（二）谈判的开局阶段

开局阶段是指谈判开始以后到实质性谈判开始之前的阶段，是谈判的前奏和铺垫。虽然这一阶段不长，但它在整个谈判过程中起着非常关键的作用，为谈判奠定了一个内在的氛围和格局，影响和制约以后谈判的进行。因为这是谈判双方首次正式亮相和谈判实力的首次较量，直接关系到谈判的主动权。而开局阶段的主要任务是建立良好的第一印象、创造合适的谈判气氛、谋求有利的谈判地位等。

（三）谈判的摸底阶段

摸底阶段是指实质性谈判开始后到报价之前的阶段。在这一阶段，谈判双方通常会交流各自谈判的意图和想法，试探对方的需求和虚实，协商谈判的具体方式，进行谈判情况的审核与倡议，并首次对双方无争议的问题达成一致，同时评估报价和讨价还价的形势，并为其做好准备。摸底阶段虽然不能直接决定谈判的结果，但却关系到双方对最关键问题（价格）谈判的成效；同时，在此过程中，双方通过互相摸底，也在不断调整自己的谈判期望与策略。

（四）谈判的磋商阶段

磋商阶段是指一方报价以后至成交之前的阶段，是整个谈判的核心阶段，也是谈判中最艰难的，是谈判策略与技巧运用的集中体现，直接决定着谈判的结果。它包括了报价、讨价、还价、要求、抗争、异议处理、压力与反压力、僵局处理、让步等诸多活动和任务。磋商阶段与摸底阶段往往不是截然分开的，而是相互交织在一起，即双方如果在价格问题上暂时谈不拢，又会回到其他问题继续洽谈，再次进行摸底，直至最后攻克价格这一堡垒。

（五）谈判的成交阶段

成交阶段是指双方在主要交易条件基本达成一致后，到协议签订完毕的阶段。成交阶段的开始，并不代表谈判双方的所有问题都已解决，而是指提出成交的时机已经成熟。实际上，这一阶段双方往往需要对价格及主要交易条件进行最后的谈判和确认，但此时双方的利益分歧已经不大，可以提出成交。成交阶段的主要任务是对前期谈判进行总结回顾，进行最后的报价和让步，促使成交，并拟定合同条款及对合同进行审核与签订等。

（六）谈判的协议后阶段

合同的签订代表谈判告一段落，但并不意味着谈判活动的完结，谈判真正的目的不是签订合同，而是履行合同。因此，协议签订后的阶段也是谈判过程重要的组成部分。该阶段的主要任务是对谈判进行总结和资料管理，以确保合同的履行与维护双方的关系。

 练习题

一、简答题

1.谈判的基本特征是什么？

2. 商务谈判的基本特征又是什么？

3. 商务谈判有哪些主要类型？

4. 商务谈判的基本原则体现在哪些方面？

5. 如何理解商务谈判的 PRAM 模式？

6. 商务谈判的基本过程有哪些环节？

二、案例题

沃尔·斯特里特公司的男鞋推销员去拜访他的一个贩卖商。在推销过程中，这位商人抱怨说："知道吗？最近 2 个月，我们订货的发送情况简直糟透了。"这一抱怨对于公司的推销员来说无疑是一个巨大的威胁，谈判有陷入僵局的危险。

推销员的回答很镇定："是的，我知道是这样，不过我可以向您保证，这个问题很快就能解决。您知道，我们只是个小型鞋厂，所以，当几个月前生意萧条并有 9 万双鞋的存货时，老板就关闭了工厂。如果您定的货不够多，在工厂重新开工和有新鞋出厂之前，您就可能缺货。最糟糕的是，老板发现由于关闭工厂他损失了不少生产能手，这些人都去别处干活了，所以，在生意好转之后，他一直难以让工厂重新运转。他现在知道了，他过早惊慌地停工是错误的，并且我相信我们老板是不会把现在赚到的钱盘存起来而不投入生产的。"

那商贩笑了，说："我得感谢您，您让我在一个星期之内头一次听到了如此坦率的回答。我的伙计们会告诉你，我们本周一直在与一个购物中心谈判租赁柜台的事，但他们满嘴瞎话，使我们厌烦透了。谢谢您给我们带来了新鲜空气。"

不消说，这个推销员用他的诚恳态度赢得了客户的极大信任，他不但做成了这笔生意，还为以后的生意打下了良好的基础。

你觉得这个案例符合商务谈判应遵守的哪个原则？

三、实训题

通过影视作品或其他渠道对商务谈判有一个基本、初步的了解。

第二章　商务谈判的准备

1.了解商务谈判在信息方面的准备工作。

2.了解商务谈判在组织方面的准备工作。

　　古语云："知己知彼，百战不殆"。商务谈判取得成功与否，不仅取决于谈判桌上的谈判技巧和现场发挥，而且有赖于谈判前充分、周密的准备工作。可以说，任何一次成功的谈判都是建立在良好的准备工作基础之上的。本章主要讲述商务谈判的信息准备、组织准备、方案制定和模拟谈判。

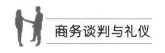

第一节　商务谈判的信息准备

一、商务谈判信息的概念和意义

（一）商务谈判信息

商务谈判信息也叫谈判情报，是指反映与商务谈判相联系的各种情况及其特征的有关资料。

（二）商务谈判信息的意义

有这样的一个例子，意大利与中国某公司谈判出售某项技术。谈判已进行了一周，仍进展不快，于是意方代表罗尼先生表示："我为表示诚意向中方拿出最后的价格，请中方考虑，最迟明天上午12点前告诉我是否接受，若不接受我就乘下午2点半的飞机回国。"说着把机票从包里抽出在中方代表面前晃了一下。中方代表一方面与领导汇报，与助手、项目单位商量对策，一方面派人调查第二天下午2点半是否有飞往欧洲的航班。结果查无此航班，中方认为意方最后的还价、机票是演戏，还有谈判空间。于是在次日10点给意方去了电话，稍作让步。意方听到中方有改进的意见后，虽然还不满意，但是没有离开。这样，靠一条航班信息，中方摸清了意方态度，得以继续谈判。

谈判信息对谈判活动的影响十分复杂，不同的谈判信息，或者准备程度不同的相同的谈判信息，对于商务谈判的影响也不同。有的信息直接决定了谈判的成败，有的只起到间接的影响作用。

1.谈判信息是制定谈判计划和战略的依据

谈判信息收集准确到位，谈判者就能根据信息制定相应的谈判战略，安排谈判计划，对即将展开的谈判进行纲领性的设想规划。明确的战略目标，良好的适用性和灵活性是一个优秀谈判战略所必需具备的，这都需要大量的谈判信息作为依据。

2.谈判信息是谈判双方相互沟通的纽带

在商务谈判过程中，虽然谈判双方的谈判目标、谈判方式和谈判内容各不相同，但是谈判的过程都是一个沟通的过程。沟通即是交流谈判信息。在信息的不断交换和识别中，谈判双方努力发现利益平衡点，促使双方达成协议。

3. 谈判信息是控制谈判过程的手段

谈判者在谈判过程中应始终明确"谈判的最终目标是什么"。在这一前提下，需要谈判者认真筛选谈判信息来支撑己方表述，使得谈判过程始终指向谈判目标。

二、商务谈判信息收集的主要内容

（一）关于己方信息的收集

在商务谈判中，要对己方的产品和经营情况有详细而深入地了解，其目的在于正确评估自身实力，根据形势来确立自己在谈判中的地位，从而制定相应的谈判策略。具体来说，包括产品的规格、性能、用途、质量、种类、销售情况、供需情况、市场竞争情况与企业的经营手段、效益和策略等方面内容。

（二）关于对方信息的收集

对谈判对手的信息收集是谈判信息的主要组成部分，具体包括：

①谈判对手的人员组成情况，即对方谈判人员的人数、主要负责人及他们之间的相互关系等；

②谈判对手的个人情况，包括年龄、学识、能力、爱好、家庭情况、个人品质、人格类型和理想信念等；

③谈判对手对于此次谈判的重视程度、合作欲望、目标、底线和最后期限等；

④谈判对手的产品和企业经营情况和资信情况等；

⑤谈判对手对于己方的了解程度和信任程度及评价等。

（三）关于市场信息的收集

市场信息是反映市场经济活动特征及其发展变化的各种消息、资料、数据和情报的统称。市场信息主要包括以下几个方面：

①国内外市场分布的信息。主要是指市场的分布情况、地理位置、运输条件、政治经济条件、市场潜力和容量、某一市场与其他市场的经济联系等。

②市场需求方面的信息。如产品的需求量、潜在需求量、本企业产品的市场覆盖率和市场占有率及市场竞争形势对本企业销售量的影响等。

③产品销售方面的信息。如果是卖方，则要调查本单位产品及其他企业同类产品的销售情况。如果是买方，则要调查所购产品的销售情况，包括该类产品过

去几年的销量、销售总值及价格变动，该类产品的长远发展趋势、拥有该类产品的家庭所占比例，消费者对该类产品的需求状况，购买该类产品的决定者、购买频率、季节性因素、消费者对这一企业新老产品的评价及要求。

④产品竞争方面的信息。这类信息主要包括生产或购进同类产品的竞争者数量、规模与该类产品的种类，各主要生产厂家生产该类商品的市场占有率及未来变动趋势，各品牌商品所推出的形式，消费者偏好与价格水平、竞争产品的性能与设计，各主要竞争对手的售后服务及满意度，广告宣传的类型与支出等。

（四）关于环境信息的收集

商务谈判是在一定的法律制度和特定的政治、经济、社会文化环境中进行的，这些外部因素或多或少都会对谈判活动产生影响。一般在跨区域的商务谈判中较多涉及，如国际商务谈判，谈判人员在制定谈判计划时要充分考虑以下因素：

1. 政治环境

（1）政治背景

一般情况下，商务谈判是纯经济目的的，但有时也会有政府或政党的有意介入。如果商务谈判中掺杂政府或政党的政治目的，那么谈判成功与否主要取决于政治因素的影响，不再单纯是商务或技术方面的问题。

（2）国家对企业管理的程度

主要涉及企业自主权的大小问题。如果国家对企业管理的程度较高，则谈判过程中政府常常会介入，而且关键性问题也有可能是政府部门人员做出回应。如果国家对企业管理程度较低，则意味着企业有较充分的自主权。

（3）经济运行体制

在市场经济体制下，企业有较多的自主权，可以决定谈判对象、谈判内容和谈判交易本身。在计划经济体制下，企业间的交易往来主要取决于是否列入国家计划，而列入国家计划的企业已争取到了计划指标。

（4）外交关系

谈判双方所属的国家政府之间的关系会影响到谈判成败。如果甲国与乙国有政治矛盾，而乙国和丙国是良好的贸易伙伴，那么甲国就有可能不愿意和丙国做生意。而且，在科技日益发达的今天，一些军事监听手段也常常会运用到国际商业竞争中。

2. 宗教环境

在一些有宗教信仰的国家，宗教信仰对人们的思想、行为的影响是客观存在的，甚至具有直接影响。一般来说，宗教环境的影响体现在五个方面：一是政治事务。主要指该国的政策方针和政治形势受到宗教影响。二是法律制度。在一些受宗教影响很大的国家，其法律制定必须依据宗教教义。三是国别政策。由于宗教信仰不同，国家在经济贸易方面会存在区别对待，或优待，或有所限制。四是社会交往行为。主要存在于有宗教信仰的国家和非宗教信仰国家在社会交往和人际行为方面的差别。五是节假日与工作时间。宗教活动往往有固定节日，不同国家的工作日也有所差别，所以在确定谈判日程时必须考虑这一点。

3. 法律环境

①法律制度的特征。它是根据何种法律体系制定的？属于哪种法系？包括什么内容？

②法律执行的情况。法律制度是否健全，是否有法可依？是否可以做到依法办事？

③法院受理案件的时间长短。

④不同国家法律的适用问题。

4. 商业习惯

不同国家或地区拥有不同的社会习俗，这些习俗对商务谈判具有一定影响。例如衣着规范是什么？如何称呼？赠礼方面有何讲究？对业务商谈的时间是否有要求？妇女在商业活动中的地位如何？这些社会习俗都会影响谈判双方的交流和所采取的对策。

5. 气候环境

一个国家或地区的气候也会间接影响业务活动。例如巴西热带雨林气候地区由于高温和多雨天气导致商务活动不适宜在户外进行；正在被海啸冲击的沿海城市也不是商务谈判进行的最佳地点。雨季和雨量分布，气温情况，空气平均湿度，自然灾害情况等等都会对商务谈判产生影响。

三、商务谈判信息的收集方法

由于社会、经济和企业制度管理等因素的影响，谈判信息的获取受到保密制度、保密原则和商业竞争的限制，使得信息收集十分困难。按照信息获取方式，可以把谈判信息分为一手资料和二手资料，前者一般是通过特殊手段直接获得的资料，后者一般是通过对已公开的各种信息进行收集整理获得的资料。

（一）二手资料的获取

1.文案调查法

文案调查法又称资料查阅寻找法、间接调查法、资料分析法或室内研究法。它是利用企业内部和外部现有的各种信息、情报，对调查内容进行分析研究的一种调查方法。

（1）内部资料收集

一是业务资料，包括与调查对象活动有关的各种资料，如订货单、进货单、发货单、合同文本、发票、销售记录、业务员访问报告等。二是统计资料，主要包括各类统计报表，企业生产、销售、库存等各种数据资料，各类统计分析资料等。三是财务资料，是由企业财务部门提供的各种财务、会计核算和分析资料，包括生产成本、销售成本、各种商品价格及经营利润等。四是企业积累的其他资料，如平时剪报、各种调研报告、经验总结、顾客意见和建议、同业卷宗及有关照片和录像等。

（2）外部资料收集

一是统计部门以及各级、各类政府主管部门公布的有关资料。国家统计局和各地方统计局都定期发布统计公报等信息，并定期出版各类统计年鉴，内容包括人口数量、国民收入、居民购买力水平等，这些均是很有权威和价值的信息。此外，计委、财政、工商、税务、银行等各主管部门和职能部门，也都设有各种调查机构，定期或不定期公布有关政策、法规、价格和市场供求等信息。这些信息都具有综合性强、辐射面广的特点。二是各种经济信息中心、专业信息咨询机构、各行业协会和联合会提供的信息和有关行业情报。这些机构的信息系统资料齐全，信息灵敏度高，为满足各类用户的需要，它们通常还提供资料的代购、咨询、检索和定向服务，是获取资料的重要来源。三是国内外有关的书籍、报纸、杂志所提供的文献资料，包括各种统计资料、广告资料、市场行情和各种预测资料等。四是有关生产和经营机构提供的商品目录、广告说明书、专利资料及商品价目表等。五是各种国际组织、学会团体、外国使馆、商会所提供的国际信息。六是国内外各种博览会、展销会、交易会、订货会等促销会议以及专业性、学术性经验交流会议上所发放的文件和材料。

2.专家顾问法

一些教授和专家由于学术研究，长期积累了大量的详细资料。企业可以通过聘请顾问的方式，协助资料调查和分析，并且可以合理"借用"顾问的信息资料。

（二）一手资料的获取

1.购买信息

目前，银行和市场调查公司、咨询企业都在开展调查研究和咨询业务，这些机构拥有专门的市场调查员和专家。企业在自身力量不足时，可购买其信息或委托调查。

2.实地调查

由谈判人员通过直接接触来收集、整理信息的方法。谈判人员可向内部企业和对方有接触的人员进行了解，也可以通过函电等方式和对方联系，对于比较重要的谈判，则可以安排非正式的初步洽谈。这种事先的接洽不仅有利于收集信息，而且能很好地表达合作的诚意。

3.网络调查

是借助互联网技术，以问卷调查或询问的方式获取信息的方法。但所获信息的准确性可能较低。

4.商业间谍

在对方内部安插人员或进行收买，从而窃取商业信息情报的方法。不足在于风险较高，安插人员是一种长期投资，短时间难以见效，而收买则可靠性较低，不值得提倡。

四、商务谈判信息的整理与分析

（一）信息的评价与筛选

对获得的谈判信息进行评价是信息整理的第一步。由于收集到的材料多且复杂，重要程度也各有不同，所以首先要进行价值判定，哪些可直接采用，哪些需要整理后使用，哪些本身不具备价值，都要进行初步的判断，从而方便信息的筛选。

信息的筛选一般通过以下方法：

1.查重法

剔除重复信息，精简信息量。

2.时序法

按照时间排序，针对同一问题以最近时间的信息为准，使得信息在时效性方面更具价值。

3.类比法

将信息按照不同类别，如地区、产品层次等，分类比较，将比较贴近实际的

材料予以重点保留。

4.评估法

根据自己对谈判对手业务或产品的熟悉程度，将对己方有用的信息予以保留。但这种方法需要信息收集和筛选人员具有比较扎实的市场专业知识和敏锐度，并和谈判活动密切相关。

（二）信息的分类与保存

想要充分利用获得的谈判信息，对信息进行分类非常必要。分类方法一般有两种：一是项目分类法，可和不同工作岗位相联系，按不同使用目的来划分；二是从大到小分类。信息量明显多于其他内容的可列为大项，一般不超过10项。在后期的信息分析中如有需要，大项可以继续细分。这两种方法可结合使用，一般是在第一种方法基础上使用第二种方法分类。

信息分类后要妥善保存。不论是经常翻阅的还是鲜有查阅的资料，都应当分门别类放到专门的文件夹或文件盒中，以标签标识，保证能够随时查找翻阅。

（三）信息的分析与研究

谈判信息的分析是在系统整理后进行的，而且必须细致准确，否则得出的结论很可能是错误的，从而导致谈判失败。一般而言，人们对谈判信息可进行定性分析、定量分析和定时分析。

定性分析主要指对谈判信息按照不同性质进行划分和分析，如对产品的市场竞争分布、规格、质量分析，以及对谈判对手做相应的质的分析和比较。定量分析是从数量方面对信息进行分析。如竞争对手的产品销售量、价格、成本利润和市场容量等。定时分析是指在一定时间段内对自己、谈判对手和市场竞争对手基本情况和未来发展趋势的分析。经过定性分析、定量分析和定时分析三个阶段，谈判信息会更具利用价值。

第二节　商务谈判的组织准备

商务谈判是一项复杂的经济活动，要使得谈判顺利进行并取得预期成果，提高谈判的成功率，对谈判人员的组织和管理会起到决定性作用。如果对自己的谈判人员缺乏组织和管理，就会增大在谈判中失败的可能性。因此，要充分做好商务谈判的组织准备工作。

一、谈判团队的构成原则

一场成功的谈判往往依赖于谈判人员良好的个人素质，而由于商务谈判大多是组织行为，因此单凭个人不一定总能获得预期成果。商务谈判就如同一场交响音乐会，谈判人员如同乐手演奏不同乐器，只有在一定指挥和协调下，才能相互配合演奏出优美的乐曲。谈判团队要构成合理，人员精干。具体来说，应遵循以下原则：

（一）知识互补

谈判小组的每个成员不仅要符合一定的素质要求，而且还要能结构互补。一般而言，首席谈判代表要责任心强，心胸开阔，意志坚定；富有创新能力和组织协调能力，拥有上通下达的信息渠道；知识广博，精通商务及有关业务；经验丰富，有娴熟的策略技能；思维敏捷，善于随机应变；能充分发挥谈判队伍的整体力量，从而实现预期谈判目标。而谈判小组其他人员则要在基本的业务专长基础上，善于从思想上、行动上服从指挥，相互配合，确保内部协调一致。

（二）性格协调

谈判小组中谈判人员的性格要互补协调，能将不同性格的优势发挥出来，互补不足，才能发挥出最大优势。如外向型的人比较适合沟通接待和打探消息，谨慎内敛型的人则可能比较适合情报分析等工作。

（三）分工明确

谈判小组的成员要分工明确，以防在工作中人员扎堆或互相推诿。每个人应担任不同角色，以便责任落实到个人，避免越位。争论时发言有序，行动时主次分明，主角和配角、中心和外围，各有不同，各有侧重。

二、谈判团队人员的构成及素质要求

一般来说，谈判小组由核心成员和外围支持构成。不仅要求每个谈判人员要精通自己专业方面的知识，同时对其他领域的知识也要比较熟悉，这样才能彼此密切配合。比如商务人员有必要懂得一些法律、金融方面的知识；法律人员有必要掌握一些技术方面的内容；而技术人员则要了解一些商务和贸易方面的知识等。

（一）团队核心成员

1. 技术人员

商务谈判需要有熟悉生产技术、产品性能和技术发展动态的技术人员、工程师等参加。在谈判前，专业技术人员要准备好与谈判有关的详细技术资料，掌握相关参数，在谈判中发生与技术问题相关的争议时应立即分析、判定问题所在，及时解答相关难题。

2. 财务人员

财务人员应由熟悉业务的经济师或会计师担任，主要职责是对谈判中的价格核算、支付条件、支付方式、结算货币等与财务相关的问题进行把关。

3. 法律人员

通常由特聘律师、企业法律顾问或熟悉相关法律规定的人员担任。职责是做好合同条款的合法性、完整性、严谨性的审核工作，同时也负责涉及法律方面的谈判。

4. 翻译人员

由熟悉外语和有关知识、善于合作、纪律性强、工作积极的人员担任，主要负责口头与文字翻译工作，以达到沟通双方意图，并运用语言策略配合谈判的作用。在涉外商务谈判中翻译人员的水平将直接影响到谈判双方的有效沟通和磋商。在此需要强调的一点，即使己方谈判人员十分熟悉对方的语言，翻译人员也有其重要用途。一是给予我方缓冲时间，在高度紧张的谈判中能够利用翻译的时间进行思考和观察；二是在特殊情况下通过翻译避开对方的攻击，如借口翻译不当；三是翻译可以对己方明显的语言失误进行修正。

5. 商务人员

由熟悉交易惯例、价格谈判条件、行情，并且有经验的业务人员或领导担任。

6. 谈判团队领导人

负责整个谈判工作，领导谈判队伍，具有领导权和决策权。有时谈判团队领导人也是主谈人。

（二）外围支持力量

除以上核心人员外，还可配备其他一些辅助人员，但人员数量要适当，要与谈判规模、谈判内容相适应，尽量避免不必要的人员设置。

三、谈判团队的管理

（一）确定适当的谈判小组规模

谈判小组人员多，有利于集思广益，在谈判中易给对方造成心理压力，但也在组织协调方面增加了难度；谈判人员少，显得精明能干，便于统一行动，但如果谈判涉及面广且耗费时日，人员过少会导致谈判小组负担过重或职能残缺。一般来说，谈判场上的人员不宜过多，可考虑把谈判小组分为两部分：一部分主要从事背景资料的准备，人数可适当多一些；另一部分则从事直接谈判工作，人数与对方相当。确定谈判小组规模可依据以下原则：

1. 依据项目的大小和难易确定

着重考虑谈判主题的大小、难易程度和重要性等，以此确定人数。

2. 依据谈判所需专业知识的复杂程度确定

一些大型谈判会牵扯到许多专业知识，从而也影响着交易标的物、交易程序的复杂程序，因此谈判队伍的规模也会相对较大。

3. 依据管理幅度的有效性确定

一个领导者所能有效管理下属人员的数量是有限的，即其有效的管理幅度。谈判活动是相当紧张、复杂多变的，需要谈判人员充分发挥个人的独创性和独立应变能力的同时保持谈判团队的统一协调。因此，应根据其领导者的有效管理幅度来确定谈判小组规模。

（二）确定谈判小组的领导人

谈判小组的领导者一般由高层领导者直接任命。谈判的领导者通常应具备以下条件：

1. 具备全面的知识能力

谈判领导人本身除应有较高的思想素质，强烈的责任心和事业心外，还必须基本掌握整个谈判涉及的有关知识，虽然其不一定是主谈判人。只有这样才能针对谈判中出现的问题提出正确见解，协调谈判班子的运转，使其达到最佳状态。

2. 具备较强的管理能力

谈判领导者必须能灵活运用各种管理技巧，有充分调动各种人员积极性的能力。

3.具备一定的威望或权力地位

谈判领导人要负责整个谈判的进程控制，管理好谈判小组中的优秀人才，是需要一定的威望和地位的。因此多由企业的高管或专家担任。

4.与对方的领导人具有对等的地位

这主要出于尊重对方和谈判活动的考虑。

（三）谈判小组的分工与配合

谈判小组成员在发挥各自所长时还必须按照谈判目标和方案与其他组员相互协调合作。分工和配合是这一环节的两个要素，彼此相互作用。没有分工，就没有良好的配合；没有配合，分工也就失去了意义。

1.主谈判与辅谈判

所谓主谈判是指在谈判的某一阶段，针对某些方面或议题的主要发言人。除主谈判外，此时小组其他成员处于配合位置，称为辅谈判。一般而言，主谈判应具备以下素质：

①明确党和国家的政策方针，尤其是对外开放政策、经济改革条例以及技术设备引进等外贸政策有较为清楚地了解，并且在谈判中贯彻执行；

②对所在行业的现状和长远发展规划、措施有一定了解，特别是需要引进技术设备的己方企业的现状和长远发展；

③专业技术知识和技能熟练，知识面广，不仅了解产品或设备的原理、结构、性能和特点等，而且具有一定的实践经验，同时对相关的专业技术知识有一定了解；

④了解国内外市场状况，尤其是引进某种技术或设备的国内外现状、技术水平和市场现状；

⑤有一定的谈判活动经验，在谈判中表达清楚，大方有礼，思维敏捷，具有较好的表达能力和应变能力；

⑥在涉外谈判中，具有一定的外语水平，在必要时可以与对方直接商谈某些问题；

⑦能与谈判小组的其他成员团结协作，配合默契。

在谈判时一切重要观点和意见都应主要由主谈判表达，尤其是一些关键的评价和结论表述，辅谈判决不能随意发表个人观点或与主谈判意见不一致。主谈判发言时应得到所有辅谈判的支持，可以是语言，也可以是动作。这是因为如果主谈判发言时，辅谈判做出赞同的动作，会增强主谈判的说服力和可信度；若辅谈判从始至终一直心不在焉，无疑会影响整个团队的形象，破坏主谈判的自信心与说服力。

2."台上"与"台下"

在比较复杂的谈判中，为提高谈判的效果，可以组织"台上"和"台下"两组人员。前者是直接在谈判桌上谈判的人员，后者不直接与对方面谈，而是为前者出谋划策或提供所需资料与证据，同时可以指导和监督"台上"人员按既定目标行事。

（四）谈判小组成员的培养

对谈判人员的培养，包括社会培养、企业培养和自我培养，这里主要指企业培养。企业培养主要是培养针对企业商务活动的商务谈判实践能力，也是真正成长为优秀谈判人才的关键环节。培养方式主要有两种：一是脱产专门学习，二是在实践中学习摸索。两种途径都是必要的，是理论与实践相结合的事实要求。从个人角度来说，企业培养分为以下阶段：

1.熟悉基本要求

主要指迅速熟悉本行业基本情况，包括行情、企业情况、专业产品知识和贸易惯例等知识。此阶段以理论学习为主，必要时也会加入对谈判技巧和礼仪的训练。

2.示范学习

此阶段主要是让新手练习和运用谈判理论。由经验丰富的业务人员给予示范，包括谈判的全过程，既要全面展示，也要详细分析利弊。

3.初步实践

商务谈判关系企业利益，所以给新手实践的谈判项目宜金额小，不复杂并且容易实现。这样既不影响企业大局，也可以给新手体验和学习的机会。

4.独立挑大梁

通过许多小项目的锻炼和多种角色体验，可在加强指导的情况下，把一些大的项目交给新手，多加磨练。

四、商务谈判方案的制定

谈判方案是谈判人员在谈判前预先对谈判目标等具体内容和步骤所作的安排，是谈判者行动的方向。谈判方案应对各个阶段的谈判人员、议程和进度做出周密

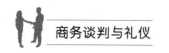

设想，对谈判工作进行有效地组织和控制，使其既有方向，又能灵活地左右错综复杂的谈判局势。

（一）制定谈判方案的基本原则

1. 简明扼要，重点突出

即为保证谈判人员很容易记住谈判要点和基本原则，使之有更大精力与对手进行有效博弈，在内容设计上应该尽量简明、清晰，核心信息突出。

2. 兼具具体性和灵活性

在确立主要内容后，关键环节应体现较强的具体性，否则陷于空洞和含糊同样对谈判进程于事无补。同时由于谈判过程中经常会出现意料之外的情形，为使在复杂多变的形势下尽量争取最为理想的结果，应在方案设计时体现一定的灵活性。即在不突破原有设计范围内准备几个可供选择的结果，但若出现重大调整，也应准备相关预案。

3. 要有一定的前瞻性

虽然谈判是双方利益的博弈，但往往不意味着是你死我活的殊死之争。有时需要目光长远，在审时度势中为未来做进一步的铺垫和预设。为长远计，可能要做出当下必要的忍让和付出。同时出于共赢和长久合作，前瞻性的把握也是必须的。

（二）谈判目标

所谓谈判目标是指谈判要达到的具体目标，它指明谈判的方向和要达到的目的、企业对本次谈判的期望水平等。商务谈判的目的主要是希望以满意的条件达成一笔交易，因此确定正确的谈判目标是保证谈判成功的基础。谈判目标是一种在主观分析基础上的预期与决策，是谈判所要争取和追求的根本因素。按可达成性分为三级目标。

1. 最高目标

最高目标通常是对谈判者而言最有利的理想目标，也是谈判进程开始的话题，但往往对谈判单方是可望而不可即的目标，而最后会带来有利的谈判结果。

2. 可接受目标

即可交易目标，是经过综合权衡、满足谈判方部分需求的目标。这一目标对谈判双方都有较强的驱动力，因为双方都会抱有现实的态度。由于该目标具有一定的弹性，在谈判实战中，经过努力一般均可以实现。但要注意的是不要过早暴露，从而容易被对方否定。

可接受目标是谈判人员根据各种主客观因素，经过科学论证、预测和核算之后所确定的谈判目标，体现了己方可努力争取或做出让步的范围，而该目标的实现通常意味着谈判的成功。

3.最低目标

即通常所说的谈判底线。既是最低要求，也是谈判方必定要达到的目标。如果达不到，一般谈判会放弃。这也是谈判方的机密，受最高期望目标的保护，一定要严加保密。

（三）谈判的策略

谈判策略是指谈判人员为取得预期的谈判目标而采取的措施和手段的总和。它对谈判成败有直接影响，关系到双方当事人的利益和企业的经济效益。恰当地运用谈判策略是商务谈判成功的重要前提。

1.谈判策略是在谈判中扬长避短和争取主动的有力手段

商务谈判的双方都渴望通过谈判实现自己的既定目标，这就需要认真分析和研究谈判双方各自所具有的优势和弱点，即对比双方的谈判"筹码"。在掌握双方的基本情况后，若要最大限度地发挥自身优势，争取最佳结局，就要靠机动灵活地运用谈判策略。

2.谈判策略是企业维护自身利益的有效工具

谈判双方虽非敌对，但也存在着明显的利益冲突。因此，双方都面临如何维护自身利益的问题，恰当地运用谈判策略则能给予解决。在商务谈判中，如果不讲究策略或运用不当，就可能轻易暴露己方意图，以致无法实现预定的谈判目标。高水平的谈判者能够按照实际情况的需要灵活运用各种谈判策略，以达到保护自身利益、实现既定目标的目的。

3.灵活运用谈判策略有利于谈判过程的顺利进行

谈判过程的复杂性决定谈判者在任何一个阶段对问题处理不当，都可能导致谈判的破裂和失败，尤其是始谈阶段更为重要。谈判者要想营造一个良好的谈判氛围，使谈判能顺利发展，达到预期的谈判目标，就必须重视和讲究谈判各阶段的策略和技巧。只有这样，才能克服谈判中出现的问题和困难，将谈判逐步推向成功。

4.合理运用谈判策略有助于促使谈判对手尽早达成协议

谈判的当事双方既有利害冲突的一面，又有渴望达成协议的一面。因此，在谈判中合理运用谈判策略，及时让对方知晓谈判的成败取决于双方的行为和共同的努力，就能使双方求同存异，在坚持各自基本目标的前提下互谅互让，互利双

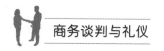

赢，达成协议。

（四）谈判议程与进度

谈判议程就是关于谈判的主要议题、原则框架、议题的先后顺序与时间安排。谈判之初，一般应首先将谈判议程确定下来。谈判议程的商定，实质上也是谈判内容的一部分，因为议程本身如何将会决定谈判者在以后的工作中是否居于主动地位，将会决定谈判的最终成果。

1. 时间安排

时间的安排即确定在何时举行谈判、多长时间、各阶段时间如何分配、议题出现的时间顺序等。谈判时间的安排是议程中的重要环节。如果时间安排仓促，准备不充分，匆忙上阵，就很难沉着冷静地在谈判中实施各种策略；如果时间安排过于拖延，不仅会耗费大量的时间和精力，而且随着时间的推延，各种环境因素都会发生变化，甚至可能会错过一些重要机遇。

2. 谈判地点

在中立的地点谈判总是较合人意。典型的案例就是大规模的劳资谈判通常不会在总公司办公室或工会总部举行，而是选择中立的饭店或会议厅举行，原因即在于在"自己根据地"谈判的一方如果占有明显优势，则会促使前往谈判的客人心生愤恨，因此会对谈判成功的可能性造成损害。

3. 谈判议题

确定议题就是根据谈判目标将与之相关的问题罗列出来，同时尽量做到不要遗漏，以免在以后的进程中留下遗憾。在确定议题时，应尽可能将己方议题列入议程，当然对方也会提出相应的谈判议题，如果双方议题吻合，基本上就可以将议题确定下来；如果双方差距较大，则需要对相关议题列入议程进行讨论。

一般情况下，议题顺序的商定遵循三个基本原则，即逻辑原则、捆绑原则和先易后难原则。所谓逻辑原则是指如果议题间存在逻辑关系的话，排序应按照逻辑关系的先后进行。由于议题太多，如果部分议题间存在非常强的相关性或类似性，就可将几个相关议题放在一起讨论，这就是捆绑原则。先易后难原则是在议题间不存在上述关系的情况下，先从容易的议题进行，待双方进入状态后再讨论较难的议题。这一原则与议题的重要程度无关，可以先谈重要的议题，也可以是不重要的议题。

需要注意的是，这三个原则在涉及议题先后顺序时也是有逻辑性的，即三个原则发生矛盾时，第二个原则服从于第一个原则，第三个原则服从于前两个原则。

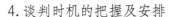

4.谈判时机的把握及安排

每个谈判议题需要多少时间是议程商定中的又一个问题。一般情况下，对己方有利的议题应该尽可能留出充裕的时间，对己方不利的议题应该尽可能安排较少的时间。议程本身只是双方共同商定的计划，不是固定不变的，在谈判开始以后，如果己方意识到议程中存在缺陷，应及时提出来，尽快更改议程。

5.通则议程与细则议程

（1）通则议程

通则议程是谈判双方共同遵守使用的日程安排，一般要经过双方协商同意后方能正式生效。通常应确定以下内容：谈判总体时间及分段时间安排；双方谈判讨论的中心议题，问题讨论的顺序；谈判中各种人员的安排；谈判地点及招待事宜等。

（2）细则议程

细则议程是己方谈判策略的具体安排，只供己方人员使用，具有保密性。一般包括：谈判中统一口径，如发言的观点、文件资料的说明等；谈判过程中可能出现的各种情况的对策安排；己方发言的策略，何时提出问题？提什么问题？向何人提问？谁来提出问题？谁来补充？谁来回答对方问题？谁来反驳对方提问？什么情况下要求暂时停止谈判等；谈判人员更换的预先安排；己方谈判时间的策略安排、谈判时间期限等。

（五）其他物质准备

1.谈判资料的准备

如果希望谈判、说服顺利进行，必须事前做好谈判资料的准备。在尚未妥善准备的情况下进行谈判、说服，无疑是自掘坟墓之举。尽管有很多尚待沟通之处，但如果从一开始就认定胜负已决，则未免过于消极和短见。准备充分的自己和对方，是谈判顺利进行的基础。事先充分准备资料有下列好处：①进行交涉时，不致偏于己方，可同时配合对方的需求，使谈判、说服顺利开展。②可使对方产生信赖感，认为你的确充分了解现状。③可减轻由于信息不足所引起的不安和焦虑感，使心情放松，态度更从容自若。④由于可事先料想对方的反应，不致因故勃然大怒，或惊慌而猝然放弃或俯首称臣。⑤就整体而言，可把气氛引导成利己的形势。

2.谈判场所布置

谈判桌的形状，应和会议室的形状一样，适于座位的安排，也是需要留心的谈判技巧细节部分。有些主管费心而故意安排自己办公室的摆设，让其对手坐在较不利的位置和较不利的坐席，以减低对手气势。而过于低矮的座位会使得坐者必须挺直腰身讲话，制造说话者的不适和紧张，让对手有机可乘。再者，坐高座的人可以俯瞰低座位者，占尽地利；而低座位者不得不仰视高座位的人，其气势已弱。

3.谈判桌的摆放及座次安排

举行正式谈判时，有关各方在谈判现场具体就座的位次是谈判的一项重要内容，具有严格的礼仪要求。双边谈判的座次排列主要有两种形式：一是横桌式，指谈判桌在谈判室内横放，客方人员面门而坐，主方人员背门而坐。除双方主谈者居中就座外，各方的其他人士则应依其具体身份的高低，各自先右后左、自高而低地分别在己方一侧就座。双方主谈者的右侧之位，在国内谈判中可坐副手，而在涉外谈判中则应由译员就座。

二是竖桌式，指谈判桌在谈判室内竖放。具体排位时以进门时的方向为准，右侧由客方人士就座，左侧则由主方人士就座。在其他方面，则与横桌式排座相仿。多边谈判的座次排列，主要有两种形式：一是自由式，即各方人士在谈判时自由就座，无须事先正式安排座次。二是主席式，指在谈判室内面向正门设置一个主席之位，由各方代表发言时使用。其他各方人士，则一律背对正门、面对主席之位分别就座。各方代表发言后，亦须下台就座。

4.食宿安排

食宿安排原则上应按照双方约定的规格进行。在选择住宿的饭店、宾馆、会议中心之时，要充分考察其基本设施是否齐全，安全性如何，价格是否合理，地点是否方便，环境是否安静、整洁。具体安排住宿时，要根据谈判人员职务、年龄、健康状况、性别和房间条件综合考虑，统筹安排。

饮食安排的原则是让谈判人员特别是对方吃好、住好而又不浪费。在就餐标准的基础上，国内谈判要适当照顾少数民族和年老体弱者，国际谈判则要充分考虑对方的饮食特点和禁忌，在确定好伙食标准和进餐方式时，尽量照顾不同谈判者的口味。

5.交通安排

要做到准确无误地接送，就要做好充分准备：一要掌握谈判人员的名单及抵离的准确时间；二要备有足够用的车辆；三要有良好的指挥调度，人车都要有值班。指挥调度要有一份谈判人员抵离时间表，以便按时间、路线接送。有时这一资料对于谈判策略的制定与调整也会有所帮助。同时要注意接送车辆以及人员的规格。

6.参观游览

如时间允许，谈判期间还应考虑对方谈判人员的文化娱乐、参观购物的需要。如有可能，谈判地点可尽量安排在娱乐设施齐全、购物方便的地方，应向对方谈判人员提供参观、购物的路线和安排一定的时间和车辆。无论陪同与否，都要务必保证谈判人员的人身及财产安全，以避免不必要的麻烦而节外生枝。

众多谈判案例表明，参观游览有时可能成为谈判主方的秘密武器，因此切不可等闲视之。

五、模拟商务谈判的进行

（一）模拟谈判的意义

所谓模拟谈判，也就是正式谈判前的"彩排"。它是商务谈判准备工作中的最后一项内容。即从己方人员中选出某些人扮演谈判对手的角色，提出各种假设和臆测，从对手的谈判立场、观点、风格等出发，和己方主谈人员进行谈判的想像练习和实际表演。

1.对谈判方案进行检验

谈判方案是在谈判小组负责人的主持下，由谈判小组成员具体制定的。它是对未来将要发生的正式谈判的预计，这本身就不可能完全反映出正式谈判中出现的一些意外事情。同时，谈判人员受到知识、经验、思维方式、考虑问题的立场、角度等因素的局限，谈判方案的制定就难免会有不足之处和漏洞。事实上，谈判方案是否完善，只有在正式谈判中方能得到真正检验，但这毕竟是一种事后检验，往往发现问题已为时已晚。模拟谈判是对实际正式谈判的模拟，与正式谈判比较接近，因此能够较为全面严格地检验谈判方案是否切实可行，检查谈判方案存在的问题和不足，及时修正和调整谈判方案。

2.提高谈判人员的谈判及应变能力

模拟谈判的对手是己方人员，对自己的情况十分了解，这时站在对手的立场上提问题，有利于发现谈判方案中的错误，并能预测对方可能从哪些方面提出问题，以便事先拟定出相应的对策。对于谈判人员而言，能有机会站在对方的立场上进行换位思索，是大有好处的。正如美国著名企业家维克多金姆说的那样："任何成功的谈判，从一开始就必须站在对方的立场来看问题。"这种角色扮演的技术不但能使谈判人员了解对方，也能使谈判人员了解自身，因为它给谈判人员提供了客观分析自我的机会，从而注意到一些容易忽视的失误。例如在与外国人谈判时使用过多的本国俚语、缺乏涵养的面部表情、争辩的观点含糊不清等。

模拟谈判可以使谈判者获得实际性的经验，提高应对各种困难的能力。很多成功谈判的实例和心理学研究成果都表明，正确的想像练习不仅能够提高谈判者的独立分析能力，而且在心理准备、心理承受、临场发挥等方面都是很有益处的。在模拟谈判中，谈判者可一次又一次地扮演自己，甚至扮演对手，从而熟悉实际谈判中的各个环节。这对初次参加谈判的人来说尤为重要。

（二）模拟谈判的过程

1. 拟定假设

要使模拟谈判做到真正有效，还有赖于拟定正确的假设条件。

拟定假设是指根据某些既定的事实或常识，将某些事务承认为事实，不管这些事务现 在（及将来）是否发生，但仍视其为事实进行推理。依照假设的内容，可以把假设条件分为三类，即对客观世界的假设、对谈判对手的假设和对己方的假设。

在谈判中，常常由于双方误解事实真相而浪费大量的时间，也许曲解事实的原因就在于一方或双方假设的错误。因此，谈判者必须牢记，自己所做的假设只是一种推测，如果把假设奉为必然去谈判，将是非常危险的。

拟定假设的关键在于提高假设的精确度，使之更接近事实。为此，在拟定假设条件时要注意：让具有丰富谈判经验的人做假设，这些人身经百战，提出假设的可靠度高；必须按照正确的逻辑思维进行推理，遵守思维的一般规律；必须以事实为基准，所拟定的事实越多、越全面，假设的准确度就越高；要正确区分事实与经验、事实与主观臆断，只有事实才是靠得住的。

2. 集体模拟

（1）戏剧模拟法

戏剧式模拟是指在谈判前进行模拟谈判。它是真实地进行演出，每个谈判者都在模拟谈判中扮演特定的角色，随着剧情的发展，谈判的全过程会一一展现在每个谈判者面前。根据拟定的假设，安排各种谈判场面，从而增强每个谈判者的实际谈判经验。

通过戏剧式模拟，能够使谈判者的准备更充分、更准确，使每个谈判者找到自己在谈判中的最佳位置，能够为分析己方谈判动机、思考问题方法等提供一次机会，最终将有助于商务谈判的成功。

（2）沙龙模拟法

沙龙式模拟是把谈判者聚集在一起，充分讨论，自由发表意见，共同想象谈判的全过程。

这种模式的优点是：利用人们的竞争心理，使谈判者充分发表意见，互相启发，共同提高谈判水平。谈判者的才干有了表现的机会，人人会开动脑筋，积极进行创造性思维，在集体思考的强制性刺激及压力下，能产生高水平的策略、方法及谈判技巧。

（3）列表模拟法

这是最简单的模拟方法。一般适用于小型、常规性的谈判。通过对应表格的方式，在表格一侧列出己方在经济、科技、人员、策略等方面的优缺点和对方的目标和策略。另一侧则相应地列出己方针对这些问题在谈判中所应采取的措施。

这种方法最大缺陷在于这种推演只是己方主观想象的产物，只是尽可能搜寻问题并列出对策，至于这些设想是否会在现实谈判中真正出现仍缺乏一定把握，但至少起到事先准备，不打无准备之仗的作用。

3.模拟谈判的总结

模拟谈判的目的在于总结经验，发现问题，提出对策，完善谈判方案。所以，模拟谈判的总结是必不可少的。模拟谈判的总结应包括以下内容：

①对方的观点、风格、精神。

②对方的反对意见及解决办法。

③己方的有利条件及运用状况。

④己方的不足及改进措施。

⑤谈判所需情报资料是否完善。

⑥双方各自的妥协条件及可共同接受的条件。

⑦谈判破裂与否的界限，等等。

可见，谈判总结涉及各方面的内容，只有通过总结，才能积累经验，吸取教训，完善谈判的准备工作。

 练习题

一、简答题

1.拥有商务谈判信息的意义是什么？

2. 商务谈判信息收集的主要内容包括哪些？

3. 请简要介绍商务谈判信息的收集方法有哪些？

4. 如何进行商务谈判信息的整理与分析？

5. 谈判团队的构成要依据哪些原则？

6. 谈判团队人员的构成是什么？需要具备哪些素质要求？

7. 如何进行谈判团队的有效管理？

二、案例题

我国某冶金公司要向美国购买一套先进的组合炉，派出一名高级工程师与美商谈判。为了不负使命，这位高工做了充分地准备工作，查找了大量有关冶炼组合炉的资料，花了很大的精力对国际市场上组合炉的行情及美国这家公司的历史和现状、经营情况等了解得一清二楚。

谈判开始，美商要价 150 万美元。中方工程师随即列举了各国的成交价格，使美商目瞪口呆，终于以 80 万美元达成协议。当谈判购买冶炼自动设备时，美商报价 230 万美元，经过讨价还价压到 130 万美元，中方仍然不同意，坚持出价 100 万美元。美商表示不愿继续谈下去，并扬言第二天回国了。中方工程师闻言轻轻一笑，做了一个优雅的请的动作。

美商真的走了，冶金公司的其他人有些着急，甚至埋怨工程师不该如此缺乏弹性。工程师却说："放心吧，他们会回来的。同样的设备，去年他们卖给法国只有 95 万美元，国际市场上这种设备的价格 100 万美元是正常的。"果然不出所料，一个星期后美方又回来继续谈判了。工程师向美商点明了他们与法国的成交价格，美商又愣住了，没有想到眼前这位中国商人如此精明，于是不敢再报虚价，只得说："现在物价上涨的利害，比不了去年。"工程师说："每年物价上涨指数没有超过 6%。你们算算，该涨多少？"美商被问得哑口无言，在事实面前，不得不让步，最终以 101 万美元达成了交易。

请从商务谈判信息收集角度对这个案例进行评价。

三、实训题

1. 制定一个模拟谈判内容，进行谈判信息收集的练习，注意有针对性地使用相关方法。

2. 在这一内容下，尝试构建一个谈判团队，同时领会构建的原则。

第三章　商务谈判各阶段的策略

本章学习目标

1. 初步认识商务谈判策略。

2. 掌握开局与摸底阶段的谈判策略。

3. 掌握报价与磋商阶段的谈判策略。

4. 掌握成交与签约阶段的谈判策略。

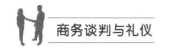

第一节　商务谈判策略概述

古人云："凡事预则立，不预则废。"在商务谈判开始之前，是否制定策略，以及策略制定的水平高低，从某种意义上已经决定了谈判的最终效果。

一、商务谈判策略的概念与特征

（一）概念

人们往往从不同的角度，对商务谈判策略的内涵加以说明。从语言学的角度，策略是指根据形势变化而制定的行动方针和应对方式。商务谈判策略，也就是根据商务谈判形势的变化而制定的行动方针和应对方式。从微观营销的角度，策略是企业为了实现其营销目标，对企业外部环境变化与营销力量消长趋势所做出的对策。从人们习惯性的观念来看，策略是人们在实际行动过程中所采用的各种技巧的组合。商务谈判策略，也就是人们在谈判实践过程中采用的各种技巧的组合。

（二）特征

1.吸引力和说服力的统一

商业谈判的成功与否不能仅仅依靠谈判人员强大的说服力，而且必须是建立在方案和交易本身的价值与可取性上，即吸引力如何。一味强调说服，反而容易忽略对交易本身的打磨，即使达成交易，恐怕也会是强扭的瓜，甜不得！

2.让步与进攻的统一

商业谈判本身所具有的博弈与较量，也决定了策略不可能是一味地进攻，必然是攻与守的拉锯，必然是攻城略地与让步妥协的统一。

3.语言表达与文字表达的一致性

商业谈判依靠的是语言的表达与交流，但作为支撑的以及最终的呈现还是文字表达。因此，在表述核心主旨时，既要言达意，也要词达意，而且这个意应该保持一致。

二、谈判策略与相关概念的区别

（一）策略与战略的区别

战略是指对一个事物全局性的、根本性的规划，指明了该事物的发展及如何发展的基本途径。策略是相对中间层面的策划，是在战略背景下，从局部出发所做出的解决方案。因此，策略是战略的一部分，并服从于战略。战略与策略是目的与手段的关系。同时，战略也需要各种策略的支持，没有看准时机，及时出手，战略永远也只是空想。

（二）策略与战术的区别

战术是指战时使用军队达到战略目标的手段，是作战具体部署和克敌制胜的谋略。战术也是为达到战略目标所采取的具体行动。策略主要是解决战略或战术上的一个具体问题、具体情况所采用的方法。

（三）策略与技巧的区别

技巧指表现在艺术、工艺、体育等方面的巧妙技能，如"绘画技巧"；或指技巧性的运动，如"技巧比赛"。技巧就是基本方法的灵巧运用，应属于"方法"的范畴，主要指对一种生活或工作方法的熟练和灵活运用。策略一般是指可实现目标的方案集合或是根据形势发展而制定的行动方针和应对方法，策略有应对艺术，要注意方式方法。

三、谈判策略的基本类型

（一）针对谈判人员的策略

为达到预期目的，应在与对方的谈判过程中合理采用一些针对谈判人员的策略。这样会使沟通变得更加有效，使己方的目的更容易达成，从而使谈判更加顺利地进行。这些策略主要包括：疲劳战、沉默战、感将法、激将法、告（赶）将法等。这些策略可单独使用也可联合使用。以下分别阐述。

1.疲劳战

疲劳战是指和对方展开拉锯战，或从体力上使对方感到疲劳，从而使对方精神涣散、反应程度降低、工作热情下降，这样己方就能趁机达到目标。具体做法如下：第一、在商务谈判开始前期，为谈判对手安排许多游玩活动。比如外国谈判对手来到北京参加谈判就可先带他们去爬八大处，再到植物园走上一大圈，晚上安排老舍茶馆吃饭，之后再听几出铿锵有力的京戏等。这样丰富的游览行程再好的体力也招架不住。然后在第二天出其不意通知谈判马上进行。这样对手从谈判开始就不会拥有旺盛的精力。

不过这种方法要慎用，因为我方也要派人随之一起游览，而且这种方法目的性过强，容易招致谈判对手的反感，我方也略失礼节。第二，在谈判过程中反复就某一个或几个问题进行陈述，从心理上使对手感到疲劳。而我方则要注意的是，准备的问题须是的确能使对方在不知不觉中感到疲劳的，而且在对方的回答中要注意记录其错误和对我方有利的信息。

这种疲劳战术主要适用于那些锋芒毕露、咄咄逼人的谈判对手。心理学研究表明，性格急躁、外露，对外界事物富于挑战特点的人，往往缺乏耐心和忍耐力。一旦其气势被扼住，自信心就会丧失殆尽，必然很快败下阵来。扼制其气势最好的办法就是采取马拉松式的战术。

2. 沉默战

俗话说，沉默是金。沉默法就是在谈判中尽量避免对于谈判的实质问题发表议论。沉默在商务谈判中的确有很大作用：第一，达到谈判气氛降温的效果；第二，对谈判对手施加心理压力。而我方在应用沉默战时须注意两点：第一，沉默要有理由，不能无端沉默，否则可能会让对方觉得你业务不熟练、谈判方案有漏洞等；第二，沉默要有度，不能一直都保持沉默，要抓住时机适当予以反击。

沉默战主要适用于两种谈判对手：第一，飞扬跋扈的对手。即让这种对手自己一个人说，采取冷淡战术，因为越是硬碰硬的反击反而越谈不出结果。第二，坚持并且积极表达自己意见的对手。不用马上暴露己方是否同意对方的观点，给自己留出思考的时间，也让对方费一番心思去揣测己方的策略。

3. 感将法

感将法主要是指己方通过示弱求得对手的怜悯，说哀求的话以求得对手的合作。这种策略主要是利用感情攻势，通过某一特殊事件来引发普遍存在于人们心中的感情因素，并使这种感情迸发出来，从而达到营造气氛的目的。感将法主要适用于性格比较和善的、易被感动的对手，对于那些"不好说话"的谈判对手这种方法用处比较小。

4. 激将法

激将法是指谈判一方首先提出一些带有挑衅性的话题，迫使对方受到刺激后进而可能就此接受谈判条件。使用激将法，我方需注意谈判对手的性格。如果对方性格温和"好说话"，那么激将法很可能失效。但还须注意对于谈判标的哪一方更占有主动权，若是对方占有主导，我方也就没有去"激"对方的筹码了。

5.告（赶）将法

这种策略并不经常使用。主要是指一方谈判者制造"舆论压力"来赶走对方谈判者中不好对付的角色。这种策略应用起来风险较大，而且为使用这一手段，有时需要采用一些"不道德"的"阴招"。

（二）针对谈判内容的策略

在谈判进行中，充满了人与人智慧和心理素质的较量。为了更快地实现谈判内容，谈判人员需要运用一些针对谈判内容的策略。这些策略有：声东击西、空城计、吹毛求疵、货比三家、最高预算、化整为零、化零为整等。这些策略可单独使用也可以联合使用。以下分别阐述。

1.声东击西

声东击西本是三十六计中的第六条。作为军事战术是指当敌我双方对阵时，我方为更有效地打击敌人，造成一种从某一面进攻的假象借以迷惑对方，然后攻击其另一面。在谈判中，一方出于某种需要而有意识地将会谈的议题引到对己方并不重要的问题上，借以分散对方的注意力，从而达到我方目的。

这种策略的主要目的是：第一，通过刻意表示我方对某一议题的重视来提升该议题在对方心目中的地位，因此我方在该议题上的让步将会使对方更满意。第二，作为障眼法转移对方视线。第三，作为缓兵之计暂时搁置某些问题，为己方争取思考时间。

采用声东击西的策略需注意，千万不能使谈判对手察觉到己方的动机，否则会适得其反，在不知不觉中受制于对手。这种策略主要适用于不能信任对方时，以及需要拖延谈判时间为己方求得思考时间时。

2.空城计

空城计是三十六计中的第三十二计。空城计是一种心理战术，在己方无力守城的情况下故意向敌人暴露出城内空虚，就是所谓"虚者虚之"。敌方产生怀疑就更会犹豫不前，所谓"疑中生疑"，怕城内有埋伏。但这又是悬而又悬的"险策"。使用此计的关键是要清楚地了解并掌握敌方将帅的心理状况和性格特点，诸葛亮使用空城计解围就是充分地了解司马懿谨慎多疑的性格特点才敢出此险策。

而在商务谈判中，空城计的使用也具有很大的风险性，谈判者必须慎用这一策略。在应用这一策略时需要更多地关注谈判对手的心理、性格等因素。对于性格多疑、优柔寡断、城府不深的谈判对手这一策略更可能见效。

3. 吹毛求疵

吹毛求疵主要应用于商务谈判中"讨价还价"的过程。这种技巧通常被买主用来压低卖主的报价，方法是故意找出破绽，提出一大堆问题和要求。其中有些问题的确存在，有的则是"鸡蛋里挑骨头"故意制造出来的。谈判一方可从谈判标的质量等地方"吹毛求疵"，这样对方便在不知不觉中处于不利地位。对于买主的百般挑剔，多数不够有耐心的卖方只能通过让价来求得买卖合同成立。

需要注意的是，这种策略也必须是在买方市场的条件下才能进行。如果卖方具有垄断性，那么他完全可以说："有毛病也卖这个价，你爱买不买！"这样的情况下买主就非常被动了。还需注意的是，这种策略的采取也要适可而止。商务谈判毕竟是本着双赢的前提，因此不宜通过无理的挑剔过分地压低对方的报价。

4. 货比三家

这种策略就像它的名字一样很好理解，就是精明的买家在购买前要比较各个商家的商品情况。

5. 最高预算

最高预算是对某方案表示兴趣，但自己的最大授权或最高预算不允许接受该方案，只能迫使对方再修改方案的方法。运用该策略，需要注意的是：第一，要在对对方报价中含有多少水分充分了解的情况下运用该策略。如果没充分了解对方大致的价格底线、利润水平一下开出不合适的价格，对方可能就会选择不理会最大预算的大小而坚持自己原来的价格方案。第二，要注意应灵活应对，不宜过于坚持自己的报价。

事实上，最高预算的报价往往不是最终的成交价，只是用最高预算这种手段使最终报价更接近于己方的目标。因此，应在合适的时机、合适的价格上促成交易以免贻误谈判时机。这种策略往往与哭穷术、感将法一起应用，用示弱的方法表示自己的权限有限，只能开出那样的价格或只能拿出那么多资金。

6. 化整为零，化零为整

这一策略是指在整体谈判条件不能达成共识时，转而商讨局部条件，采用各个击破的手法来实现谈判目标，或局部条件谈不拢时转而谈宏观一些的条件。这样做可保证至少在某一方面达成谈判目标，保证了谈判不至于在某一方面搁浅后就裹足不前了。

采取这种策略需要注意的是，谈判的主要目的是双方达到双赢，因此在转移谈判目标时也要适当作些让步，为谈判对手的利益着想。若坚持只把整体条件拆分后或把局部条件加总后继续谈判，必将使谈判对手感到厌烦并且觉得我方没有诚意。因此，在实行这种策略时需要本着双赢的理念。

（三）针对谈判过程的策略

以下这些谈判策略是对于谈判过程中可能出现问题的解决方式。主要有：挡箭牌、针锋相对、最后通牒、软硬结合、强调双赢、略显惭愧等。这些策略可单独使用也可联合使用。以下将分别阐述。

1. 挡箭牌

这种谈判策略是指谈判者推出假设决策人，表示自己权力有限，以此来隐藏自己，从而金蝉脱壳。比如上司的授权、国家的法律和公司的政策以及交易的惯例限制了谈判者所拥有的权力。一个谈判人员的权力受到限制后，可以很坦然地对对方的要求说"不"。因为未经授权对方无法强迫己方超越权限做出决策，而只能根据己方的权限来考虑这笔交易。因此，精于谈判之道的人都信奉这样一句名言："在谈判中，手中限制的权力才是真正的权力。"这种策略的应用可使我方在遇到棘手问题时争取更多的反应时间，而不必马上回复对方的要求。

2. 针锋相对

商务谈判中往往可以发现存在难缠的人，类似"铁公鸡——一毛不拔"，他们往往报价很高，然后在很长时间内拒不让步。如果按捺不住做出让步，他们就会设法迫使你接着做出一个又一个的让步。美国心理学家针对这类谈判者做了一些试验，分别让采取不同让步程度的谈判对手与之谈判。试验结果表明，对于这种强硬难缠的谈判对手，最好的办法就是以牙还牙，针锋相对，自己也成为难缠的谈判对手。但需要注意的是，与对手针锋相对不是目的，只是达成目标的手段，因此针锋相对也要注意适度。

3. 最后通牒

最后通牒策略是指在谈判双方一直争执不下，对手不愿让步而接受我方条件时，我方抛出"最后通牒"，即对手如果不在某个期限内接受我方的条件并达成协议，我方就退出谈判，宣布谈判破裂。使用这一策略我方需注意的是：第一、谈判中我方必须处于有利的主导地位，这是运用这一策略的基础条件。第二、必须在谈判的最后关头再应用这一策略。当谈判双方都花费了大量的人力物力后，双方都想尽快结束谈判的心理已经非常明显，这时恰到好处地抛出"最后通牒"，对方很有可能因为不舍得之前已花去的大量成本而接受条件达成协议。第三、"最后通牒"的提出必须清晰、坚定且毫不犹豫，不能给谈判对手以心虚、模糊、不自信之类的感觉。

4. 软硬结合

该策略又叫"黑白脸"策略，指在谈判时有两种表现完全不同性格的谈判人员共同配合以达到谈判目的的策略。"黑脸"一般由律师等法律人员扮演，表现得傲慢无理，苛刻无比，强硬僵死，立场坚定，毫不妥协，让对手产生极大的反感。而"白脸"一般由主谈人员扮演，表现出体谅对方的难处，用合情合理的态度照顾对方的要求，放弃己方一些过于苛刻的要求。而这些被放弃的要求本来就是唱黑脸的谈判人员故意提出的，用于之后由白脸放弃的。而之后剩下的条件正好是必须全力争取达到的目标。需要注意的是，黑脸不能表现得过于蛮横以至对手过于反感直接导致谈判破裂；白脸也不能过于软弱，使黑脸据理力争来的条件付之东流。

5. 强调双赢

正如前面多次提到的，双赢是商务谈判的前提和重要目标。因此，双赢的理念在任何时候都要铭记在心，即使在使用前面的一些比较激烈的策略时，如针锋相对、唱黑脸等。只有谈判各方都认可如何把蛋糕做大而不是如何瓜分蛋糕，国际商务谈判才能顺利完满地完成。

6. 略显惭愧

这条策略正如其名，是指在谈判中不要表现得过于咄咄逼人，要根据实际条件而时常显得谦恭，不给谈判对手以锋芒毕露的感觉。这样既可使谈判双方比较融洽地完成谈判过程，又可使我方不至于在和对方激烈的谈判中言多语失而暴露策略。但这一策略的应用也需要看实际情况，不能在任何时候都略显惭愧，这样就会让对手觉得软弱可欺。

四、影响谈判策略选择的因素

（一）谈判的目的、内容与性质

谈判目的、内容与性质的确定某种程度上决定了谈判的难易、需要投入的精力、已有资源的应对能力以及要达成的最终目标等。这些因素对于谈判策略的选择以及有效地组合都会产生相应的影响，因为策略的使用不是更多基于意愿而是要与实际情况的恰当匹配。

（二）谈判双方的实力对比

谈判双方的实力对比主要包括两种情况：势均力敌与不对等。而不对等中也包括己方居于优势地位和己方处于劣势地位两种情况。在势均力敌的情况下策略选择会有较多的选择空间，应进行更多的策略组合，强调稳健、务实的原则。在己方居于优势地位时可采取较为压倒性的策略，迅速巩固已有的优势，但也要注意防止对手的反扑，同时得饶人处且饶人。而在己方处于劣势时，出奇的策略可能更为适当，但同时应聚焦最核心利益的获取，而不应做不切合实际的幻想。

（三）谈判双方的关系

谈判双方的关系一般可分为友好、一般和对立三种类型。友好的关系强调在策略使用上既要保证既得利益，但同时要努力维护双方的友好关系，杀伤力过强的手段不宜采用。一般关系可适度发力，以既得利益为重，但也尽量谋求双方关系的可持续性。而对立关系则需要必要的步步为营，保持高度的警惕，在关键利益上寸土必争，但也不必杀伐之心过重而过犹不及。

（四）谈判对手的特点

从不同维度，谈判对手的特点可以有多种划分：有人可能是谈判老手，有人可能是稚嫩新人；有人可能性格温和，讲求和气，有人可能性格暴烈，凡事寸土必争；有人可能大局观极好，有人可能非常看重细节……总之首先要知己知彼，其次才能对症下药。毕竟谈判的成功与否以及最终可能获得利益的多少都与谈判对手存在非常大的关系，因此策略的制定离不开对谈判对手特点的深入分析和把握。

第二节　开局与摸底阶段的策略

一般完整的商务谈判都要经历几个不同阶段，通过几个阶段的有效组合，才能最终达成既定的谈判结果。而开局与摸底阶段看似不是决定谈判结果的关键阶段，但实际上是为最终的决战打下基础的阶段，如果这两个阶段失手，最终的结果绝无胜算。

一、开局阶段

（一）营造良好的谈判氛围

1.谈判气氛对谈判的作用

谈判气氛可影响谈判人员的心理和谈判力，并且谈判气氛会推进谈判进展到不同方向。热烈欢快的气氛一开始便会使谈判人员放松下来，从而内心中会多了些许平和，不易产生攻击性的语言。相反，一开局便剑拔弩张的气势会使人内心时刻处于紧张不忿的状态，比正常状态下更容易发怒。

2.营造开局气氛的策略

赞美入题策略。可通过诚恳地称赞对方来削弱对方的心理防线，从而激发对方的谈判热情，进而调动情绪来营造高调的谈判气氛。称赞时要注意选择对方最引以为傲并希望引起大家关注的方面，例如财力雄厚或是技术领先等。称赞的时机和方式也很重要，自然不露痕迹地夸奖才不会引起对方的反感。谈判人员在语言的表达上应力求轻松、热情，以展示自己开诚布公、真诚合作的态度。

迂回入题策略。谈判者可通过谈论一些生活琐事等入手，也可先介绍一下自己企业的状况。此法可缓解入场时的紧张气氛，并能让谈判双方在互相沟通了解的情况下慢慢切入正题。

直接入题策略。要先谈细节问题，后谈原则问题。所谓的细节是指一些对于双方利益妨碍不大的条款或能够让双方都可轻易达成协议的条款。而原则问题是指关乎双方切身利益或在谈判过程中分歧较大的条款。一旦谈判双方就某些方面达成协议，谈判工作就可以比较平和自然地进入正式阶段，也会为谈判创造较好的气氛。

（二）开局的步骤及策略

1.分发议程并交换意见

在正式谈判开始前，可将议程草案交与双方讨论确定，但在正式谈判伊始可将最终议程发给全体参与谈判人员，再次交换、征求意见并予以确认，以保证主要问题的讨论不会产生遗漏或存在分歧。

2.开场陈述（谈判意图陈述）

谈判意图的陈述是指在开局阶段双方各就本次谈判的内容、条件、立场进行陈述说明，双方应把本次谈判涉及的内容全部呈现出来，使双方能够互相了解各自的立场与观点，并且双方会就一些原则性的分歧发表建设性意见。

开场的陈述包括己方的立场、己方对问题的理解、对对方各项建议的回答。己方的立场即己方想要通过谈判得到何种利益，以及能为双方的利益做出何种贡献。己方对问题的理解是指己方认为本次谈判会出现的问题以及己方打算如何应对即将出现的问题。对对方各项建议的回答，就是指如果对方提出某些建议或问题，己方如何对其做出回应。

3.开局的相关策略

开局策略的使用是为了实现一开局占据有利上风，从而获得对谈判的主导权。主要有以下几个策略：

（1）一致式开局

一致式开局策略是指在谈判开始时以协商、礼貌的语气陈述，尽量陈述一些容易达成一致的话题，征求对方的意见，尽量多地争取对方肯定的答复，这样可以塑造出一种一致的感觉，有了这种暗示，双方就会很容易地达成互惠互利的协议。

（2）高冷式开局

这种策略是指己方在开局时简明扼要地陈述自己的观点，立场和原则，之后便专注于倾听对方的发言。倾听的过程中始终保持平和的面部表情，之后再向对方大量提问。这种策略的使用主要是己方在信息收集、市场行情或交易规则上处于弱势，但又不能露怯，只能在开局时以高冷姿态来掩饰弊端；另一方面，认真倾听对方的陈述，有助于判断对方的实力和大致的谈判思路与方案，从而及时调整己方的方案，还可以寻找对方的弱点破绽，以此作为突破口，实现突围。

（3）强攻式开局

这种策略是指在谈判开局中率先发言，以坚定的语气首先表明自己的立场，给对方一种不可侵犯的强硬姿态，营造出咄咄逼人的气势。通过大量的数据堆积或演示，渲染己方的实力和优势，或凸显出对方的劣势，削弱对方的谈判地位。这种策略的使用要注意度的把握，不能给对方一种不尊重人的感觉，要在平等的基础上让对方感受到己方的自信。

（4）开门见山式开局

开门见山是指谈判人员省去了谈判前的寒暄和客套，直接进入主题，开诚布公地陈述自己的观点和立场原则，既节省了时间，又给对方留下一个坦然诚实的形象，更容易博得对方的信任。这种策略适合有着长期合作关系的双方，而且双方都比较了解。

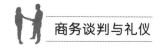

（三）开局阶段禁忌事项

不要在对方陈述时打断对方发言，或不认真聆听从而提问一些对方已经明确讲述的问题。

如果采取强攻式开局策略，切记不能过于强势，一开始便留下不礼貌甚至强硬的印象，对后来的谈判会造成消极的影响。

如果采取高冷式开局策略，切忌一言不发，持有过多保留意见，这样会给人留下不诚实或故弄玄虚的印象。

二、摸底阶段

（一）摸底概述

1.摸底的意义

所谓摸底，就是探测对方的秘密，包括对方的底价、时限、权限及最基本的交易条件等。摸底很重要，因为这些机密信息关系着己方谈判方案的制定和具体谈判策略的使用，如果一开局即能较为全面地掌握对方大致底细，胜算就已有了一半。

2.摸底的注意事项

谈判摸底是一个复杂的动态过程，谈判者不仅要听话听音、察言观色，还要从多角度、多方面去理解和证实对方的真实意图。需要从四个方面引起重视。

第一，不可轻信谈判者。不可不信对方的话语，也不可全信对方的言论，多存几个疑问，学会独立地看问题，不可轻信盲从。

第二，不应过早锁定对方的意图。谈判意图的显现是一个从无到有、从少到多、从虚到实的过程。谈判前期切不可过早锁定对方意图，也不可将其固化，而应以灵活和开放的心态对待。

第三，切忌不关注对方。有的谈判者只关心自己的问题和利益，忽视对方的问题和利益，导致在对方谈话时心不在焉，不仔细倾听，也不主动询问和探寻对方的需求。

第四，不可固执己见。在谈判摸底阶段，切忌过于固执己见、刚愎自用，只允许一种声音、一个方案，听不得不同的意见，其结果必然是堵塞谈判通道。

（二）摸底的方法及策略

1.故作挑衅法

故作挑衅法是指己方主动放出挑衅的话题，故意激怒对方，根据对方的反应强度来判断虚实，从而制定自己的策略。使用这种方法时要注意挑衅的度，一般会使用委婉的挑衅方式来达到目的。

2. 投石问路法

这个方法是指己方不断提出问题，通过对方的回复来分析对方的心理并得出自己想要的信息。使用这种方法时，注意隐藏自己想要问的真实问题，尽量不要让对方探知己方的真正关注点所在，以防对方得知后有所保留或故意误导。

3. 抛砖引玉法

这个方法是指为了得到对方的信任，摸到对方的底细，先大方地将自己的观点或立场原则指明，给对方一种坦诚相待的印象，作为回报，对方也会清楚地道明自己的立场原则。这种方法适用于关系比较好而且相互信任的双方。在使用时注意即使是开诚布公，也不能把自己的底线全部亮出给对方。要懂得以小换大，即抛出一些对己方无关大局的细节，同时还要让对方感受到己方的诚意。使用这种策略一定要能识别对方的诚意是否真实，即对方的回报是否是己方关心的信息，如果己方的坦诚并没有换来回报，或对方的回报无关大局，应立即停止这种策略，防止更多的信息泄露。

4. 故意犯错法

这种方法是指己方在某些比较关心的问题上故意犯错，等待对方纠正，并且通过观察对方对己方所犯错误的反应，比如说纠正力度，反应时间等来勘察对方的心理。

5. 顺水推舟法

这种方法是指有时对方就某一问题并没有明确表态，可能是有所保留或不能泄露，此时可借着为对方补充的机会将己方的想法冠以对方观点的补充观点名义来测探对方的反应，如果对方赞同就证明对方的观点与己方所想基本一致，反之则说明观点相反。注意使用这种策略时，补充的观点要合情合理，不能为了探测而生搬硬套，补充一些无关的观点，反而让对方探测出己方的用意。

第三节　报价与磋商阶段的策略

报价阶段进入商务谈判双方利益面对面的环节，之前的伏笔和铺垫在此刻得以公开。但俗话说："漫天要价，就地还钱"，报价之后紧接着的就是磋商，为即将到来的最终结果做准备。

一、报价概述及相关策略

（一）报价的概念及依据

关于报价，对卖方来说，开盘价必须是最高的，要为最终的协商价格保留议价空间和利润空间，可以说卖方的报价为最终价格提供了上限。买方所报价格其实是内心预期的价格再扣减虚值，是最终交易价格的下限。

报价的依据主要有几下几方面：

1. 商品本身的质量

高质量，高性能，产品结构复杂，制造技术和工艺精细的产品的报价自然会比较高。

2. 相似品的价格

如果买卖双方都不涉及处于垄断行业的企业，则报价的依据则可参考市场上相似品的价格。

3. 市场行情

价格的形成由市场上供求关系决定，因此了解市场的供求关系及趋势，从而了解商品的价格及走向至关重要。而且销售的时机会影响供求关系，即所谓的旺季畅销，淡季滞销。

4. 利益需求

谈判者的利益需求不同所能接受的价格浮动空间也不一致。比如追求利润最大化的公司相对来说不能接受较高报价，但如果追求的是填补市场空白，优化业务结构，则相对来说会容易接受较高报价。

5.附加价值

如果标的物的附加条件和服务很完善，能给客户带来安全感，往往能降低标的物的价格水平在人们心中的地位，并且起到缓冲价格谈判阻力的作用。

6.企业的品牌资产

良好的企业信誉是宝贵的无形资产，人们对信誉良好的企业的报价充满着信任感，因此比较容易接受较高的报价。

7.支付方式

谈判中，不同的支付方式对企业的影响不同。不论是现金结算还是使用支票、信用卡，或是一次性付款，分期付款都对价格有重要影响。

（二）报价的先后

按照惯例是卖家先报价。先报价和后报价各有利弊。先报价有利于己方主导价格谈判，不利之处则是过早暴露己方意图，容易遭到对方集中力量还击。如果己方实力不足以支撑主导价格谈判，则先报价的弊端将更加明显，在己方实力不足或信息不充分的情况下，选择后报价相机而动可能会更有利。

（三）报价的方法

1.最高报价方式（西欧式报价）

卖方首先提出较高报价，然后通过双方的谈判，决定给对方多大的优惠条件，比如数量折扣，价格折扣，或佣金和支付条件方面的优惠，使对方最终接受交易条件，达成最后的交易。

2.最低报价法（日本式报价）

一般做法是先报出一个对对方有利、对己方不利的交易条件以引起对方的兴趣。但在正式谈判时，表示这个交易条件无法满足对方的全部要求，如若想要满足，需要逐步改变交易条件，并向着有利于己方的方向发展。因此日本式报价虽然最初提出的价格是最低的，但却在价格以外的其他方面争取到了对己方有利的条件。

（四）报价的原则

1.首要原则

对卖方而言，开盘价必须是最高的。一般来说，开盘价提出后若无特殊情况，就不能再提出更高的要求，而最后成交的价格也通常在此价格之下。对买方而言，开盘价必须是最低的，最后成交的价格通常在此价格之上。多数人信奉"一分价钱一分货"，如果卖方开盘价格较高，容易给买家留下商品质量较好的印象。如果

买方开盘价过高，能为以后的讨价还价提供更大的余地。

2.报价必须合乎情理

虽然开盘价必须是最高的，但并不意味着可以漫天要价。恰恰相反，报价必须要合乎情理，且要能讲出理由。如果要价太高，还讲不出理由，对方会认为己方缺乏诚意，可能会由此中断谈判，也可能针锋相对，或对己方提出质疑，迫使己方不得不做出让步。

3.报价应坚定明确

报价者首先要对自己报价的合理性充满自信，底气要足，然后才会得到对方的认可。在提出报价时要态度坚定，言谈举止间不能表现出任何的迟疑和犹豫。报价时运用的概念和数据要真实无误，为确保报价明确清楚，可事先准备好印刷成文的报价单。

4.不对报价做主动解释和说明

谈判者对报价一般不附带任何解释和说明，如果对方提出疑问，可稍作简单解释。在对方提出疑问前，如果主动作解释，会显得己方底气不足，更会暴露给对方自己最关心的问题，无异于主动泄密。有时过多的辩解还会让对方看出破绽和弱点。

5.报价不要报整数

整数似乎看起来很简单明了，但在谈判中如果报价为整数，就意味着己方存心让对方来砍价。心理学研究表明，当你提出的数字有零有整时，表明你的数字是真实可靠的，谈判余地会比较小。

（五）报价的策略

1.零头定价策略

人们在心理上一般认为，9.9元比10元便宜，而且上文提到，零头价格比整数更精确，容易给人便宜的感觉。在十进位以下，心理上被人们认为较小的价格称为心理价格。心理价格在国内已被广泛采用。

2.中途变价策略

这种策略是指在报价中途改变原来的报价趋势，从而争取谈判成功。比如说买方在一路上涨的报价过程中，突然报出一个下降的趋势或卖方在一路下降的过程中突然报出一个上升的价格。这样做是因为对手有时会没完没了的要求，极力争取利益，而此时如果己方能够突然改变趋势中途变价，便可遏制住对方无休止的要求，逼迫其尽早下决心。

3.价格分割策略

价格分割策略也是一种心理策略，有两种形式：

第一种形式是用较小的单位报价。因为用较小的单位报价比用大单位报价更容易使人产生便宜的感觉，从而更容易让人接受。

第二种形式是用较小单位商品的价格进行比较。比如每天少喝一杯饮料，就可以用小商品的价格去类比大商品的价格给人以亲近感，便于拉近与消费者之间的距离。

二、磋商概述及相关策略（讨价还价）

（一）讨价

1.讨价的概念及程序

讨价是指一方报价后另一方认为其报价离己方的期望目标太远，而要求报价一方重新报价或改善报价的行为。讨价可以是实质性的，也可以是策略性的。

2.讨价的方法及依据

（1）全面讨价

全面讨价是指己方要求对方从总体上改善价格，重新报价。这种方法可多次使用，它的适用条件是开始阶段，双方对具体情况比较模糊，缺乏清晰的了解。

（2）针对性讨价

当双方对情况有了清晰地了解后，这个阶段的讨价便是针对性的讨价。在对方报价的基础上找到不合理的地方，有针对性地讨价，目的是将不合理的水分去掉，从而获得对己方更有利的价格。

（3）总体讨价

这种讨价方式是指从总体出发，综合分析交易条件，运用策略改变报价者期望值，考虑重新定价。

3.讨价的策略

（1）待价而沽策略

这种策略本意是指等到理想价格再出售，在商务谈判中便是卖主不着急接受买主的报价，有意通过拖延时间，与其他买家接触并假意对其他买家感兴趣等手段来抬高自身价格。

（2）举证讨价策略

这种策略是指己方通过提出市场行情、竞争者价格、对方成本、过去的交易惯例、产品的质量和性能、研究成果，公认的结论等有力证据来增加讨价力度，使对方难以抗拒，从而改善报价。提出的证据要求客观实在，至少是对方认同的难以反驳的或难以查证的。

（3）假设优惠策略

这种策略是指己方以更优惠的口吻向对方讨价，假设给予对方更多的优惠，对方是否可考虑降低条件，这种方法可用来探测对方可承受的大致底价。提出的假设不一定履行，更多的是用来探测对方底线，从而掌握议价空间。

（二）还价

1.还价的概念及依据

还价是指针对谈判对手的首次报价，己方做出的反应性报价。还价以讨价作为基础。在一方首先报价后，另一方一般不会全盘接受，而是根据对方的报价，在经过几次讨价后，估计其保留价格和虚拟性虚报部分，推测对方的可推卸范围，然后根据己方的既定策略，提出自己可接受的价格，反馈给对方。报价和还价分别是讨价还价的两条界限，为双方提供讨价还价的空间。

2.还价的方法

（1）按分析比价还价

是指对方不了解所谈产品的本身价值，而以其相近同类产品的价格或竞争者产品的价格作为参考进行还价。还价的关键是所选择的用作对比的产品是否具有可比性，只有比价合理才能使对方信服。

（2）按分析成本还价

这种方法是指己方能准确计算出对方的成本，然后再加上一定的利润作为还价的标准。这种方法的关键便是能够准确计算出对方的成本，成本计算得越准确，谈判的成功率越大。

3.还价的策略

（1）吹毛求疵策略

这种技巧通常被买主用来压低卖主的报价，方法是故意找毛病，提出一大堆问题和要求，其中有些问题的确存在，有的则是"鸡蛋里挑骨头"，故意制造出来的。谈判一方主要可从谈判标的质量等地方"吹毛求疵"，这样对方便在不知不觉中处于不利地位。对于买主的百般挑剔，多数不够耐心的卖方只能通过让价来求得买卖合同的成立。

（2）步步为营策略

这种策略是指己方在谈判过程中步步设防，每一步都小心经营，不断巩固防线，不动声色地推进自己的进程，让对方无从察觉，每一微小的进步都会让对方付出巨大的代价。这种策略的使用可减少己方的让步成本，不做无谓的牺牲，但该策略如果运用不当会导致谈判陷入僵局，严重时更会导致谈判搁浅。这种策略的要点是出手要稳准狠，要让对方在作出巨大牺牲的同时，仍然觉得己方的言行一致，有理有据。同时，己方每次的小小让步都要让对方觉得付出了巨大的牺牲。一般情况下，己方作出一次让步后，应坚持让对方也作出同等的让步。

（3）疲劳轰炸策略

这种策略的运用主要是人为地拖延谈判时间和进度，采取马拉松式的谈判，最好加上主场优势，为对方安排各种娱乐活动，表面上是热情好客，实际上也在消耗着对方的精力和体力，逐渐瓦解对方的意志，在其最虚弱时进行攻击，自然会胜算加大。

（4）先兵后礼策略

又称软硬兼施策略。这种策略的运用是指谈判前期，主要谈判人摆出一副盛气凌人的气势，语气强硬，步步紧逼，使得谈判气氛严肃，甚至要演变为僵局。之后，唱白脸的人出现，表现得能处处体谅对方的难处，以合情合理的态度照顾对方的某些建议和要求，放弃自己一方苛刻的要求，做出一些让步。这些让步在平常的谈判中可以是能轻易达到的让步，但由于之前唱黑脸的人的强硬态势，给对方的感觉就是来之不易的让步，利用对方的这种心理，己方便可减少让步的空间。需要注意的是，扮演黑脸的人要足够凶，但也不能不讲理，防止态度蛮横导致谈判终止；而扮演白脸的人一般是主谈人，一方面要把握谈判的条件，另一方面要把握好出场的火候。

（5）前仆后继策略

这种策略是指在谈判过程中不断更换谈判人，而且一个比一个更有实力，营造出一种己方人数、气势的强势。该策略的核心便是不断更换谈判人，更换的理由是借口己方现谈判人权责有限，无法做出决定，而不是让对方觉得是实力不行，换下一个顶替。不断更替谈判主体，就需要对方不断重复地阐述自己的观点和立场。这样既可以消耗对方精力，给对手造成巨大的心理压力，还可以探测对方的虚实，为自己留有充分的回旋余地，从而掌握谈判的主动权。

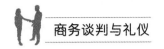

（三）让步策略

1.让步的原则

让步是商务谈判过程中的一种普遍现象。可以说，任何一次商务谈判的成功，都离不开参与方的必要妥协和适当让步。无论是维护己方利益、着眼长期合作的主动让步，还是阐明双方利益、指明合作前景而促使对方做出的让步，都必须找准双方利益与合作关系的聚合点、切入点，都需要谈判者具有高人一筹的谈判艺术和灵活机动的谈判策略。

让步并不是毫无条件的妥协，必须要坚持以下几个原则：

第一，互惠互利，不做无端的让步。商务谈判中首先做出让步的一方，必然会期待对方也做出相应的让步，作为对己方让步的补偿。这就要求谈判者不仅要在维护己方根本利益的同时适当照顾对方的利益，而且要求谈判者思路开阔、头脑灵活、反应敏捷。

第二，坚守最低目标。如果对方所持立场是己方最低目标甚至低于最低目标，则此次谈判对己方而言意义不大。若仅仅甚至不能实现最低目标，即使做出让步后谈判成功依然意义不大。

2.让步的方式

（1）等额让步

这是指双方以一种相等的额度逐步进行让步的方式。此方法的底线是每次让步双方都能达成彼此满意的共识，但也会让对方因此形成依赖，一旦停止让步就很难说服对方。

（2）不定式让步

这种方法是指刚开始时让步幅度极大，接下来则坚守立场毫不退让，直至最后一轮又做出小小的退让。这种让步方式首先充分表明了己方的诚意，也进一步表明寻求继续地讨价还价是徒劳的。但一开始的大幅度让步容易给对方以较大的心理预期，当己方不再继续作出较大让步时，容易使对方心理预期落空而难以接受，从而影响谈判的进展。

（3）反弹式让步

这种让步相较之前两种更为巧妙和复杂。具体的让步方式是一开始做出较大让步，接下来又做出让步，之后安排小小的回升，最后又被迫做一点让步的方式。这种让步方式往往能起到操纵对方心理的作用。它既可表明卖方的诚意和让步已达到极限，又可通过一升一降使买方得到心理上的满足。

（4）危险性让步

这是一种一开始便把自己能做的让步和盘托出的方式，这种不均匀的让步方式容易造成后半段的谈判缺乏灵活性，容易陷入僵局。而且，一开始就做出大的让步容易损失不该损失的利益。

3. 迫使对方让步的策略

（1）声东击西策略

聪明的谈判者面对"山重水复疑无路"的困局，往往会利用变换题目、转移视线、分散精力、"暗度陈仓"、"迂回包抄"等方式，使谈判对手陷入"不知所措"、"顾此失彼"或"防不胜防"的境地，而己方却能巧妙地避开正面交锋可能产生的消极影响，在虚实结合、真假变换中实现己方的谈判目标。

（2）最后通牒策略

其实无论是政治谈判、军事谈判还是商务谈判，使用最后通牒并不是一种常规的做法，而是一种在特定环境中不得已而为之的策略。这个策略针对对方，同时也给己方套上了枷锁。双方在其中都没有回旋余地，所以很容易造成双方的尖锐对抗而导致谈判破裂。所以，谈判者在使用这一策略时一定要在考虑成熟的情况下才能使用，否则后果不可收拾。最后通牒若成功，就能有效地逼迫对方让步，由此己方会获取巨大的利益；但若使用失败，不仅与对方的关系恶化，己方还丧失了宝贵的市场机会。

因此最后通牒是一把双刃剑，使用时要慎之又慎。第一，最后通牒最好由谈判队伍中身份最高的人来表述。发出最后通牒的人身份越高，其真实性也就越强。当然改变的难度也就越大。第二，用谈判桌外的行动来配合己方的最后通牒。发出最后通牒后，再以实际行动表明己方已做好了谈判破裂的准备，如酒店结账，预定回程的车、船、机票等，从而进一步向对方表明最后通牒的决心。第三，最后通牒的态度要强硬，语言要明确、毫不含糊，应讲清正反两方面的利害，不让对方存有任何幻想。同时，己方也要做好对方真的不让步而退出谈判的思想准备，以免到时惊慌失措。第四，实施最后通牒前必须向自己的上级通气，使之明白为何实施最后通牒，究竟是处于不得已还是作为一种谈判策略。否则上级很可能由于不明真实情况而对实施最后通牒横加干涉，破坏己方的谈判策略和步骤。

（3）先予后取策略

不损害己方整体利益、长远利益的前提下，抓住对方关切的局部，首先做出让步，在对方心目中建立起诚意、友善、值得信赖和交往的初始印象。做出第一次让步时，要向对方表明己方不是轻易做出这样的决定，而是克服了许多困难、排除了很多障碍才实现这一步的。同时运用高瞻远瞩的战略思维，向对方申明双方继续合作的巨大利益和美好前景，把对方的关注点引向对合作前景的更高期望值，使对方在后续谈判中逐步加深印象，坚定信心，在己方所期望的更多领域继续做出适当让步。

4.阻止对方进攻的策略

第一，制造竞争。当对方存在竞争对手时，己方如不理会对方的强烈进攻，而是寻找其竞争对手，摆出与第三方谈判和即将达成协议的架势，对方的谈判实力便会大大削弱。

第二，反下最后通牒。面对对方的最后通牒，如果己方的谈判实力也很强，就可以反向对方发出最后通牒，以其人之道还治其人之身，以此打破对方的最后通牒。

第三，中断谈判。若己方不怕谈判破裂或发现对方实施最后通牒仅仅是谈判的一种策略，就不妨中断谈判，静观对方的变化，让其明白实施最后通牒意味着谈判破裂。在中断谈判时，可向对方阐明谈判成功与否对双方的利弊得失，使之知晓其中利害；也可向对方甚至对方的上级提出抗议，抗议对方对己方的态度和对谈判没有诚意的做法。这就把球踢给了对方，看其下一步如何行动，因为对方下一步最多是中断谈判或是宣布谈判失败。在很多情况下，如果对方发现最后通牒对己方不起作用时，就有可能采取某种补救措施，甚至降低出价，这样己方就掌握了主动权。

第四节　成交与签约阶段的策略

成交是每次谈判最希望看到的结果，但不意味着每次谈判都以成交告终。因此成交阶段既是黎明前的曙光，也是最为黑暗的时刻。只要不签约，甚至不开始履行协议，都不能为谈判画上圆满的句号。

一、促成交易

（一）己方意图的表达

1.成交意图表达的时机

商务谈判过程要经历开局、摸底、报价、磋商等不同阶段，但在实际谈判中成交并不一定固定出现在哪个阶段，如果具备了一些基本条件，理论上在任何一个阶段都可能达成交易。

常见表达的时机包括：可以判断出对方确实需要达成这项交易、对方已经相信己方和己方代表、出现了适当的交易条件、对方存有成交欲望以及对方的确拥有成交决策权。因此，商务谈判人员须具有一定的成交经验和判断能力，机动灵活，及时准确表达成交意图。

2.成交意图表达的方式与策略

（1）明朗表达法

当知道对方有成交意向，一时犹豫不决时，可用该法使对方下定决心。

当对方没有提出异议也没做出明确的反对时，可使对方集中精力考虑成交问题。

经过一番努力，各种主要问题已基本明确时，谈判人员应趁机使用明朗表达法，主动请求成交。

其他条件都已成熟只是对方提出某些异议时，谈判人员应加以转化和利用。

特别对于一些老客户，明朗表达法最为适宜。

（2）含蓄表达法

对对方的成交意向把握不准时，为了既能表达己方的成交意图，又使自己不失面子，可采用此法。

如果成交内容是复杂的商品、贵重物品和新上市产品，对方拿不定主意时，谈判者应使用含蓄的语言进行诱导，或用严密的逻辑分析进行推理，进而表达成交意图，力争使对方理解并接受。

（3）暗示表达法

①向对方强调说明，现在成交对他有哪些方面的有利因素。

②大胆设想一切问题都已解决，询问对方具体成交内容。

③采取结束商务谈判的某种实际行动。

④向对方反复说明，如果现在不签约，将可能发生利润的损失。

（二）对方意图的判断与接受

成交信号是指商务谈判对方在谈判的过程中所表现出来的各种成交意向。要有效地促成交易，辨认对方的成交信号是个重要的先决条件。商务谈判对方在已决定成交但尚未采取成交行动时，或已有成交意向但不十分确定时，常常会通过其行为、言语、表情等多种外在渠道不自觉地表露其心态。这为己方进一步判断

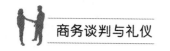

提供了重要的依据。

常见的成交信号判断与接受技巧有：

（1）谈吐判断法

如对方开始过多地谈论具体问题，进行以价钱为中心的谈话，针对谈判内容提出相关要求，同时对产品价格、质量等方法提出一些异议。

（2）表情判断法

商务谈判者要掌握心理学的知识，遵循人的心理规律，深刻地洞察谈判对手的表情变化，及时发现成交意图，在此基础上，实施相应的技巧和方法促成交易。

（3）情势判断法

可以感受到对方乐于接受己方的约见，对方会索取产品样本或估价单，开始认真比较各项交易条件，并认真阅读推销资料，主动介绍采购员及其他相关人员。在洽谈过程中，对方主动提出更换面谈场所，而且在洽谈期间，对方不再接见其他公司的谈判人员或者其他有关人员。

（三）成交前的回顾与最后报价

在成交前还有一个重要环节，即回顾，实际上是对整个谈判过程的评估，如谈判目标实现情况评估，交易条件与谈判目标是否吻合，以及与事先制定的让步条款和幅度的出入等。

在完成上述环节后，进入最后报价阶段，即沉着地做出最后报价，争取最后的收获。

二、结束谈判

（一）判断谈判进入结束阶段的依据

判断谈判是否进入结束阶段主要依赖三个标准：交易标准，交易所涉及的所有条件的总和是否已达到预想结果；时间标准，是否在所需时间、所限时间以及竞争时间范畴之内；策略标准，谈判中"生死性"的策略是否被应用且达到基本效果。

（二）商务谈判结束的方式

最理想的结束方式是达成交易，而谈判破裂和终止谈判也是商务谈判的常态，有时是暂时状态，有时可能是最终结果。

（三）草拟协议

草拟协议时应注意以下几个问题：

①协议由己方起草益处多，但要向对方确认每一个议题的内容，确保对方理解协议内容。

②如由对方起草，己方参谈人员应反复阅读，力求发现遗漏、错误并及时更改，同时再次核对对方的口头承诺。

③签字之前一定要重读协议。

（四）此阶段常用的策略

1.比较结束策略

这种策略分为两种，分别是有利的比较结束法和不利的比较结束法。有利的比较结束法的典型语言是：我发现最发达的厂家刚开始时总是购买三部，我也将向你们订购三部。不利的比较结束法是指根据对方的不幸遭遇而设法成交的方法。

2.优待结束策略

这种方法是指通过提出优惠条件来促使成交结束，包括两种：让利促使对方签约和试用促使对方签约。

让利促使对方签约是指当对方对大部分交易条件不很满意，而价格又居高的情况下，己方可通过提供一些优惠条件来使对方满意从而促成交易。这些优惠条件包括采用回扣，减价以及售后服务等。

试用促使对方签约是指谈判者提供一些样品或免费提供廉价样品给对方使用，以此表明诚意，促成交易。把产品留给对方试用充分表明了己方对自己产品的自信，这样可以增加对方的信任感，从而达成协议。

3.利益结束策略

①突出利益损失，促使对方成交。这种方法主要是打消对方的疑虑，时刻给对方灌输一种紧迫感，如果不尽早做出决定，日后再决定购买将会损失这一时期的收益，或被别的买家抢先购买，损失将不可估量。

②强调产品的好处，促使对方做出决定。该方法主要在于反复强调，可能在谈判的过程中对方没有全部注意到产品的优点，此时最好可将产品的优点全部写在一个醒目的位置，并且反复强调。要知道任何形式的强调都有着强烈的启发作用。到了最后阶段，如果对方提出新的要求，业务谈判可能会进入反复的状态，因为这些要点可能引起对方新的思考，因而推迟决定。

③满足对方的特殊要求，促使对方成交。有时对方可能会提出一特殊的要求，如果满足这些要求收益大于成本，那么尽可能地满足对方的特殊要求会促使成交。

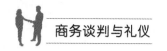

4.趁热打铁结束策略

如果能在第一次达到高潮时达成协议是最理想不过的，这样双方都可省下很多时间成本。实际上第一次高潮时双方作出决定的可能性最大，而双方洽谈的要点也最清楚。

5.推延决定结束策略

当对方始终推迟无法做出决定时，如果确定对方无法给出答复的原因是确实存在的，比如说必须要跟公司负责人讨论和分析某些事项，此时就应建议对方推迟做出决定，而不是极力催促或向对方施加压力。但应保证对方的研究与思考与己方有关，在对方没有做出决定之前要与其保持联系。

三、签约与履约

（一）合同签订的原则

1.平等原则

是指主体的身份平等。即商务谈判双方民事权利能力平等、民事主体地位平等、民事权益平等受法律保护。

2.自愿原则

即当事人可以根据自己的判断从事民事活动。商务谈判的民事主体可根据自己的意愿自主行使民事权利，民事主体之间自主协商设立、变更或终止民事关系，同时当事人自愿优于任意民事法律规范。

3.公平原则

是指在商务活动中以利益均衡作为价值判断标准，在民事主体之间发生利益关系摩擦时，以权利和义务是否均衡来平衡双方的利益。

4.诚实信用原则

其本意是要求按照市场制度的互惠性行事。在缔约时，诚实不欺不诈；在缔约后，守信用并自觉履行。

5.禁止权利滥用原则

是指商务谈判中的民事主体在进行商务活动中必须正确行使民事权利，如果行使权利损害同样受到保护的他人利益和社会公共利益，即构成权利滥用。

6.公序良俗原则

是指商务谈判中民事主体的行为应当遵守公共秩序，符合善良风俗，不得违反国家的公共秩序和社会的一般道德。

（二）商务合同的内容与格式

商务合同必须具备 10 项内容：

①合同当事人的姓名或名称、国籍、主营业场所或住所。

②合同签订的日期和地点。对合同签订的日期会涉及合同生效的问题，按照我国相关法律法规规定的应有国家批准的合同外，还有合同发生效力的时间，即双方在合同上签字即生效。合同签订的地点与法律的适用有关。当某一合同没有规定选择适用的法律时，一旦发生争议，一般适用于合同缔结地的法律。

③合同的类型、标的种类及范围。

④合同标的的技术条件、质量、数量和标准。合同中的标的有许多种，如国际标准、国家标准，但某种标准会随着科技与生产力的发展发生不断地变动。在引用时应明确以哪个国家的标准为主，并标明该标准的颁布时间和版本。

⑤合同履行的期限、地点和方式。

⑥价格条款、支付金额和方式。

⑦合同的转让、变更和解除。

⑧违反合同的赔偿和其他责任。

⑨合同发生争议时的解决方法与法律适用问题。

⑩合同适用的文字及其效力。

（三）签约仪式的安排

签约仪式的规格由合同的内容和双方的态度决定。一般的合同签约只需要双方主谈人签约即可，谈判地点可在会议室或举行宴会的酒店。重大的合同签约则需要企业重要领导人出席，还会请来新闻界人士参与。

（四）合同的履行

合同签订后，必须严格按照合同内容履行，除非有以下几种情况：

①以特定物为标的的协议，标的物受到严重损害以至于实际履行的标的不存在。

②由于债务人延迟履行标的，标的交付对债权人已失去实际意义，如供货方到期不交付原材料，需方为免于停工待料，已设法从其他地方取得原材料，此时再付货对需方已无意义。

③法律或协议明确规定，不履行协议，只付赔偿责任。

（五）争议的处理

和解是指当事人自行协商解决因合同发生的争议。调解是指在第三人的主持

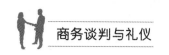

下协调双方当事人的利益，使双方当事人在自愿的原则下解决争议的方式。和解、调解可以在诉讼外进行，也可以在诉讼中某个阶段进行。用和解和调解的方式能够便捷地解决争议，省时、省力，又不伤双方当事人的和气，因此，提倡解决合同争议首先利用和解和调解的方式。

和解和调解是在当事人自愿的原则下进行的，一方当事人不能强迫对方当事人接受自己的意志，第三人也不能强迫调解。当事人不愿和解、调解或者和解、调解不成功的，可以根据达成的仲裁协议申请仲裁。仲裁机构是依照法律规定成立的专门裁决合同争议的机构。仲裁机构作出的裁决具有法律约束力。仲裁机构不是司法机关，其裁决程序简便，处理争议较快。当事人发生合同纠纷，可以根据事先或者事后达成的仲裁协议向仲裁机构申请仲裁。涉外合同的当事人不仅可以约定向中国仲裁机构申请仲裁，也可以约定向国外的仲裁机构申请仲裁。

四、谈判后管理

（一）谈判总结

谈判结束后的签约虽然意味着商务谈判的结束，但谈判人员的工作并未结束。其实不论谈判结果如何，都要对谈判工作进行系统全面地总结，以总结经验吸取教训，对未来的谈判进行指导。

谈判总结共包括两部分：谈判结果的具体表现和谈判过程的经验教训。

谈判结果的具体表现可以分为两部分来总结。第一是签约成功后和对方的关系。一般来说，谈判的过程和最后协议的签订势必会和对方建立一种关系，该关系如果是友好的关系，那么最理想不过，还会为以后的长期合作建立基础。如果签约后双方关系一般，也不失为一种理想的结果。如果谈判后双方闹僵成为对立关系，那么这种结果从长远来看是得不偿失的，甚至可以说是失败的。第二是签约没有成功的情况下和对方的关系。虽然最终谈判结果未达到双方都满意的结果，但如果通过此次谈判双方建立了良好的关系也不失为一种收获，从关系构建的角度度来看，谈判还是成功的。

谈判过程的经验总结是商务谈判总结中的重要内容，同样分为两部分：成绩与教训总结和对手评价。在谈判的过程中应有专人记录，一是为每一步策略的制定提供内容基础，二是为谈判结束后对此次谈判进行经验教训总结，从而积累经验，进而指导未来的谈判。对谈判对手的总结有助于判断再次合作的可能性，同时当再次与类似客户打交道时有据可依。对对手的评价指标包括对谈判对手的整体印象，对方的工作效率和风格，对方的好恶以及对方的优劣势，客观的评价有助于己方取长补短。

（二）关系维护

对于达成协议的谈判对手应在努力履行协议的同时尽量维系与对方的人际关系，以谋求可持续性的合作前景。即使是没有达到预期的谈判结果，甚至导致谈判终止或是谈判破裂，中国也有句老话叫"买卖不成仁义在"，仍可致力于关系的维护，因为天下没有永久的对手，反而有永久的利益。未来的合作也是可以期待的。

（三）资料整理

资料的整理主要有两个工作：一是对谈判资料的整理，即凡是与谈判有关的各种资料，特别是重要节点、重要决定的都应进行富有逻辑性地梳理和筛选。每一次成功的谈判都是建立在对之前谈判实践认真总结、梳理基础上达成的。二是谈判资料的保存与保密。对于重要的谈判资料最好运用双保险的方式予以保存，即纸质文件扫描电子化，电子文件打印纸质化。同时按照组织文件保密的相关制度对谈判资料保密。

 练习题

一、简答题

1. 商务谈判策略有哪些特征？

2. 谈判策略有哪些基本类型？

3. 影响谈判策略选择的因素是什么？

4. 开局阶段的策略是什么？

5. 摸底阶段的策略又是什么？

6. 如何理解报价的依据？

7. 报价的原则是什么？

8. 讨价的策略是什么？

9. 还价有哪些方法？

10. 让步的方式有哪些？

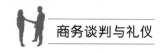

二、案例题

在谈判中，日本人最善于运用最后期限策略。德国某大公司应日方邀请去日本进行为期四天的访问，以草签协议的形式洽谈一笔生意，双方都很重视。德方派出了由公司总裁带队，财务、律师等部门负责人及其夫人组成的庞大代表团，代表团抵达时受到了热烈地欢迎。在前往宾馆的途中，日方社长夫人询问德方公司总裁夫人："这次是你们第一次光临日本吧？一定要好好旅游一番。"总裁夫人讲："我们对日本文化仰慕已久，真希望有机会领略一下东方悠久的文化、风土人情。但实在遗憾，我们已经订了星期五的返程机票。"

结果，日方把星期二、星期三的全部时间都用来安排德方的旅游观光，星期四开始交易洽商时，日方又搬出了堆积如山的资料，"诚心诚意"地向德方提供一切信息，尽管德方每个人都竭尽全力寻找不利己方的条款，但尚有 6% 的合同条款无法仔细推敲，就已经到了签约时间。德方进退维谷，不签，高规格、大规模的代表团兴师动众来到日本，却空手而归，显然名誉扫地；签约，由于许多条款尚未仔细推敲。万般无奈，德方代表团选择后者，匆忙签订了协议。

从谈判策略角度，这个案例对你有什么启发？

三、实训题

请按照模拟的商务谈判内容进行讨价、还价的练习，以领会主要策略与方法。

第四章　商务谈判技巧

本章学习目标

1. 了解基本的沟通技巧。
2. 学会处理谈判僵局的技巧。
3. 学会应对敌意性商务谈判的技巧。
4. 掌握网络商务谈判的技巧。

商务谈判的整个过程，实际上就是谈判双方运用各种谈判技巧进行沟通的过程。谈判人员能否有效地运用语言艺术和谈判技巧将直接影响到谈判结果。所以，商务谈判人员一定要加强谈判中有声语言和无声语言的结合，注重僵局和敌意性谈判的化解技巧，利用有效沟通获得更多利益。本章首先介绍商务沟通的含义和类型，从有声语言、无声语言和书面语言三个方面介绍商务沟通的技巧，其次介绍处理谈判僵局和敌意性谈判的策略和方法，最后分析网络商务谈判的技巧，并说明商务谈判技巧的重要性。

第一节　商务谈判的沟通技巧

说到底，商务谈判也是人与人沟通的一种方式。所以，作为商务谈判人员，首先要具备基本的沟通能力，并且学会在谈判工作中灵活使用。

一、沟通的含义与类型

（一）沟通的含义

沟通是个人或组织之间利用各种传达工具与各种媒介诸如符号、姿势、表情、动作、文字、手势、标志、图画、音乐等信号，以达到交换信息的过程。

良好的沟通不仅使组织内部能够有效衔接、形成合力、较好地发挥企业整体力量，而且是与外部合作、和谐共处并取得外部支持的润滑剂，也是获得外部环境信息、进行决策的依据。

（二）沟通的类型

商务谈判的沟通是谈判双方或多方主体以追求利益最大化为目的，不断交换相互需求信息，并做出决策的过程。商务谈判的沟通方式多种多样，每种类型的沟通方式都有各自运用的条件，在商务谈判的过程中必须相机而定。依据语言表达方式的不同，商务谈判语言可以分为有声语言、无声语言和书面语言。

商务谈判的有声语言是指通过人体的发声器官来表达的语言，一般可以理解为口头语言，这种类型的语言通过人的听觉进行信息的传递和思想的交流。

商务谈判的无声语言是指通过人的形体姿态等非发声器官进行表达的语言，一般可以笼统理解为身体语言，这种类型的语言是借助人的视觉功能进行信息传递，从而实现态度和思想的交流。

商务谈判的书面语言是指对谈判前准备、谈判过程和谈判结果全部内容的文字表现。其中包括谈判准备工作的文字记录，如双方信息沟通来往的信件，谈判议程和方案的拟定等；谈判过程的文字记录，如谈判记录、备忘录等；谈判过后文字处理，如所达成的协议、签订的合同等。

总体来说，有声语言、无声语言和书面语言的沟通，在商务谈判的沟通中都能起到重要作用。成功的商务谈判是谈判各方出色运用语言艺术的结果，善于运用语言艺术的谈判者能够运用有声语言、表情、手势等技巧充分表达和强调自己的见解，有效地推动商务谈判的进行，实现商务谈判的既定目的。

二、商务谈判中的有声语言

（一）谈判中有声语言的基本要求

1.准确

谈判沟通语言的准确性直接影响到谈判人员进行观点、意图、思想等方面表达的准确性。尤其在商务谈判过程中对一些有指向和界定的词语意思要求明确，不会导致歧义或模棱两可的概念和说法的出现。比如美国某化妆品品牌和中国的一家加工厂共同建立一家合资公司。公司打算开发新型的第二代抗皱产品，但这里的"新型"表达不明。这种"新"应该是怎样的程度，"新"在哪里，是按照中国标准还是美国标准……由于词语表达的不准确，造成很大分歧，使得双方争执不断，引发的问题难以达成谈判协议。

由此可见，准确是商务谈判对有声语言的基本要求之一。在谈判过程中达到准确表达的目的需要注意以下三个方面：

①知识的准确性。要求谈判人员在掌握谈判知识、业务知识及其他一些社会知识时都要做到准确无误。

②用词的准确性。一个字、一个词语的不准确性，有时就可能使得整句话的意思发生改变，甚至与原意截然相反。

③发音的准确性。运用有声语言进行沟通，信息的传递通过谈判人员的咬字发音来表达其含义，发音的不准确容易引发对方谈判人员的误解。

2.清晰

商务谈判中有声语言的一项基本要求就是表达清楚、明白。只有把语言说清楚，才能有效表达己方观点和意图，对方也能得以及时了解，否则沟通的目的非但没有达到，反而耗费了商务谈判双方的时间和精力。

第一，在谈判过程中不要紧张，如果思维出现混乱，往往会乱了章法，导致观点很难表述清楚。第二，表达过程中要讲究逻辑顺序，比如以时空、事件发展的过程为陈述顺序等，便于对方及时了解己方意图，以有效传递信息。第三，尽量使用短句，说起来轻松，听起来省力，更容易把话说清楚。第四，注意语速，过快的语速直接影响表达的清楚程度，而语速过慢也容易消耗谈判双方的注意力。所以，语速不宜太快或太慢，要以表达清楚为标准。

3.注意措辞

在谈判过程中应避免的措辞主要包括以下九个方面：

①极端的措辞。如"肯定""不可能"等，即使己方观点正确，也尽量不要使用类似的措辞。

②针锋相对的措辞。这种类型的措辞很容易产生僵局、争论。

③涉及对方隐私的措辞。与国外客商谈判尤其需要注意这一点。

④以自我为中心的措辞。比如"我的想法是…""我认为…"，过多使用这类措辞，不但达不到说服的效果，反而容易引发对方反感。

⑤催促对方的措辞。比如要求对方"加紧考虑"，"不要犹豫"等。

⑥威胁性的措辞。比如"后果自负"等。

⑦模棱两可的措辞。如"大概""可能""似乎""好像"等。

⑧赌气的措辞。

⑨有损对方自尊心的措辞。

4.逻辑严密

谈判人员在整个谈判过程中要保持思路的一致性、论证性和明确性，需要注意语言表达的逻辑性。谈判要求表达通顺、完整、无误，逻辑判断恰当，能够合乎逻辑地进行推理。商务谈判要想具有说服力并取得成功，需要无懈可击的逻辑性，与此同时，逻辑思考的能力也是在谈判过程中批判谬误、摆脱困境、出奇制胜的关键性因素。

（二）谈判中有声语言的一般禁忌

在商务谈判中，如果谈判人员语言运用不当，就可能伤害对方的感情，造成谈判障碍，因而应避免使用以下语言：

①啰唆的语言。谈判有一定时限，要讲求时效，重视速度。这就要求双方表达应简明扼要，准确明白。如果说话啰唆，言之无物，就会浪费时间，引起对方的反感和厌恶。

②伤人的语言。谈判中如能互相尊重、说话和气、谦虚有礼，就可以增进友谊和信任，使谈判顺利进行并提高效率。相反，如果出口伤人就会伤害对方的感情，引起反击。

③武断的语言。武断的语言常表现为傲慢、盛气凌人、唯我独尊，往往因失去商量的余地而功败垂成。精明的谈判人员表达意见时往往表现出克制和谦让的美德，除非有绝对把握，否则很少使用过度偏激、绝对的语言，而是委婉表达自己的观点，融洽谈判气氛，以易于情感和信息交流，使对方放弃成见，达成一致。

④好斗的语言。粗声恶语、出言不逊、争强好斗的语言容易使人产生反感、厌恶和回击，甚至使对方变得更加固执，不仅不能改变对方的观点，反而导致谈判陷入僵持。因此应避免提一些敌意性的、挑衅性的问题，以及对对方指责或审问式的盘问等。

⑤过头的语言。言过其实也是一种欺骗，话说得过头可能产生歧义、误解、怀疑、猜测，从而造成信息沟通的困难。在谈判过程中说话应有分寸，事先要考虑哪些话该说，说到什么程度合适，尽量沉着，避免冲动。

⑥固执的语言。谈判中应始终冷静地做好各种应急准备，要多准备几种备选方案和表达方式。如果固执己见，就会失去谈判的灵活性，使谈判陷入僵局。

（三）谈判中有声语言的沟通技巧

1.倾听的技巧

倾听可以使谈判双方更多地了解对方，隐蔽自己；能够使自身做出更好的决策，掌握谈判的主动权。但有些谈判人员往往只注意如何在谈判中表露自己的立场，字斟句酌地精心筹划发言，陶醉在自我表达中，反而会失去更重要的信息。归纳起来，以下几个方面会阻碍谈判人员的倾听：

①误以为只有说话才能表明自己的立场，若要获得主动权，必须抓住话语权。

②先入为主的印象会妨碍谈判人员耐心倾听对方说话。

③急于反驳对方观点，试图使己方占据上风。

④主观认定对方谈话没有实际内容和价值，不注意倾听。

⑤习惯定式思维。不论别人说什么，马上和自身已有经验联系起来。

⑥急于记住每件事，反而忽视主要事件。

⑦在所有论据尚未拿出之前却轻易做出判断。

⑧从心理学角度讲，人们会主动摒弃自己不喜欢的资料、消息。

⑨忽略某些重要的叙述只因为其表达者是己方觉得不重要的人。

⑩因其他一些事情而分心。

⑪有时想越过难以应付的话题。

商务谈判中必须努力克服倾听障碍，提高倾听效果，抓住主要信息。倾听的

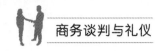

技巧主要包括：

（1）关键在于集中精力

精力集中除受身体状况的影响外，还取决于倾听者的态度。主动、积极地倾听，而非消极、排斥地倾听，成功率会较大。倾听者应主动与讲话者进行目光接触，并作出表情，如微微一笑，赞同地点头，否定地摇头等。在谈判过程中，对方的发言有时不太合理，甚至令人难以接受，作为一名参与者，仍应耐心倾听，不要表现出抗拒的态度，因为这样对于谈判的顺利进行非常不利。

（2）通过记笔记提高倾听质量

记笔记一方面可以帮助自己回忆和记忆，而且也有助于在对方发言完毕后，就某些问题向对方提出质询。与此同时，也有助于帮助自己进行分析，理解对方发言的实质内容。另一方面，也可表现出对于讲话者的重视，不时停笔抬头注视讲话者，也会对其产生鼓励作用。

（3）使大脑保持警觉

不仅有助于集中精神，也有利于大脑处于兴奋状态。而适当选择倾听的姿态最为重要。因此，为了能够专心倾听，不仅要有健康体质作保证，还要使头部、躯干和四肢处于适当的位置。只有在专心倾听的基础上鉴别性地倾听对方发言，抓住重点，才能收到良好的倾听效果。

（4）创造良好的谈判环境，使得谈判双方得以愉快交流

人们往往习惯于在自己熟悉的环境中交谈，因为有利于自己的谈判环境可以增强谈判的地位和实力。对于重要的商务谈判，如能在主场进行最为理想，否则至少也要尽量争取到一个中立的谈判场所。

（5）遇到难以应付的问题切勿充耳不闻

在商务谈判中，难免会遇到一些一时难以回答的问题，此时要有信心去面对，仔细思考对方每个问题的真实用意，找到解决问题的思路。应对问题的能力需要多加练习和思考，以便遇到问题时不慌乱，尽量沉着应对。

（6）克服先入为主的倾听方式

不要因轻视对方、抢话、急于反驳而放弃倾听，也不可为了急于判断问题而耽误倾听。

2.提问的技巧

提问很有讲究，比如哪些问题可以问，哪些问题不可以问，为达到特定目的应如何提问，以及提问的时机和场合等，对于一个谈判人员来讲都是需要掌握的。

为获得良好的提问效果，需要掌握以下提问技巧：

①做好准备，最好是一些对方无法迅速反应的问题，以期收到意想不到的效果，同时，也要防备对方采取这种策略，有效应对对方的反问。

②以诚恳的态度提出问题。提出问题后应保持沉默、专心致志地倾听对方的回答。这有利于谈判双方感情上的沟通，也有助于推动谈判的顺利进行。在对方发言时，如果产生疑问，不要终止对方谈话而急于提出问题，可把问题记下后等待对方陈述完毕，再进行提问。

③如果对方的答案不够完整，甚至避而不答，要有耐心和毅力等待时机再继续追问，以示对对方的尊重。如果时机合适，对方也不会拒绝，因为回答问题是谈判双方应尽的义务。

④当直接提出问题，但对方并不感兴趣，或态度拘谨时，可换一个角度进行以激发对方的回答热情。

⑤在适当时可就一个已经发生且答案已知晓的问题提问，以验证对方对于谈判的重视程度。同时也是给对方一个暗示，即己方对整个谈判议题充满把握，有关对方的信息掌握得也很充分。

⑥不要以法官的姿态来询问对方，也不要不间断地提问，否则容易造成敌对的心理和情绪。

3. 回答的技巧

谈判中的回答要基于谈判的需要，把握表达的内容以及如何适当地表达，一般不以正确与否论之。谈判中的问答，是证明、解释和推销己方观点的过程。为更好回答问题，应注意以下几点：

①回答问题前，要给自己留有思考的时间。比如在对方提出问题后，可通过喝水或调整坐姿和座椅的方式，也可以整理一下桌子上的资料文件，翻一翻笔记等动作来拖延时间，考虑过后再作答。

②不要彻底回答问题，因为有些问题不必回答。对于应让对方了解，或需表明己方态度的问题要认真回答，而对于有可能损害己方形象、泄密或无聊的问题，不予理睬可能是最好的应对。回答问题时，可将对方问题的范围缩小，或回答前加以修饰和说明，以缩小回答范围。

③把握对方的动机和目的，以决定如何回答。

④对于不知道的问题，应坦率告诉对方对此不了解，或暂时不能回答。

⑤对于很难从正面回答的问题，可采取回避或以其他答案应对的方法来回答。

⑥采用答非所问的方法应对无法回避的问题。

⑦采用以问代答的方法应付一时难以回答和不想回答的问题。

⑧"重申"和"打岔"。商务谈判中要为自己争取思考问题的时间，可以要求对方再次阐明其所问的问题，或采用"打岔"的方法，比如借口去洗手间或打个电话等。

4.陈述的技巧

谈判中叙述问题、表达观点和意见时，应态度诚恳、观点明确、语言流畅生动、层次清楚、紧凑。具体讲，谈判中的陈述应把握以下几项技巧：

①陈述应具体、生动，能使对方集中精神，全神贯注地倾听。

②陈述应简洁、通俗易懂。陈述的目的在于让对方相信己方所言为事实，使对方接受己方观点。因此陈述要尽可能简洁易懂，使对方能够理解。

③陈述应分清主次，层次分明。

④陈述应基于客观事实，使对方信任己方。

⑤陈述时发现错误要及时更正，以防造成损失。

⑥陈述的观点要准确，力戒含糊不清，前后不一。

⑦有时也需要重复陈述，以强调观点。

5.辩论的技巧

辩论具有较强的技巧性，作为一名商务谈判人员，应注意以下几点：

①观点明确，立场坚定。

②逻辑性强，思路严密。

③把握主要原则，不拘泥于枝节。

④掌握好分寸。

⑤态度公正客观，措辞准确犀利。

⑥善于处理辩论中的优劣势。处于优势时，谈判人员要以优势压顶，滔滔雄辩，气度非凡，并注意借助语调、手势的配合，表现己方观点，维护己方立场。切忌表现出轻狂和得意忘形，因为谈判中的优劣之势只是相对而言，并可互相转化。处于劣势时，应沉着冷静，从容不迫。只有沉着冷静，思考对策，保持己方阵脚不乱，才会对对方构成潜在威胁，从而使对方不敢贸然进犯。

⑦注意辩论中个人的举止和气度。

6.说服的技巧

说服贯穿于商务谈判的始终，是谈判中最艰巨、最复杂也最富技巧性的工作。

应了解以下说服的技巧：

① 明确说服目标。若要提高商务谈判过程中说服的效率，谈判人员首先应明确想要达到的目标、有待取得一致意见的问题、当前必须与对方哪些问题达成一致，以及己方希望达成怎样的协议等。

② 注意说服的次序。最好遵循由浅至深，由易到难的原则。

③ 取得对方的信任。要说服对方，就要考虑到对方观点和行为的理由，站在对方角度设身处地考虑其境况，以消除对方的戒心和成见。

④ 运用经验和事实说服对方。在说服艺术中，讲大道理的说服力远远比不上运用经验和例证。

⑤ 保持足够耐心。说服需要耐心细致，不厌其烦地动之以情，晓之以理，要把接收己方意见的好处和不接受己方意见的害处讲深、讲透。

⑥ 从对方能接受的谈话谈起。先表示出自己对对方的理解，然后步步深入，把己方观点渗透到对方思想中。

⑦ 委婉地说服对方。委婉生动的言语容易吸引和打动对方，增强双方的感情沟通基础，从而在和谐的氛围中，推动商务谈判。

三、商务谈判中的无声语言

（一）无声语言的概念及构成

1.概念

谈判的无声语言指商务谈判人员凭有声语言之外的信息符号，包括体态语言、表情语言以及音调变化等与对手交流思想、沟通信息的过程。在商务谈判中，无声语言与有声语言一般结合使用。无声语言的优势在于能表达有声语言无法传达的信息，发挥着替代、补充、暗示和调节的作用。传播学家艾伯特·梅拉比安曾提出一个公式：信息的全部表达 =7% 语调 +38% 声音 +55% 表情。其中声音和表情都是无声语言的符号。

2.构成

（1）默语言

商务谈判中，默语言是谈判主体借助非有声语言来传递信息、沟通感情的一种方式，主要形式是停顿语。

停顿语是谈判主体通过句中、句与句间保留的间隙所传递的信息，是一种超越语言的传播方式。停顿可以表示赞许、强调、抗议等，能以最简单的形式表达出丰富的内容。但停顿也不是越多越有利，谈判者使用停顿语必须善于控制，否则会留下矫揉造作或准备不足的印象。

（2）身体语言

身体语言，包括体态语言和表情语言，是指通过谈判者的服饰、动作、面部表情等来传递信息的一种无声语言。谈判人员需要对自己的身体语言加以控制、调整，也要通过观察、分析对方的身体语言来解读对方的情感、态度和意图，以此把握谈判的主动权。

（3）类语言

类语言，又称副语言，是指一种有声而无固定语义的语言，其形式主要有语调、语速、重音、重复和笑声等。

恰当地运用语调，是顺利交往和谈判成功的条件。一般情况下，柔和的语调表示坦率和友好，在激动时会有颤抖，表示同情时略有低沉。在谈判中也要注意根据对方的理解程度，以及所讲内容重要与否来控制和调整讲话的速度。一般情况下，重音表示强调，但有时谈判人员也会利用重音表示气愤、激动、不满等情绪。有意识地重复某几句话，能够引导对方对重复的内容进行回顾、思考，从而加深双方的理解和沟通。谈判中，笑声可传递正信息，也可表示负信息，比如，扬头大笑可能表示高兴、赞许，也可能表示讽刺和无奈。

（4）空间语言

空间语言是以谈判空间环境及空间环境的变化传递信息的非语言符号。广义的谈判空间环境表现为三个层次：社会空间环境（由经济、政治、法律、社会、文化等社会力量构成的制约和影响谈判结果的社会背景和氛围）、谈判空间环境（由谈判的具体地点、场所选择和布置形成的直接影响谈判活动的空间氛围）与谈判个体存在环境（处于特定谈判空间环境中谈判者的相对位置）。在谈判中，任何层次上空间环境的改变都可能对谈判结果造成影响，尤其是谈判空间环境与谈判个体存在环境的改变。

（二）谈判中无声语言的沟通技巧

1.身体语言

（1）眼睛的动作语言

眼睛的动作能明确表达人的感情世界，一切情绪、情感和态度的变化都可从眼睛中表达出来。

①在谈判中，对方的视线经常停留在你的脸上或与你对视，说明对方对谈判内容很感兴趣，急于了解你的态度和诚意，成交的希望程度高。

②交谈涉及的关键内容如价格时，对方时时躲避与你视线相交，一般来说，对方在价格上有所保留。

③对方的视线时时脱离你，眼神闪烁不定，说明对你所谈的内容不感兴趣但又不好打断，由此产生了焦躁情绪。

④当对方的眨眼时间长于自然眨眼的瞬间时，表明对方对于你所谈的内容或你本人产生了厌倦，也可表明对方感觉有优越感，对你不屑一顾。

⑤眼神闪烁不定，常被认为是掩饰的手段或不诚实的表现。

⑥倾听对方谈话时几乎不看对方的脸，是试图掩饰的表现。

⑦眼睛瞳孔放大而有神，表示对方处于兴奋状态；瞳孔缩小无神，神情呆滞，表示对方处于消极、戒备或愤怒状态。

⑧瞪大眼睛看着对方是对对方的观点和建议有兴趣的表现。

⑨对方的视线在说话和倾听时一直他顾，偶尔瞥一下你的脸便迅速移开，通常意味着诚意不足。

⑩下巴内敛，视线上扬注视你，表明对方有求于你，成交的希望程度比你高，让步幅度大；下巴上扬，视线向下注视你，表明对方认为比你有优势，成交欲望不强，让步幅度较小。

（2）眉毛的动作语言

眉毛是配合眼睛来表达含义的，二者往往表达同一含义。但眉毛本身也能反映人的许多情绪。

①当处于惊喜或惊恐的状态时，眉毛通常会上耸。

②当处于愤怒或气愤状态时，眉毛往往会下拉或倒竖。

③眉头紧皱，表示处于困惑、不愉快、不赞同的状态。

④眉毛舒展，表示心情舒畅。

⑤眉毛高挑，表示询问或疑问。

⑥双眉下垂，表示难过和沮丧。

⑦眉毛迅速地上下运动，表示亲近、同意或愉快。

（3）嘴部的动作语言

嘴部的许多动作也可反映人的心理状态。

①嘴巴张开，嘴角上翘，常表示开心、喜悦。

②撅起嘴，常表示生气和赌气，是不满意和准备攻击对方的表现。

③撇嘴，常表示讨厌、轻蔑。

④努嘴，常表示暗示或怂恿。

⑤咂嘴，常表示赞叹或惋惜。

⑥嘴角稍稍向后拉或向上拉，表示对方比较注意倾听。

⑦嘴角向下拉，是不满和固执的表现。

⑧紧紧抿住嘴，往往表现出意志坚决。

⑨当遭受失败时，往往咬嘴唇，这是一种自我承担的动作，也可理解为自我嘲解和内疚的心情。

（4）上肢的动作语言

上肢包括手和臂膀。通过上肢的动作接触，可以判断分析出对方的心理活动或心理状态，也可以借此把自己的意思传达给对方。

①握拳表现向对方挑战或展现自我紧张的情绪。握拳的同时使指关节发出响声或用拳击掌，都是向对方表示无言的威吓或发出攻击的信号。

②用手指或铅笔敲打桌面，或在纸上乱涂乱画，表示对对方的话题不感兴趣、不同意或不耐烦。

③吮吸手指或指甲的动作是个性或性格不成熟的表现，即所谓"乳臭未干"。

④两手手指并拢并置于胸部的前方呈尖塔状，表明充满信心，这种动作多见于西方人，特别是会议主持人、领导者，用这个动作以示独断或高傲，以起到震慑作用。

⑤手与手连接放在胸腹部的位置，是谦逊、矜持或略带不安心情的反应。

⑥两臂交叉于胸前，表示防卫或保守，两臂交叉于胸前并握拳，则表示怀有敌意。

⑦握手。标准的握手姿势应是用手指稍稍用力握住对方的手掌，对方也应用手指稍稍用力回握，用力握的时间为1~3秒。如果发生与标准姿势有异的情况，便有了除问候与礼貌以外的附加意义。主要有以下几种情况：

A.握手时对方手掌出汗，表示对方处于兴奋、紧张或情绪不稳定的心理状态。

B.若某人用力回握对方的手，表明此人具有好动、热情的性格，凡事比较主动，反之若不是个性懦弱、缺乏气魄，便是傲慢矜持，摆架子。

C.凝视对方再握手，是想将对方置于心理上的劣势地位。先注视一下对方，相当于审查对方是否有资格与其握手。

D. 向下握手，表示想取得主动、优势或支配地位，手掌向下是居高临下的意思；相反，手掌向上，是性格软弱，处于被动、劣势或受人支配的表现，有一种向对方投靠的含义。

E. 两只手握住对方的一只手并上下摆动，往往是热情欢迎、真诚感谢、有求于人、肯定契约关系等意义。

（5）下肢的动作语言

①与对方并排而坐时，对方若架着"二郎腿"并上身向前倾斜，意味着合作态度；反之则意味着拒绝、傲慢或有较强的优越感。相对而坐，对方架着"二郎腿"却正襟危坐，表明此人比较拘谨、欠灵活，且自觉处于很低的交易地位，成交期望值很高。

②对方若把一只脚架在另一条腿的膝盖或大腿上，初次打交道时就采取这个姿势并仰靠在沙发靠背上，常带有倨傲、戒备、怀疑、不愿合作等意味。若上身前倾同时又滔滔不绝地说话，则意味着对方是个热情但文化素质较低的人，对谈判内容感兴趣。如果频繁变换架腿姿势，则表示情绪不稳焦躁不安或不耐烦。

③交谈中并腿或经常保持这一姿势并上身直立或前倾的对手，意味着谦恭、尊敬，意味着交易地位低，成交期望值很高。时常并腿后仰的对手大多小心谨慎，思虑细致而全面，但缺乏自信心和魄力。

④双膝分开、上身后仰者，表明对方是充满信心、愿意合作、自觉交易地位优越的人，但要指望对方做出较大让步相当困难。

⑤摇动足部，或用足尖拍打地板、抖动腿部，都表示焦躁不安、无可奈何、不耐烦或欲摆脱某种紧张情绪。

⑥双脚不时小幅度交叉后又解开，反复的动作透露出一种不安的情绪。

（6）腰部的动作语言

腰部位置的高低与个人的心理状态和精神状态密切相关。

①弯腰动作表示某种谦逊的态度或表示尊敬。从谦逊再进一步，即演变成服从、屈从，心理上的服从反映在身体上就是一系列在居于优势的个体面前把腰部放低的动作。

②挺腰板，使身体及腰部位置增高的动作，则反映出情绪高昂，充满自信。经常挺直腰板站立、行走或坐下的人往往具有较强的自信心及自制和自律的能力，但为人可能比较刻板，缺少弹性或通融性。

③手插腰间，表示胸有成竹，对自己面临的事物已做好精神上或行动上的准

备，同时也表现出某种优越感或支配欲。

（7）与腹部有关的动作语言

腹部位于人体的中央部位，它的动作带有极丰富的表情与含义。

①凸出腹部，表现出自己的心理优势，自信与满足感，腹部可谓是意志与胆量的象征。这一动作也反映了意在扩大自己的势力圈，是威慑对方，使自己处于优势或支配地位的表现。

②抱腹蜷缩，表现出不安、消沉、沮丧等情绪支配下的防卫心理。

③解开上衣纽扣而露出腹部，表现出开放自己的势力范围，对于对方不存戒备之心。

④系皮带、腰带的动作与传达腹部信息有关。重新系一下皮带是在无意识中振作精神与迎接挑战的意思。

⑤腹部起伏不停，反映出兴奋或愤怒，极度起伏，意味着由于将要爆发的兴奋与激动状态而导致呼吸困难。

⑥轻拍自己的腹部，表示自己有风度，同时也包含着经过一番较量之后的得意心情。

（8）谈判中身体语言的禁忌

①情绪失控。当己方以身体活动表达情绪时，对方也可由之判断出肢体表达的心境。在商务谈判中，谈判双方为在激烈的交锋中取得谈判的主动权，有时会故意安排一些表演性的身体动作，借以引起对方情绪的波动，扰乱对方的既定安排。所以谈判人员感受和处理对方的身体语言时，应以不变应万变。

②对他人产生成见。有的谈判人员常常按照头脑中已形成的对于国家、民族、年龄、性别等方面的固有看法，判断对方身体语言反映出的相关信息。但这种判断由于过分强调群体的共性而忽略了个体的特殊性，从而导致成见的产生。谈判中出现任何成见都不利于谈判的继续进行。

③忽视身体语言的语境。身体语言的产生离不开语境的配合。例如，当人们在表达个人诚实及祈求神灵保佑自己好运时，东方人往往双掌合并于胸前，而西方人则是在胸前画十字。谈判人员只有将身体语言与语境结合起来，综合判断和运用，才能更好地发挥身体语言的魅力和优势。

④投射效应。人们总是喜欢把别人假想成和自己一样，假设别人与自己有某些相同的倾向，认为自己具有的某些特点别人也具有。例如，贪婪的人总会以为别人也都嗜钱如命，自己喜欢说谎的人也常常认为别人也在欺骗自己。在谈判中，

谈判人员若以自己的主观想法和感受对对方的身体语言进行评估和判断，往往会造成误判和误会，甚至阻碍谈判的进程。

2. 类语言

（1）语调技巧

恰当地运用语调，是顺利交往和谈判成功的条件。一般情况下，柔和的语调表示坦率和友好，在激动时会有颤抖，表示同情时略有低沉。语言本身的含义会随语调变化而变化，成功的谈判人员之所以能够说服对方，除了谈话内容精辟、言辞美妙之外，语调、节奏、音量都要运用得恰到好处。以下几种为常见的语调。

①平直调：语调特征为平稳、语势舒缓。一般用来表达从容、庄重的感情。

②上扬调：语调特征是前低后高，语势呈上升趋势。一般用来表达怀疑、鼓动、愤怒、斥责的感情。

③降抑调：语调特征是前高后低，语势呈下降的趋势。一般用来表达坚定、自信、感叹、祝愿的内容。

④弯曲调：语调特征是有升有降，语调曲折多变。一般用来表达忧虑、讽刺、调侃、怀疑的感情。

因此，在商务谈判中可以通过对方说话声音高低抑扬的变化来窥探其情绪的波动。谈判人员在讲话时要充分利用不同的语调变化，根据语言表达的不同内容和不同需要，变换不同的语调。这样，谈判语言会层次分明，感染力将大大加强。

（2）语气技巧

同样一句话语气不同，所赋予的含义也不同。谈判人员应以准确表达自己的观点为出发点，以此把握自己的语气，从而达到让对方准确理解自己的目的。

3. 空间语言

（1）个体空间认知

谈判双方交往中的个体空间需要多大，需要考虑到各种具体情况，如交往对象、交往内容、交往场合、交往心境等主客观因素。一般来讲，谈判双方的人际关系以及所处情境都决定着双方相互之间个体空间的界限。

①亲密距离。其近距离在15厘米之内，彼此可以肌肤相触，耳鬓厮磨，以至能够感受到对方的体温和气息。其远距离在15～44厘米，身体上的接触可能表现为挽臂执手，或促膝谈心，仍体现出交往双方亲密友好的人际关系。在谈判中，一个不属于别人亲密距离圈子内的人，随意闯入该空间都是不礼貌的，而且会引起他人的反感，自讨没趣。

②个人距离。这在人际间隔上稍有分寸感，已较少有直接的身体接触。近距离在46～76厘米，正好能相互亲切握手，友好交谈。这是熟人交往的空间。远距离在76～122厘米，已有一臂之隔，恰在身体接触之外。一般个人交往都在这个空间之内，有较大的开放性。任何朋友和熟人都可以进入这个空间，但对陌生人来说要视情况而定。当一个人在独自思考或专注某事时，陌生人闯入该空间，会引起他人的不满和不安。

③社交距离。这已超出了亲密或熟悉的人际关系，体现为一种正式关系。近距离在120～210厘米，一般出现在工作环境、社交场合和谈判协议场合。远距离在210～370厘米，表现为一种更加正式的交往关系。在谈判过程中保持社交距离，并不仅仅是从互相关系不够亲密的角度出发，也是从交往的正规性和庄重性来考虑。社交距离中彼此说话响亮而自然，交谈的内容也较为正式和公开，一些只适合在私下情境中交谈的话题就不宜在社交距离中交谈。

④公众距离。在这一空间中，人际间的直接沟通大大减少。近距离在370～460厘米，远距离在760厘米之外。在公众距离内交往，大多适合谈判这种交锋辩论、协商的对话，若此时双方距离太远，则很难进行亲密性的交谈协商。

（2）谈判座位认知

谈判中座位的不同安排反映不同的意义，也会带给谈判者不同的心理感受和影响。

①桌角式。如图4-1所示，双方分别处于A和B1的桌脚位置时，这种安排使谈判双方感到和善轻松，能够让双方有自由的目光接触，介绍己方的情况方便。桌角式由于只有桌的一角作为部分屏障，因此这种座位安排没有交往空间的分割感。

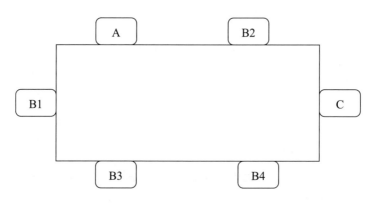

图4-1 谈判座位的安排形式

②合作式。如图 4-1 所示，谈判双方分别位于 A、B2 的位置，这种座位安排给谈判人员带来的心理感受是亲切随意的。B2 可以自然地进入 A 的私人交往空间。由桌角式到合作式还可以在介绍第三人加入会谈时起到很好的协调作用。当要向 A 介绍一位本方的人员 B3 或 B4 加入谈判时，谈判者可以坐到 B2 或 C 的位置，好像是站在 A 的立场或中立立场上。

③对抗式。如图 4-1 所示，谈判双方分别位于 A、B3 的位置，这种安排会给双方营造一种竞争的气氛，极可能暗示着某种对抗的情绪。在谈判时，必须时刻重视对方的心态，使对方感到自在而乐于与己方交往。一般来说，对抗式的座位安排不会产生如此效果，特别是在非正式的谈判或会见中，最好不要采用这种座位安排。

④独立式。如图 4-1 所示，谈判双方分别位于 A、B4 的位置，这种安排常常意味着谈判人员彼此之间不想与对方打交道，预示着尽量疏远，甚至是敌意，常见于公共场所中的两个陌生人。在谈判时要尽量避免这种安排。

⑤圆桌式。与长方形的桌子不同，圆桌常给人以轻松自在的感觉。这种安排通常能淡化双方的对立气氛，给人以团结一致、亲密无间的心理感受，适合运用于谈判中。

（3）谈判环境认知

①文化背景。不同的文化背景和民族差异，会营造不同的谈判环境。不同文化背景的人在交往时会产生误解，所以需要在谈判开始就进入文化差异环境的状态中。

②性格特征。谈判双方的性格特征会使得谈判环境发生变化，性格开朗的人，个人空间的范围较大，而内向敏感的人则相反。

③特定场合。在特定场合下，人们对于环境的认知会自然产生变化。如在拥挤的公交车或电梯上，人们无法考虑自己的空间，对于环境会产生烦闷的感觉。所以在商务谈判中，要注重特定场合的环境状况，从而有助于谈判的成功。

四、商务谈判中的书面语言

（一）书面语言的利与弊

书面语言传播的信息具有准确性和丰富性的特点，能以书面形式总结提炼有声语言表达的内容，同时有助于加强和扩大语言传播的信息，这也是语言传播和非语言传播所体现出的一致性特征。但书面语言能够表达的方式和内容有限，谈判人员很难以此揣摩对方的心思，无法通过语音、语调和行为动作察觉到对方的意图。

（二）谈判应用文体的写作要求

1. 语句长短适宜

短句一般比长句更容易理解和记忆，因此在谈判应用文体的写作上要特别注意巧妙选择和组织词语。一般语句的字数以不超过 20 字为宜。

2. 段落简单明了

一般来说，每句话表达一个意思，每一段阐明一种观点。理想的结构是：一个重要部分由三四个段落组成，各段落间由一句话的段落搭桥衔接，不仅容易理解，而且可以加深记忆。

3. 措辞严谨通俗

谈判应用文体不仅要供谈判者阅读，还要指导谈判，起到规范谈判人员的作用；同时某些内容还要让对方听懂、理解，因此滥用生僻的字词将无法达到预期效果。

（三）商务信函的写作要求

书写商务信函并不要求使用华丽优美的词句，用简单朴实的语言，准确地表达出自己的意思即可。

1. 口语表达

每一次信函往来，都是寄信人与收信人之间的一次情感交流。建议多用一些简单明了的语句，用我 / 我们做主语，能表现出必要的热情和友好，让对方感觉像是朋友间谈话那样简单自然。

2. 注重语气语调

由于信函都有其目的性，因此所采用的语气语调也应符合这一需要。在写作前要仔细思考所要达到的目的，以及希望可能对对方产生的影响，以便通过信函中的语气语调给予呈现。

3. 真诚和直接

信函也必须能够充分体现真诚。同时还需要简明扼要、切中要点，不符合主体或对信函目的无益的内容，务必舍弃。

4. 礼貌

即要体现一种为他人考虑，多体谅对方心情和处境的态度。当双方观点不能统一时，首先要理解并尊重对方的观点。当对方的建议不合理或对己方的指责不公平时，应表现出高姿态。可以据理力争，说明观点，但也要注意礼节礼貌，避免采用冒犯性语言。但礼貌过头可能会变成阿谀逢迎，因此把握好分寸才能达到预期效果。

5.简洁且有针对性

当涉及数据或具体信息时，如时间、地点、价格、货号等，要尽可能做到准确。同时要体现针对性，如在信头直接称呼收件人名字，这样会让对方意识到信函的专属性，从而表达出应有的重视。

6.回复迅速、及时

给对方的回复要迅速、及时，否则就可能失去先机和商机。

7.必须校对

信函写毕要检查，最基本的是要保证语法正确和不出现错别字，然后检查提供的事实、数据等是否有误。因为即使存在一个极小的失误，也可能会破坏己方在对方心目中的可信度，从而导致对其他信息产生怀疑。

第二节 处理谈判僵局的技巧

谈判僵局是商务谈判中的一种常态，不仅事先要有充分地思想准备，而且要对可能出现的谈判僵局做好应对方面的准备。

一、谈判僵局的含义及类型

（一）谈判僵局的含义

僵局是指谈判中双方因暂时不可调和的矛盾而形成的对峙局面。僵局并不意味着谈判破裂，但会影响谈判过程，如果解决不好就会导致谈判破裂。当然，并不是每次谈判中都会出现僵局，但也不排除一次谈判出现几次僵局的可能性。

（二）谈判僵局的类型

1.按狭义划分

（1）初期僵局

谈判初期主要是与谈判对方彼此熟悉、了解、建立融洽气氛的阶段，双方对

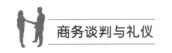

谈判都充满了期待。通常僵局很少在这一阶段发生，除非由于误解或对谈判准备不够充分等原因，而使得一方感情受到很大伤害导致草草收场。

（2）中期僵局

谈判中期是谈判的实质性阶段，双方将就有关技术、价格、合同条款等进行详尽讨论、协商，此时隐含于合作条件之中各自利益的差异，可能导致谈判暂时朝着使双方难以统一的方向发展，由此产生谈判中期僵局。

（3）后期僵局

谈判后期是双方达成协议阶段，在解决了技术、价格等关键问题后，还要就诸如项目验收程度、付款条件等执行细节进行商议，特别是合同条款的措辞、表达等经常容易引发争议。这一时期的僵局不可轻视，如果掉以轻心，有时会出现重大问题，甚至前功尽弃。

2.按广义划分

僵局伴随整个谈判过程随时都可能出现，商务谈判的僵局可分为协议期僵局和执行期僵局。协议期僵局是双方在磋商阶段意见产生分歧而形成的僵持局面；执行期僵局是在执行项目合同过程中双方对合同条款理解不同而产生的分歧，或出现双方始料未及的情况而把责任有意推向对方，抑或一方未能严格履行协议而引起另一方的严重不满，由此而引起责任分担不明确的争议。

3.按出现僵局内容划分

以谈判具体内容来看，不同谈判主体都会使谈判陷入僵局。例如，标的技术要求、项目的合作价格，项目实施的进度安排及其交付使用期限、履约地点等，只要是能写入合同文本的内容，就有可能成为谈判僵局的导火索。当谈判双方对合同的理解出现分歧与争议时，应以何种文本为准常常会成为谈判桌上最后的争执。当然，在所有可能导致谈判僵局的谈判主题中，价格最为敏感，是产生僵局频率最高的一个方面。

二、谈判僵局的成因及突破

（一）谈判僵局的成因

1.立场、观点、目标大相径庭

在讨价还价的谈判过程中，如果双方对某一问题各持自己的看法和主张，那么，越是坚持各自的立场，双方之间的分歧就会越大。这时，双方真正的利益就会被这种表面的立场所掩盖。于是谈判便成了一种意志力的较量，当冲突和争执激化、互不相让时，便会出现僵局。比如，在中美恢复外交关系的谈判中，双方在公报如何表述台湾问题上发生了争执。中方认为台湾是中国领土的一部分，而美方却不想得罪台湾当局，双方谈判代表为此就相持不下。

在谈判过程中，谈判对手为维护自己的正当利益，会提出反对意见；当得不到解决时，便会利用制造僵局来迫使对方让步。谈判双方在立场上关注越多，就越不可能注意调和双方利益，也就无法达成协议，甚至都不想做出让步，而以退出谈判相要挟，从而增加了达成协议的难度。人们最容易在谈判中犯立场观点性争执的错误，这也是形成僵局的主要原因。

2. 一方过于强势，一方沉默迟钝

商务谈判中经常存在洽谈双方实力相差悬殊的情况。此时，实力较强的一方经常认为在地位上高于对方，因此在谈判中惯常采取强硬做法，不考虑对方利益，导致谈判陷入僵局。谈判中任何一方，不管出于何种目的，如过分强调己方观点而忽略对方的反应和陈述机会，必然会使对方感到不满甚至反感，造成潜在僵局。若在谈判中沉默迟钝，对对方的论述不做任何回答，会让对方感觉没有受到重视，从而引起对方的猜测和戒备，而且也不利于谈判中信息的沟通，最终造成不必要的误解而形成僵局。

3. 人员素质低下

谈判人员素质的高低往往成为谈判进行顺利与否的决定性因素。无论是工作作风方面的原因，还是知识经验、策略技巧方面的不足或失误，都可能导致谈判进入僵局。偏见、谈判失误和态度恶劣，更是使谈判无法顺利进行的重要因素。

4. 信息沟通障碍

沟通障碍是谈判双方在交流彼此情况、地点、洽商合作意向、交易条件等信息过程中，可能遇到的由于主客观原因所造成的理解障碍。

比如，由于双方文化背景的差异，一方语言中的某些特别表述难以用另一种语言精确表达出来而造成误解。某跨国公司总裁访问一家中国著名的制造企业，商讨合作发展事宜。中方总经理很自豪地向客人介绍："我公司是中国二级企业……"，此时翻译人员错误地表述为"二等公司"。该跨国公司总裁闻此，原本很高的兴致突然冷淡起来，敷衍几句立即起身告辞。可见，沟通障碍会直接影响到合作的成功。

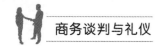

5. 拖延策略

在势均力敌的情况下，谈判者的某些要求可能无法达到。为获取更有利的谈判条件，有些谈判者会利用制造僵局来提高自己的地位，使对方在压力下不断降低期望值。谈判者在谈判中合理利用僵局，可以拖延时间，安排下一步的谈判策略，改变已有的谈判形势，提高自己的谈判地位。

（二）突破僵局的方法与技巧

谈判出现僵局，会使谈判双方陷入一筹莫展的境地，影响谈判效率，挫伤谈判人员的自尊心，影响谈判协议的达成。因此，在双方都有诚意的谈判中，应尽力避免僵局的出现。要想突破僵局，不仅要分析原因，还要特别搞清分歧的具体原因，然后进一步评估目前谈判所面临的形势，检省己方曾经做出的承诺和可能存在的不当之处，并认真分析对方为何在某些问题上不愿让步等。

1. 突破一般僵局的方法与技巧

（1）换位思考

谈判实践告诉我们，谈判双方实现有效沟通的重要方式之一就是要设身处地，从对方的角度来观察、思考问题，这样做有助于打破僵局。

当僵局出现时，首先应审视己方所提的条件是否合理，是否有利于双方合作关系的长期发展，然后再从对方的角度审视其条件是否合理。实践表明，如果善于用对方思考问题的方式进行分析，会获得更多突破僵局的思路。站在对方的角度思考问题，可以在谈判中以通情达理的口吻表达己方的观点，另一方面也可以从对方的角度提出解决僵局的方案，这样容易被对方所接受，使谈判顺利进行下去。

（2）客观对待

在谈判陷入僵局时，人们会不自觉地脱离客观现实，盲目坚持自己的主观立场。因此，为有效克服困难，打破僵局，首先要从客观的角度来关注利益。

在某些谈判中，尽管双方在主要方面有共同利益，但在一些具体问题上一定存在利益冲突，通常都不肯轻易让步。由此引发的矛盾激化到一定程度时便形成了僵局。如果谈判双方固执己见，就不容易找到满足双方利益的方案，更难以打破僵局。此时，应建立一项客观的、让双方都认为是公平的标准，既不损害任何一方颜面，又易于实行的办事原则、程序，这样才能使谈判回到原始的出发点，突破谈判的僵局。

（3）替代方案

商务谈判过程中，往往存在多种可以满足双方利益的方案，而谈判人员经常简单地采用某一方案，而当这种方案不能为双方同时接受时，僵局就会形成。

事实上，不论是国际商务谈判还是国内业务磋商，双方存在分歧非常正常。这时，谁能创造性地提出可供选择的方案，谁就能掌握谈判中的主动。这种替代方案一定既能有效地维护自身的利益，又能兼顾对方的利益要求。在谈判期间，能够构思出对彼此有利的更多方案，往往会使谈判顺利进行。

（4）据理力争

如果僵局的出现是由于对方提出的不合理要求所致，特别是在一些原则性问题上表现出蛮横无理时，必须做出明确而又坚决的反应。因为这时任何替代方案都将意味着无条件妥协，且这样做只会增多对方日后的欲望和要求，而对于己方则要承受损失。因此，要同对方展开必要的争执，让对方自知观点难立，不可无理强争，使对方权衡得失利弊，做出相应的让步，从而打破僵局。

（5）借题发挥

从对方的漏洞中借题发挥有时被看作是一种无事生非、有伤感情的做法。然而，对于对方的不合作态度或试图恃强凌弱的做法，从对方的漏洞中借题发挥做出反击，往往可以有效地使对方有所收敛。当对方不是故意为难，而己方又不便直截了当提出时，采用这种旁敲侧击的做法，往往可以使对方知错就改，主动合作。

（6）釜底抽薪

有时谈判之所以出现僵局，是因为双方僵持在某个问题上。这时，可以把这个问题暂时搁置，先磋商其他条款。例如，双方在价格条款上互不相让，僵持不下时，就可以先行洽谈其他条款。通过这种方式转移对方视线，在合适的节点再进行进一步的谈判。

（7）休会策略

休会策略是谈判人员为控制、调节谈判进程，缓和谈判气氛，打破谈判僵局而经常采用的一种基本策略。谈判出现僵局，双方情绪都比较激动、紧张，会谈一时也难以继续进行，这时提出休会是一个较好的缓和办法。己方可征得对方同意，宣布休会。双方可借休会时冷静下来，仔细考虑自己的处境和对方的情势，思考争议的问题，也可以召集各自谈判小组成员，集思广益，商量具体的解决办法。

谈判呈现僵局并且意识到无法用其他双方都能接受的方法打破僵局时，可以采用冷处理的办法，即总结已取得的成果，然后决定休会，使谈判人员恢复体力和调整策略，使双方重新对形势进一步研究，以证实自己原观点的正确性。当双方再按预定时间、地点坐在一起时，会对原来的观点提出修正，以此打破僵局。

（8）更换人员

当双方谈判人员互相产生成见，或已产生对立情绪并不可调和时，会谈就很难继续进行下去。形成这种局面的主要原因，是在谈判中不能很好地区别对待人与问题，由对问题的分歧发展为双方个人之间的矛盾。这时，可采用更换人员的策略，避免双方谈判关系的进一步恶化。

有时在谈判陷入僵局时，调换谈判人员并非出于个别人员的失职，而是一种自我否定的策略，用调换人员表示"以前我方提出的某些条件并不能做数，原来谈判人员的主张欠妥"，因此在这种情况下调换人员也蕴含了向对方致歉的意思。

但必须注意两点：第一，换人要向对方做婉转说明，使对方能够予以理解；第二，不要随便换人，即使出于迫不得已而换人，事后也要向替换下来的有关人员做工作，不要挫伤其积极性。

（9）改变环境

如果做了很大努力，采取了多种办法、措施，仍无法打破谈判僵局，这时可考虑改变谈判环境。

谈判室是正式的工作场所，容易形成紧张气氛。当双方就某一问题发生争执，互不相让时，这种环境更容易使人产生一种压抑、沉闷的感觉。在这种情况下，一方可建议暂时停止会谈，双方人员可进行游览、观光、出席宴会等活动，在相对轻松愉快的环境中放松心情。更重要的是，通过游玩、休息、私下接触，双方可以进一步了解、熟悉，清除彼此之间的隔阂，也可不拘形式地就僵持问题继续交换意见，置严谨的讨论和谈判于活泼、融洽的气氛之中。

（10）有效退让

当谈判双方对某一方面的利益分配僵持不下时，往往容易使谈判破裂。原因在于没有掌握辩证思考问题的方法。如果是一个成熟的谈判者，应明智地考虑在某些问题上稍作让步，而在另一方面去争取更好的条件。

在商务谈判中，当谈判陷入僵局时，如果对双方利益所在把握得恰当准确，那么就应以灵活的方式在某些方面采取退让的策略，去换取另外一些方面的获益，以挽回看来已经失败的谈判，达成双方都可接受的协议。

2.处理严重对峙的方法与技巧

（1）调解

当谈判双方严重对峙而陷入僵局时，双方的信息沟通就会发生严重障碍，导致互不信任，彼此存有偏见或敌意。但有些谈判又必须取得成果，而不能中止或以破裂结束，这时由第三方出面斡旋就可为双方保全颜面，信息交流也会由此畅通起来。

商务谈判的中间人主要由谈判者自己挑选，不论是哪一方，所挑选的斡旋者都应是为对方所接受的，否则很难发挥作用。在挑选中间人时不仅要考虑其能体现的公正性，而且还要考虑其是否具有权威性。这种权威性是使对方逐步受中间人影响，最终转变强硬立场的重要力量。而主动运用这一策略的谈判者就是希望通过中间人的作用，将自己的意志转化为中间人的意志来达到自己的目的。

调解是指请斡旋者提出一个新方案让双方接受。由于该方案照顾了双方的利益，顾全了双方的颜面，并以旁观者的立场对方案进行分析，因而很容易被双方接受。但调解只是一种说服双方接受的方法，其结果没有必然的法律效力。

（2）仲裁

当调节无效时可以请求仲裁。仲裁的结果具有法律效力，谈判者必须执行。但当发现仲裁人存有偏见时应及时提出，必要时也可对其行为提起诉讼，以保护自己的利益不受损失。

（3）诉讼

由法院判决也是一种处理僵局的方法，但很少使用。因为一是法院判决持续的时间往往过长，这对双方都不利；二是通过法院判决容易伤害双方的感情，不利于以后的交往。除非不得已，谈判各方都不愿把处理僵局的问题提交法院审理。

第三节 应对敌意性商务谈判的技巧

敌意性商务谈判虽非常少，但也并不鲜见。有时会贯穿谈判始终，有时可能只是阶段性出现，对此要在谈判准备阶段就要形成必要的方案以应对不时之需。

一、敌意性商务谈判概述

（一）基本概念

商务谈判按照参与者之间的关系属性可分为合作型与对抗型。当谈判者把视

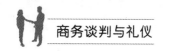

角聚焦在争夺利益时，激烈的冲突难以回避。但在谈判中受到不公正待遇，就会引发敌意性商务谈判，此种情境也容易引发谈判者的心理障碍。

（二）主要特征

敌意性谈判有如下典型特征：

①僵硬地固守自己的立场，绝不妥协。

②奉行单边行动主义，不管他人感受。

③以最后通牒的形式相威胁，不接受任何形式的交换条件。

④拒绝采纳任何自己所熟悉和相信标准以外的客观标准。

⑤维护权威和追求绝对控制权，按照自己单方面的意志进行会谈。

⑥否认对方多受的损失和付出的代价，不考虑予以补偿，也不愿意付出任何成本。

⑦漫天要价，在让步方面则非常吝啬。

⑧寻找外部关系施压，常常"恶人先告状"，以博得同情和支持。

⑨逼迫对方就范，采取威胁和侮辱的语言和姿态。

（三）主要原因

敌意性商务谈判的发生有四种起因：其一是参与者从极端自私的理念出发，只想从交易中捞取好处而不愿为此付出代价。此类人常常采用咄咄逼人的强硬策略或花言巧语的欺骗手段。其二是沟通技巧的缺乏。当事人总是以自我为中心，将自己的价值观强加于对方而拒绝用客观的眼光和标准审视问题，或使用讥讽的语言导致对抗情绪出现。其三是由于谈判方之间的误解或猜忌造成的对抗情绪。其四是因为以往有过不愉快的经历。这四种类型导致的僵局和对抗都表现为充满敌意的谈判气氛，有些因素还交织在一起，因此在沟通不畅的情况下甄别对抗的真正原因并不容易。

二、敌意性商务谈判的主要方式及应对技巧

（一）敲诈式谈判

1.产生原因

商务谈判对手采用敲诈式谈判的方式基于以下三种情况：

①先行者优势。利益冲突的一方，先发制人后，如率先大幅度降价，谈判的另一方只能默认其先行者的行动，在此基础上探讨合作的路径。

②出于投机的心态，相信对方会接受敲诈。

③利用相对灵活的有利地位运用谈判筹码，特别是利用对方在一定时期内以专业化投资所形成的无法调整的协作关系而提高要价，以榨取交易关联方的利益。多数情况下，主要是因为信息不对称，即拥有信息的一方利用敲诈的方式攫取另一方的利益。

2.主要表现

敲诈式谈判主要表现为：

①先发制人，占据强势地位，玩弄没有退路的极端承诺，导致出现威胁局面。

②损人利己，以侵犯性的动机追求自身的利益。利用权势、信息等方面的优势，采用误导、欺骗、恐吓、舞弊、曲解等卑劣的手段进行谈判，只求己方利益最大化。

③漫天要价，价码尺度上的伸缩余地却很大，以起到敲竹杠的目的。

3.应对技巧

①摸清敲竹杠者的底牌是战胜其贪婪心和强硬态度的最有效途径。有时不能成交或推迟成交对敲诈者也存在潜在风险。其实大多数敲诈型对手并不真正处于强势地位，他们只是利用破坏名声、扣留财产或提出诉讼为要挟，以达到捞取意外收获的目的，对能否如愿没有太大把握。对这样的对手进行妥协会使得其在日后得寸进尺，以及在业内开出一个可被敲诈的先例。

②应对这种类型谈判的根本性策略还是基于双方非谈判的选择。谈判的底线可从两个方面加以考虑：或中止合同和与对方的经济合作关系，给对方造成难以承受的经济损失；或利用商业信誉损失方面的约束，使其付出长期性的代价。需要说明的是，前者要付出不菲的代价，后者的约束力较弱，两者可结合起来使用。

③从谈判中能获取的利益往往靠充分准备和运用非谈判途径作为配合和保障。在实践中，为防范在专业化方面的大量投资因受到对方中止合作和不能续约而引起的损失，降低投资和重复谈判的风险，在每一次谈判时都应要求对方签订有担保的额外保证协议。

（二）不合作式谈判

1.主要特征

①攻击企业或个人，而不是问题本身。

②从分歧点着手进行谈判，并以拒绝会谈相威胁。

③坚持僵化的立场进行谈判，坚守己方的游戏规则，追求己方的利益最大化。

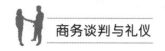

2. 主要表现

①谈判者作为个人有自己的情绪，用对抗的方式加以表达会给对方以错误的判断，认为没有协商的余地，被迫选择非谈判的解决方案。

②谈判对手的攻击会因其立场不容置疑，并因此指责对方。

③表现为迁怒、维护面子和情绪化。

3. 应对技巧

①感化策略。在谈判过程中，经过接触和交往，相互尊重、相互体谅就能建立良好的工作关系，从而使每次谈判都富有效率。即使对方语言过激，也要忍耐，不要让情绪问题影响谈判的进行，要把对手看成解决问题的伙伴，想方设法用坦诚的态度和诚恳的语言感化对方。

②改良策略。其作用是让对方接受己方更多的观点，达到由不合作转化为合作的谈判。尽量少说多听，中途不打岔；说话语气温和，不作无谓争论；不急于说出自己的观点，先让对方露出底牌；用对手的话说出自己的观点；利用休会的时间与对方讨论谈判中的分歧之处；对于一些不太重要的问题和要求，本着求同存异的原则，一笔带过；向对方提出一个具体建议，抛弃原有无关紧要的问题。

③制造僵局策略。在商务谈判中出现僵局是令人不愉快的，但人为制造僵局，并把它作为一种威胁对方的策略，会有利于己方的谈判。在制造僵局前要设计出消除僵局的推理，以及完整的僵局策划方案，让对方相信自己是有道理的，僵局是由对方造成的。但制造僵局并不等于宣告谈判结束，打破僵局的真正目的不是互相道歉，而是达成协议。

④出其不意策略。在商务谈判过程中，突然改变谈判的方法、观点或建议，使对方为之震惊，从而软化对方立场，施加某种压力的策略即为出其不意策略。实施此方法还可采取极具戏剧性的事件，比如在谈判过程中突然大发雷霆，行为很不理智，让对方难以招架等。

⑤搅和策略。打破原有秩序，把要讨论的议题搅在一起，将事情复杂化。通过搅和形成僵局，或促使对方在困惑时犯错误，或借此机会返回已经答应的让步，有时还可趁机试探对方在压力下保持机智的能力。

（三）诡计式谈判

1. 产生原因

主要有以下几个方面：

①为套取更多利润，甚至想方设法从对手的保留底线中获利。

②由于僵局产生而制造出诡计式谈判。

③谈判者相信骗术是牟取暴利的武器。

2. 主要表现

诡计式谈判的表现有以下几种形式：

①采取虚假谈判的手段获取有价值的信息和制造假象。

②散布令对方感到突然的信息和做出令对方意外的举动而达到欺骗目的。

③利用形体语言掩饰真实想法和误导对手。

3. 应对技巧

①通过充分准备、信息收集和有效沟通防范和认清对方诡计。任何欺骗者通常要么散布不真实信息，要么扭曲和夸大事实，以迫使对方产生错觉和心理失衡，对此应有清醒认识。

②明确提醒对方，如果信息失真和不完整，自己将无法做出合理决策，有可能导致谈判过程延长甚至失败，将压力转交给欺骗者。

③质疑对方陈述的合理性，并对此进行探讨。有时不必揭穿对方的谎言，应做到对事不对人，只讨论对方的策略而不进行人身攻击。

④引进交易的合法性。应尽可能多地增加约束条件，大幅增加欺骗性违约的法律成本。

如以上方法均不奏效，最后的步骤是转向非谈判选择，告知对方因无法达成交易而离场。如果离场举动是合乎规则的，对方因为蓄意欺骗，隐藏了事实真相，而其根本利益又是达成协议，自然会请求继续谈判。此时，欺骗者处于被动地位，被要求提供完整和真实的信息，从而丧失对谈判进程的控制。

（四）强势谈判

1. 产生原因

主要有以下几个方面：

①双方实力相差悬殊，一方处于强势地位，具有很强的议价能力。

②由于信息不对称的原因，或一方有求于另一方，容易形成强势谈判的局面。

③谈判一方很自信，在谈判开始就有必胜的把握。

2. 主要表现

强势谈判的表现有以下几种形式：

①主谈人很自信，态度傲慢，锋芒毕露。

②不屑于接待谈判者，借口没有时间或通过其他人放话出来，如果不同意所

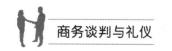

提条件，则没有任何商量的余地。

③开出极端条件，并说明是最后的报价，背离了公平精神。

④营造压抑的谈判环境。

⑤有时还会进行人身攻击。

3. 应对技巧

①争取承诺策略。争取到有利于自己的承诺，就等于争取到有利的谈判地位。在正式的商务谈判中，谈判者都会从信誉出发，维护自己已承诺的条件，但有时，谈判者为加快谈判进程或躲避对方的追问会有意识做出一些假的承诺。因此，对待承诺要善于区分，既不盲目听信，也不全盘否定，要认真考虑对方承诺的原因和内容，见机行事。

②软硬兼施策略。该策略是指将组成谈判的人员分成两部分，其中一部分成员扮演强硬型角色，在某一议题的初期阶段起主导作用。另一部分成员则扮演温和角色，在议题的结尾阶段扮演主角。

③以柔克刚策略。该策略是指对付咄咄逼人的谈判对手，可暂不做出反应，以持久战磨其棱角，使其筋疲力尽之后，己方再发起反攻，反弱为强。运用以柔克刚策略必须树立持久战的思想，同时还要学会运用迂回策略和反守为攻的策略。

④制造竞争策略。该策略指在谈判中创造一种竞争的态势。该做法可转变谈判中形成的局面，前提条件是让对方知晓己方存在多种解决方法，切不可在没有选择的情形下使用这种策略。

第四节　网络商务谈判技巧

网络商务谈判既是时代发展的产物，也是谈判形式走向丰富性的必然趋势。作为现在商务谈判人员应掌握多种多样的谈判方式，才不会在谈判中处于被动局面。

一、网络谈判的定义及内涵

网络谈判是指借助于互联网进行协商、对话的一种特殊的书面谈判。它为贸易参加方的沟通提供了丰富的信息并降低了沟通成本，因而有强大的吸引力，也是社会发展的必然趋势。

二、网络谈判的利弊

网络谈判是伴随着电子商务兴起而发展起来的一种新的谈判方式。网络谈判既有电话谈判的快速、联系广泛的特点，又有信函谈判的内容全面、丰富以及可备查的优势，有利于谨慎决策，提高了谈判效率的同时也降低了成本。另一方面，商务信息的公开化导致竞争对手的加入，互联网的故障和病毒也会影响谈判的开展。

三、网络谈判的注意事项及应对技巧

网络谈判应注意以下几个问题，以保证网络谈判的顺利进行。

①加强网络谈判人才的培养。实行网络谈判，既需要谈判人员具有商务知识与谈判技巧，又需要具有互联网知识。

②加强与客户关系的维系。由于互联网是公开的大众媒体，使用网上谈判意味着与客户、合作伙伴关系的公开化。竞争对手随时可以通过互联网了解有关信息，甚至有可能抢走客户，所以借助互联网进行谈判还应注意与客户感情的培养，提高服务水准，以便更好地与客户、合作伙伴保持密切关系。

③加强资料的存档保管工作。互联网易受到病毒侵扰，甚至遭到黑客攻击，一旦发生类似情况，谈判双方的关系往往会受到影响，甚至会丧失合作机会，无法落实谈判方案。因此，在网络谈判的过程中谈判信息要及时保存，形成文字，以备存查。

④必须签订合同。网络谈判达成的成交协议一经确认或接受，即可认为是合约的成立，应按要求签字确认。

 练习题

一、简答题

1. 商务谈判中有声语言的种类有哪些？并举例说明各类语言如何运用。

2. 商务谈判中无声语言的种类有哪些？举例说明。

3. 分析商务谈判中倾听的艺术和技巧。

4. 分析商务谈判中提问与回答的艺术和技巧。

5. 如何能够巧妙地说服对方？

6. 论僵局产生的原因。

7. 如何避免谈判中可能出现的僵局？

8. 如何处理谈判中出现的僵局？

9. 敌意性谈判的主要方式有哪些？如何有效应对？

10. 网络谈判应注意哪些事项？

二、案例题

美国大富豪霍华德·休斯是一位成功的企业家，但也是个脾气暴躁、性格执拗的人。一次他要购买一批飞机，由于数额巨大，对飞机制造商来说具有很大诱惑力。但霍华德·休斯提出要在协议上写明的具体要求多达 34 项，并且其中 11 项必须得到满足。由于他态度飞扬跋扈，立场强硬，方式简单，拒不考虑对方的面子，激起了飞机制造商的愤怒，对方也拒不相让。谈判始终冲突激烈。最后，飞机制造商宣布不再与他谈判。

霍华德·休斯不得不派他的私人代表出面洽商，条件是只要能满足他们要求的十一项基本条件，就可以达成他认为十分满意的协议。该代表与飞机制造商洽谈后，竟然取得了霍华德·休斯希望载入协议 34 项要求中的 30 项，当然那 11 项目标也全部达到了。当霍华德·休斯问他的私人代表如何取得这样辉煌的战果时，他的代表说："那很简单，在每次谈不拢时，我就问对方，你到底是希望与我一起解决这个问题，还是留待与霍华德·休斯来解决。"结果对方自然愿意与他协商，条款就这样逐项谈妥了。

从如何处理谈判僵局角度看，这个案例给予我们何种启示？

三、实训题

1. 按照设定主题，分为两组，分别模拟提问、回答环节，同时思考相应的原则与方法。

2. 按照设计模拟敌意性谈判的情境，分为两组进行交锋练习，并注意及时总结主要规律。

第五章　商务谈判中的心理因素

本章学习目标

1. 对涉及商务谈判的心理因素进行初步了解。
2. 了解商务谈判人员的心理素质特征。
3. 掌握对商务谈判产生影响的主要心理因素。
4. 认识心理挫折对商务谈判可能造成的影响。

　　商务谈判不仅是谈判各方交换信息、寻求共识的过程，更是一项包含了诸多重要环节和关键因素的精妙手艺。其中，谈判参与者的心理因素在商务谈判过程中发挥着举足轻重的作用。充分了解商务谈判的心理知识、在谈判准备过程中恰当运用心理规律、在谈判进行过程中正确把握心理状态，不仅可大幅提高谈判预期目标的达成率，更能有效提升商务谈判的效率。本章从商务谈判心理的概述出发，介绍商务谈判人员应具备的心理素质，探讨主要心理因素对于商务谈判的影响，聚焦商务谈判与心理挫折的关系。

第一节　商务谈判心理概述

商务谈判首先是谈判双方的博弈，而实际上也是双方内心的较量。所以在商务谈判中无法忽视心理因素的研究与认知，如果能在心理方面多做准备并实施有针对性的策略，对于最终谈判的胜出会有重要的帮助。

一、商务谈判心理的概念

心理是一个越来越经常被提及的概念。人们遇到烦心琐事时、面临紧张压力时、与他人交流不畅时，经常会想到从心理学的角度去释疑解惑，以寻求恰当的行为方式。究其根本，心理学研究的是人类心理过程和人类行为之间的关系。而商务谈判是由谈判人员参与的各方博弈的过程，这一过程无法回避参与者的心理过程，谈判过程中各方表现出的行为实际是其心理过程的外显。因此，在探讨商务谈判时，有必要引入商务谈判心理的视角，深入了解商务谈判参与者的心理活动，探讨这种心理活动对谈判行为和谈判进程的影响，并引导谈判参与者正确面对和处理这些与谈判活动相关的心理过程，以便更好地发挥谈判能力，达成预期的谈判成果。简而言之，商务谈判心理主要是指商务谈判中谈判人员各种心理因素的总和，即商务谈判人员对于谈判中出现各种客观事实的主观能动反应。下面从这一概念出发，对商务谈判心理所涉及的诸多方面进行介绍。

二、商务谈判心理的特点

（一）相对稳定性

商务谈判心理具有相对稳定性。首先，影响谈判者心理状态的某些因素是受遗传因素决定的。如谈判者的气质，尽管其会受到谈判者所处环境的影响而发生一定改变，但其在很大程度上依然由遗传因素决定。因此，特定谈判者的心理具有相对稳定性，不会在短时间内突然发生较大改变和波动。在商务谈判实务中，谈判对手心理的相对稳定性，往往意味着其对于同一种情形、状态的心理反应和行为模式具有相似性。其次，不同谈判群体的心理状态也存在相对稳定性。心理状态会因外部环境的刺激而发生改变，而拥有相似成长境遇、沉浸于相近环境中的特定群体中的个人，会展现出趋向一致的、相对稳定的心理状态。例如在商务谈判中，同一公司或组织的相关人士因受到特定职业环境潜移默化的影响，而形成较为相似的性格、气质、情绪和情感，这种心理状态亦不会在短时间内发生较大的改变。这种情况在不同年龄段的谈判者中也有体现，年轻的谈判者往往更具有冒险突破精神，而越年长的谈判者越倾向于保守审慎的方式。即具有相同群体特征的谈判者对同一种情形、状态的心理反应和行为模式具有相似性。

（二）内隐性

商务谈判心理还具有内隐性的特点。从本质看，心理活动是人脑的精神活动，这就决定了商务谈判心理具有一定的内隐性。虽然谈判参与者的行为可反映其谈判心理活动，但出于自我保护和迷惑对手等目的，谈判人员往往倾向于掩饰自己的心理活动和真实想法，这就让商务谈判心理披上了一层神秘面纱。在商务谈判活动中，如何巧妙避开对手布设的"烟幕弹"，准确判断和解读谈判对手的心理活动对谈判主动权的掌握至关重要。

除此之外，对于谈判参与者自身而言，谈判心理也具有一定的内隐性。人的每一个行为都或多或少受到其心理活动的影响，诸如性格、气质、情绪等心理因素就无时无刻地伴随在每一个行为选择的过程中。这种"全天候贴身伴随"容易让我们感到习以为常，以至于在参与商务谈判的过程中做出许多看似"下意识"的行为或决定，却并没有察觉到心理活动对我们的影响。在这种情况下，需要谈判参与者对自己的决策过程进行审慎梳理，以免在关键时刻做出不恰当的行为选择，贻误谈判时机。

（三）个体差异性

商务谈判心理具有很强的个体差异性。每个谈判参与者的谈判心理特征都或多或少的存在不同，这种差异有时十分明显，有时却不易察觉，但不可否认的是这种差异性始终存在。因为人的心理活动方式受到遗传因素和外部环境因素的共同影响，即各异的生物遗传特征和多样的社会文化背景造就了不同谈判参与者之间的个体差异性。正如世界上没有完全相同的两个人，在谈判桌上也很难遇到两个具有完全相同心理状态的人。因此对待不同的谈判者如何灵活应变显得十分关键。只有逢山开路、遇水架桥才能将谈判引导到正确的方向上。

三、了解商务谈判心理的意义

（一）培养谈判人员自身的心理素质

了解商务谈判心理，可以让谈判参与者有针对性地提高自身心理素质。正如前文所述，由于心理活动存在一定的内隐性，谈判者容易忽视心理活动对自己行为选择的影响。在这种情况下，对商务谈判心理相关知识进行梳理和学习有利于谈判参与者对照自身情况，进行富有成效地改进和提升。如提升自信程度，守住底线、争取更多利益；展现更大诚意，换位思考、谋求更多共识。另外对于公司组织管理者而言，了解商务谈判心理，可以加深其对员工心理状态的知悉程度，减少在谈判人员甄选、安排方面的决策失误，大幅提高谈判前人员培训的效率和针对性。

（二）揣摩谈判对手心理，实施心理诱导

了解商务谈判心理，有利于己方谈判人员揣摩谈判对手的心理状态，以便适时适度地实施心理诱导，以利谈判目标的最终达成。知己知彼，百战不殆，利用商务谈判心理知识对谈判对手的行为加以研判，可以帮助谈判者更准确地推测对方的优势资源、弱点软肋、行为模式、甚至是谈判底线。在充分洞悉对手的基础上，在正确的时机巧妙使用恰当的方式，钳制其优势资源，攻击其弱点软肋，根据其行为模式加以诱导，即可大幅提升谈判目标达成的概率。

（三）恰当表达掩饰己方心理

了解商务谈判心理，亦可帮助谈判参与者正确拿捏对外表达的"度"，以掩饰己方的心理。利用商务谈判心理知识可以推测揣摩谈判对手的心理，若将此技巧加以适当反向运用，即可给谈判对手制造假象，使其难以把握己方的底线和套路，甚至可将谈判对手诱导至预设的方向，促其暴露弱点软肋，为己方争取更大利益提供可能。这一过程需要谈判人员对各种"场内""场外"因素进行理性思考研判，沉着冷静地与谈判对手展开博弈。

（四）营造良好的谈判氛围

了解商务谈判心理，还能帮助谈判参与者营造良好的谈判氛围。提高对己方谈判人员心理的把控能力，可有针对性地利用多种谈判策略营造合适的谈判节奏和争取更大的谈判空间；加深对谈判对手心理的了解程度，可在僵局出现时恰当释放善意，做到张弛有度，避免谈判破裂。谈判的主要场所在谈判桌上，但影响谈判进程或最终谈判结果的因素绝不仅限于此，了解谈判心理可让谈判参与者巧

妙利用各种外部因素，营造良好的谈判氛围，让"场外因素"为己方服务，做到"锦上添花"。

第二节 商务谈判人员的心理素质

商务谈判从某种程度而言，是对谈判人员心理素质的考量与考验。充分发挥自身心理素质方面的优长，努力克服可能对谈判产生消极影响的心理素质短板，也是谈判人员的必修课。

一、商务谈判人员应具备的心理素质

（一）理性

人类是感性动物，所有人在做出行为选择时都会或多或少受到情绪或情感的影响，适度的情绪或情感可帮助谈判参与者快速唤醒动机，为谈判目标的达成而努力。但过度的情绪或情感因素，会导致谈判参与者意气用事、判断力下降，增加决策失误发生的风险。因此，商务谈判人员应具备理性的心理素质，在面对煽动和诱导性语言时，保持自我内心的沉着冷静；在面临各种突变和诱惑时，恪守对事实逻辑的审慎态度。

（二）自信

自信是商务谈判参与者进行谈判活动的内心基础。谈判者应对己方拥有的资源、能力和价值观进行充分而系统地了解，并在此基础之上发现己方较于谈判对手所占据的相对优势点。谈判者应在对这些相对优势点的正确把握中建立起强大的自信心。需要特别强调的是，商务谈判中的自信与自负不同，自信是在对谈判形势进行客观研判后，对本方所持立场和谈判策略抱有的积极且务实的态度，其有现实的依据和支撑，不是对本方实力的一味夸大，更不是自欺欺人。

（三）乐观

乐观也是商务谈判人员应具备的重要心理素质之一。乐观是对所处境遇和未来发展趋势所抱有的积极态度。在商务谈判的各个环节，乐观的态度都能发挥重要的作用。在商务谈判的准备阶段，乐观具有稳定军心的作用，在谈判实务中，参与谈判的各方实力不尽相同，因此很有可能出现己方整体实力弱于谈判对手的情况。在此情况出现时，谈判参与者应乐观积极应对，努力发掘己方在具体领域中所具有的潜在优势和相对优势，沉稳制定谈判策略；在商务谈判进行的过程中，各方博弈正酣，必然存在形势有利于己方和不利于己方的两种局面，乐观的态度可让谈判人员遭遇不利局面时从容不迫、沉稳应对，不至于自乱阵脚、溃不成军；在商务谈判达成阶段性成果后，乐观的态度可帮助谈判者在确保己方底线不受损害的前提下接受稍低于预期的谈判结果，让双方尽快达成共识，将目光放在未来的合作和共赢上。

（四）诚意

诚意是商务谈判各方达成共识的前提和纽带。商务谈判不是你死我活的斗争，而是一种有原则、有底线的妥协，目的是使企业或组织在多方共赢中实现利益的相对最大化。既然以共赢为目标，谈判参与者就应携诚意而来。诚意是商务谈判开展进行的前提，只有谈判各方都怀揣诚意而来，谈判才可能在正确方向上进行下去。反之，若谈判者苛求本方利益的绝对最大化而全然不顾谈判对手的利益，甚至不顾谈判对手的"死活"，只能让谈判从最开始就陷入无解的僵局；诚意是谈判各方达成最终共识的纽带，只有谈判各方都心怀诚意而来，谈判参与者才有可能找到谈判各方均有可能获利的区域。而展现诚意，需要商务谈判参与者在严守己方核心利益的前提下，尝试从谈判对手的角度出发，思考双方都有可能接受的解决方案。

（五）勇气

商务谈判是各方博弈的疆场，谈判进行的过程中，在通向共识达成的道路上，谈判参与者经常会遇到一些棘手的问题，处理这些问题和挑战不仅需要智慧和谨慎的行为方式，更需要展现出内心的勇气。面对出现的问题，不应畏惧退缩，一味避让，而应积极主动协调各方资源、引导谈判对手共同解决问题。

（六）耐心

耐心也是商务谈判参与者应具备的重要心理素质。首先，商务谈判涉及各项重大商业利益，会对谈判各方公司或组织的业务布局和发展产生较大影响。因此，在商业领域经常会出现时间跨度动辄几个月甚至几年的"马拉松式谈判"，面对此类谈判时，谈判参与者的耐心程度显得尤为重要。谈判者应主动控制因谈判时间跨度拉长而产生的倦怠情绪，避免因重要问题长期悬而未决而产生的心理焦虑；其次，抛开商务谈判时间跨度的因素，即便是在一般时长的谈判中，谈判者也应

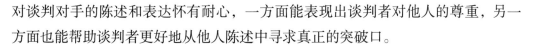

对谈判对手的陈述和表达怀有耐心，一方面能表现出谈判者对他人的尊重，另一方面也能帮助谈判者更好地从他人陈述中寻求真正的突破口。

（七）果断

果断同样是商务谈判参与者应具备的心理素质。果断是一种处理具体问题的方式，与前文提到的耐心并无矛盾。谈判中谈判各方会遇到各种大大小小的问题，在处理具体问题的过程中应尽可能果决干脆，以避免整个谈判进度不断被推后和拖延。当然谈判参与者所表现出的果决干脆必须以己方底线不受威胁和损害为前提。果断的问题处理方式还可帮助谈判参与者在谈判对手面前树立权威，以更好地掌握谈判的主动权。

二、商务谈判人员的心理禁忌

（一）毫无准备，盲目谈判

商务谈判涉及谈判各方的利益，对待商务谈判要做到"不打无准备之仗"。谈判人员应在谈判准备阶段做足情报资料搜集、整理的工作，对谈判对手的情况做到心知肚明，应就具体问题对谈判对手可能做出的反应进行分析研判，形成几套可靠度较高的谈判预案。在此基础上，谈判参与者应对谈判进程中可能遇到的关键问题和瓶颈进行沙盘推演，并在谈判开始前确定本方谈判的策略，统一己方谈判参与者的心理节奏，以期通过良好的团队配合达到预期谈判目标。否则，若不做任何准备盲目上场谈判，谈判者将非常容易丧失谈判的主动权，让谈判对手抓住己方的弱点和软肋，丧失己方的底线。一个更加常见的后果是谈判最终走向破裂，无法达成任何有实际意义的共识，空耗谈判各方的时间和精力。

（二）贬低自我，抬高对方

商务谈判需要谈判各方都拿出足够的诚意才有可能达成最终的共识，但向谈判对手传递包括诚意在内的各种信息应做到不卑不亢。在现实商务谈判中，有很多谈判者为缓和紧张的谈判氛围，选择在谈判开始阶段一味赞美对方，甚至拿出阿谀奉承的态度来向谈判对手"致意"。在商务谈判中对谈判对手进行适度的、恰当的赞美确实能缓和气氛，放松谈判对手的警惕心理，但这种善意、诚意的传递应以谈判各方的平等地位为限度，商务谈判只有在平等的前提下才有可能达成有利于各方的共识。而过分贬低自我，无限度的抬高对方，只能激发谈判对手的信心和意志。另一种情况是，在商务谈判中，己方由于资源禀赋确实处于较为被动的地位，此时更应杜绝对于谈判对手的过分抬高，谈判者应从具体资源或领域找到己方具有相对优势的点与谈判对手进行周旋和博弈，力争在不利局面下获得最好的结果。

（三）囿于现状，无法突破

商务谈判的目的是解决现有问题，在各方充分了解的情况下，尽最大可能达成共识，实现双赢的结果。因此对于现有问题的解决是商务谈判能否顺利进行下去的关键一环。现有问题就像滑坡过后散落在山区公路上的巨石，若不快速清除便会极大地阻碍道路的通行能力，导致车辆拥塞无法向目的地行进。因此，在商务谈判中，谈判者应主动扮演清道夫的角色，快速清理道路上的障碍物，打破现有窘境，为共识的达成开辟道路。在实际操作中，商务谈判参与者经常受自身职级权限的阻碍，面对问题会下意识地采取拖延战术而囿于现状，对此谈判者应提高与自身上级的沟通频次，公司或组织也应根据实际情况适当下放权力，以推动商务谈判的顺利进行。

（四）丧失理性，感情用事

商务谈判的过程是谈判各方进行策略性沟通的过程，谈判进行期间很难永远保持对己方有利的局面。若商务谈判参与者对待谈判中出现的情况不能保持客观理性，将很容易发生决策失误。需要强调的是，有些商务谈判者往往会利用这一弱点，利用语言信息和非语言信息（如肢体动作）等故意激发谈判对手的不良情绪，使其自乱阵脚。在这种情况发生时，作为一名专业的谈判者，应保持沉着淡定，不要让情绪化的表达代替理性的思考。还有一种常见的情况是，坐在谈判桌对面的人曾与你产生过冲突和矛盾，但请记住，作为谈判参与者应将精力时刻聚焦于谈判议题，而不是其他因素上。只有这样做才能专注于事实，达成有利于己方的谈判成果。

（五）拒不妥协，只顾自己

不止一个人曾经说过：谈判是一门艺术。谈判之所以能被称之为艺术，在很大程度上是因为谈判的成功绝不仅仅来自于攻城略地的快感，而在于有底线地妥协。一场富有诚意的谈判总会以双赢为目标，这种目标决定了谈判者的行为，一味地妥协退让会使谈判参与者铩羽而归，但拒绝任何退让，只顾己方利益的谈判参与者同样会一败涂地。因此在谈判中谈判者应审时度势，诱导谈判对手发现共同的利益区，在此区域内寻求最利于本方的合作方案。

（六）缺乏创新，囿于经验

经验对于商务谈判来说具有十分重要的作用。一个富有经验的谈判者，往往能依据多年积累的经验迅速对谈判对手的心理、风格做出判断，利用对己方资源的充分把握快速提出谈判方案。但凡事都不绝对，经验毕竟是谈判参与者在对过往谈判经历进行复盘基础上得来的，其来源于过去的谈判。虽然能对当下乃至未来的谈判有指导借鉴意义，但终归不能完全照搬，囿于经验。商务谈判参与者应立足于新问题，有创造力地提出观点、陈述观点，只有这样才能快速推进谈判的进程。

（七）大而化之，掉以轻心

对于谈判参与者而言，商务谈判关乎企业或组织的利益，每一次表达、沟通都可能蕴含着对己方利益产生深远影响的内容，特别是对于一些重大问题的探讨。这要求谈判参与者在谈判过程中时刻保持注意力的高度集中。虽然谈判中所涉及的事务确实有轻重缓急之分，但对待任何事务都应抱有谨慎小心的态度，不能总将问题大而化之，更不能掉以轻心，要避免对看似不重要的问题处理失当，积少成多，进而威胁谈判目标的达成。

（八）冒进急躁，失去耐心

商务谈判是加深谈判各方相互理解的过程，谈判各方对待谈判事务的态度应遵循从分歧走向共识的趋势。但由于牵扯各方利益，这种共识的达成往往需要时间，这就使商务谈判容易出现各方长期周旋的情况。这要求商务谈判参与者胆大心细，切忌受到急躁情绪的影响，一味图快追求协议速成，在具体谈判过程中应时刻保持耐心，认真聆听谈判对手意见，妥当表达己方立场观点。冒进急躁，失去耐心会增加谈判失误的风险，对己方利益造成不必要的割让与损失。

第三节　主要心理因素对商务谈判的影响

在商务谈判进行过程中，不同的心理因素会对谈判产生多样的影响。需要、动机、知觉、性格、气质、情感和情绪等心理学概念经常被大家所提起，但日常交流中人们对这些词汇的理解与其在心理学中的意涵存在一定偏差，下面将对这些概念给予明确，并在此基础上探讨其对商务谈判的影响。

一、需要、动机与谈判

（一）需要与谈判

1.需要的概念与类型

"需要"是人在缺乏某种事物时所产生的主观状态。这种事物可能是自然性的，也有可能是社会性的。从本质上讲，人的需要是无限的，即便是一种需要被满足，人还会产生新的需要。但能使人得到特定满足的条件是十分有限的，因此人在面对无限需要的过程中会产生内心的冲突和社会性的矛盾。需要分为很多种类：如精神需要和物质需要，而根据马斯洛需要层次理论，人的需要被分为五个层次，即生理的需要、安全的需要、爱与归属的需要、获得尊重的需要和自我实现的需要。

需要在商务谈判中发挥着重要的作用。商务谈判的目的之一就是对有限的利益和资源进行合理的分配和安排，谈判参与者从事谈判的最主要动力就是对于有限利益和资源的占有需要。此外，商务谈判参与者还能在谈判进程中收获他人的尊重认可。在商务谈判中正确利用需要对于谈判目标的达成至关重要。

2.需要在谈判中的应用

商务谈判参与者应对不同层次的需要加以利用和满足，以期获得良好的谈判成果。在商务谈判进行的过程中，应充分保障参与者生理和安全层次的需要，避免人员的后顾之忧，即在谈判地点的选择、会场的布置、时间的安排等方面做到合理舒适；适当满足谈判者爱与归属的需要，为谈判各方关系的维持、合作的达成提供纽带和桥梁，即对本方谈判人员进行亲切的关怀，向对方谈判人员释放足够的诚意和善意；注重谈判参与者获得尊重的需要和自我实现的需要，对谈判对手保持足够的尊重，即维护谈判对手的自尊心，谈判程序尽量公正平等、照顾谈判参与者成就感、荣誉感的达成。当然，商务谈判中各方人士所呈现出的需要是多样的，而对于各种需要的利用方式也是灵活的，谈判者要做到随机应变。

（二）动机与谈判

1.动机的概念与类型

动机是一个比较常见的心理学概念，它指的是与特定需要相关联的，人想要满足某种欲望的心理状态。动机可引起人的活动，并能促使人维持这种活动，以不断接近最终的目标。商务谈判参与者从事谈判活动也会受到动机的影响。

2.动机在谈判中的应用

商务谈判活动是一个包含多种混合动机的互动过程，谈判者参与商务谈判往往受到多种动机的驱使。在商务谈判准备阶段，谈判者受到认知动机的驱使，希望获得更加详尽准确的信息，进而采取细致地信息搜集、系统地信息梳理等行为。在谈判进行阶段，谈判者受到社会动机的驱使，主要包括竞争动机与合作动机。在此阶段，谈判者应恰当处理两种动机的平衡关系，不能一味寻求利己的结果，也要转换思维，从利他的角度寻求解决方案。简而言之，商务谈判活动受到多种动机的驱使，谈判者应冷静对待不同动机，在适当时间做出恰当的行为选择，以达到最优化的结果。

二、知觉与谈判

（一）首因效应

首因效应最早由美国心理学家洛钦斯于 1957 年提出。其含义是，当不同信息结合在一起时，人们总是倾向于重视最前面的信息，即使人们同样重视后面的信息，相较于最开始的信息，也会认为后来的信息是非本质的、偶然的，并习惯于按照最开始的信息来解释后来的信息，即使后面的信息与最前面的信息不一致，也会屈从于最前面的信息，以形成整体一致的印象。即人们在接触信息时有先入为主的倾向，而这种影响是持久而深远的。在商务谈判过程中，谈判者应重视并利用这种效应，审慎对待开场时的表达，将最重要的信息前置，以扩大该信息在谈判对手处的影响力。

（二）晕轮效应

晕轮效应是指人在观察、判断、评价某一行为主体时，由于该主体某一方面的特征或品质从观察者的角度来说比较突出，而掩盖、影响了观察者对该行为主体其他方面特征或品质的认识，即被观察的行为主体的整体特征或品质容易被某一方面突出的特征或品质所掩盖，突出特征或品质在观察者脑中的演绎、扩展会对整体特征产生影响。在商务谈判过程中，晕轮效应主要表现为成见效应，这实际是谈判进行中形成的夸大的社会印象，这种印象是由于在个体的社会知觉过程中，将对方的某种突出印象不加分析地用来判断并推论其他品质造成的。在商务谈判实务中，谈判者应注意晕轮效应的存在，避免出现以偏概全判断失误的情况；同时谈判者应利用好晕轮效应，为本方争取更大的利益和价值。

（三）刻板印象

刻板印象的概念最早由李普曼在其著作《公众舆论》中首次提出。刻板印象本质上是一种归类的思维方式，涉及知觉者对某个群体的知识、观念与期望的认

知结构。简单地说，刻板印象指的是人们对某个事物或物体形成的一种概括固定的看法，并把这种观看法推而广之，认为这个事物或整体都具有该特征，而忽视个体差异。刻板印象的存在可大幅减少人需要加工信息的规模，可更加快速、容易地对新事物做出判断。只要一想到某个刻板印象，就会立即回忆起与之相连的一系列特征。

但这种基于类别的加工常常过分简单化或概括化，即把相同的特征强加于每一个群体成员身上，而不管这是否符合实际情况。商务谈判中刻板印象同样存在，面对一个新的谈判对手时，我们会根据其所在的群体对其做出判断和预期，而往往会忽视谈判对手的真实特征；面对一个新的谈判问题时，我们会根据其呈现出的特点与以往经验进类比，快速对其性质和发展趋势做出判断，而经常会忽视新问题所蕴含的新情况。因此在商务谈判中，应控制好刻板印象介入思维的度，避免出现主观臆断的情况。

三、性格气质与谈判

性格与气质具备不同的特性，前者受后天因素的影响较大，后者则具有较重的遗传色彩。两者应兼顾，以便获得更为全面的把握。

（一）性格与谈判

1.性格的概念及类型

性格是个人对现实的稳定态度和习惯化的行为方式。在商务谈判过程中谈判者会遇到性格各异的谈判对手，比如有些人对待问题的态度更加积极乐观，有些人则比较消极悲观；有些人处理具体问题会认真细致，有些则容易粗犷大意。深入了解性格这种心理因素，还需注意其特征，一个人的性格类型受到遗传因素的影响，但相比于后天环境因素对人性格的塑造能力，遗传因素的影响比较轻微。人的性格类型一般会在青春期后段逐渐稳定，但依然有可能因重大事件的影响或主观努力而发生改变。在性格的具体分类上，有不同的标准。针对商务谈判的语境，可将谈判者的性格分为以下四种类型：缓慢型性格、急切型性格、温善型性格和泼辣型性格。

2.性格对谈判的影响及应用

在商务谈判中，谈判者的性格会给谈判的节奏进程、沟通模式造成显著影响。如缓慢型性格的谈判者经常以从容不迫的节奏与谈判对手过招，很容易造成谈判时间的拖延，对于关键问题的沟通次数也会大幅提升；而急切型性格的谈判者则经常大刀阔斧地加快谈判进程，对于具体问题的细节经常会采用快速果断的方式进行处理；温善型性格的谈判者善于采用安静聆听、温婉陈词的沟通模式，谈判双方往往会在和谐友善的对话中探讨问题；泼辣型性格的谈判者则经常大胆表达自身观点，沟通模式带有棱角和进攻性，此时谈判双方更容易采取一种激烈的、平铺直叙的对话方式。

对于谈判者所表现出的不同的性格类型，可以大胆加以利用，以最适合的方式和特定性格类型的谈判对手过招。对于缓慢型性格的谈判对手，应仔细聆听其陈述，但在表达己方看法、提出实质方案时尽量做到大胆、积极、主动，可在谈判进程中利用礼貌打断等方式引导谈判的速度，减少时间的延宕；对于急切型性格的谈判对手，应学会通过巧妙借势的方式，利用其快速表达的间隙为己方争取利益，有利于己方的问题应顺水推舟加速通过，不利于己方的陈述应抓住机会，礼貌性地指出小的口误或疑点引导对方仔细探讨；对于温善型性格的谈判对手，应做到足够的尊重，以同样友善的方式博取其信任和同情，解除对方心理上的戒备，并在关键时机有理有据地陈述己方观点，问题的探讨宜由浅入深步步推进；对于泼辣型性格的谈判者，应做到以静制动，避免被对方的强势表达打乱阵脚，在己方陈述的过程中，应保持慢条斯理的风格，"清风徐来，水波不兴"，做到稳重端庄、条理清晰、简明扼要，以己方的节奏逐步瓦解对方的自信心。

（二）气质与谈判

1. 气质的概念和类别

气质是心理活动在速度、强度、灵活性等方面表现出的动力特征。从生理机制上说，气质是由神经系统的兴奋和抑制的强度、平衡性和灵活性决定的，亦受到人体内分泌系统的调节。简单而言，气质表现为在日常生活中经常提到的"脾气秉性"。具体来看，气质反映了一个人知觉的速度、思维的灵敏度、情绪体验产生的速度、注意力集中的时长、情绪影响的强弱、意志力的强弱等特征。气质和性格不同，一个人的气质类型更多受遗传因素的决定，即人的气质类型大多是与生俱来的。

在心理学领域，人的气质一般分为四种类型：多血质的人活泼好动、思维敏捷、反应迅捷、善于与人交往沟通、注意力容易转移、兴趣多样易变，具有很强的外倾性；胆汁质的人直率大方、热情主动、精力旺盛、行为刻板、情绪容易产生冲动，心境多变且变化幅度较大，同样具有外倾性；粘液质的人往往安静端庄、稳重沉着，反应显得比较迟缓、不善言辞表达，但善于忍耐、注意力不容易转移，

具有内倾性；抑郁质的人有些孤僻、反应十分迟缓，但情绪体验十分深刻、善于察觉别人不易观察到的细节，同样具有很强的内倾性。

2.气质对谈判的影响及应用

现代心理学认为，气质类型没有好坏之分，其仅仅代表不同个体神经活动动力特点的差异，但并不影响在商务谈判进程中对不同气质类型的谈判者加以妥善地对待。首先，商务谈判参与者应对自身的气质类型有所了解，在此基础上发挥自身的优势，避免短板和劣势。如粘液质和抑郁质气质的谈判者应发挥其沉着冷静、思考深入的优势，克服其在语言表达方面的劣势和不足；多血质和胆汁质的谈判者则应充分运用精力充沛、思维敏捷的优势，掌握谈判场上的主动性，防止陷入僵局时的急躁情绪和毛躁心理。同时，大多数商务谈判以团队谈判的方式开展，因此，公司或组织的管理者也应对己方谈判参与者的气质类型有充分把握，将不同气质类型的人员进行合理地安排组合，以扬长避短，发挥团队优势。

其次，商务谈判中应通过语速、动作、表情等因素快速对谈判对手的气质类型加以判断和利用，制定有效的谈判策略，做到"对症下药"。每种气质类型的谈判者都存在一定弱势，如多血质谈判对手兴趣多样且善变，己方则可采用声东击西的方式抛出不同的利益点以迷惑对方，达到良好的说服效果；黏液质和抑郁质的谈判对手容易出现举棋不定、优柔寡断的弱点，己方可适度施加压力，利用谈判节奏的变化给其施加压力；胆汁质谈判对手容易心浮气躁、自信高傲，己方可充分利用疲劳战术扰乱其固有节奏，甚至可适当采取激将法的方式使其求胜心膨胀，以达到本方的目的。

四、情绪、情感与谈判

情绪和情感的差异在于，情绪更强调在短时间内的瞬间显现，而情感则是更具有稳定性的特征。透过情绪可以更好地感知情感，而把握好情绪情感有助于在谈判过程中的心理掌控。

（一）情绪、情感的概念及类别

情绪和情感有共通之处，都是人对于某种事物所产生的是否符合自身需要和欲望的心理体验。换句话说，情绪和情感是主体对客体是否符合自己需要所做出的对客体态度的反映。情绪和情感是伴随人对外界事物的认识所产成的心理活动，既具有喜悦、愤怒、悲伤、快乐、恐惧等多样的内部体验形式，又经常伴随着面部表情、肢体潜意识反应等丰富的外部表现形式。情绪和情感之间存在区别，情绪通常是更加私人化、个体化的心理体验，而情感则受到稳定社会关系的影响。相较于情感，情绪更具有分散性和随机性、持续的时间更短暂、也更为强烈。情绪和情感虽然不尽相同，但却是不可分割的。因此人们时常把情绪和情感通用。在商务谈判的语境下讨论情绪和情感的影响，可以将两者统一进行考察。情绪与情感的类别纷繁复杂，但主要可分为积极的情绪情感和消极的情绪情感。

（二）情绪、情感对谈判的影响及应用

情绪和情感对商务谈判的进程有一定的影响。积极的情绪和情感一般会对商务谈判产生积极影响。积极的情绪和情感可让谈判各方在更加融洽友好的氛围中进行交流，谈判者也能更加从容地面对具体问题，减少不友好行为发生的概率；积极的情绪和情感可提高谈判参与者的自我效能感，提高谈判者攻坚克难的勇气和信心。消极的情绪和情感一般会对商务谈判产生消极的影响。消极的情绪和情感容易使谈判者对谈判态势产生严重误判，激起谈判各方的冲动和挑衅行为，削弱谈判者考虑谈判对手利益的动机，甚至会引发谈判各方的不合作态度和"报复性"行为。

同时必须注意到，积极的情绪和情感有时也会造成消极的结果，如盲目乐观导致谈判者警惕性的放松，容易陷入谈判对手的圈套，较高的乐观预期也有可能在谈判成果未达预期时造成较强的挫败感。相对应的，消极的情绪和情感有时也能达到警示谈判各方的目的，让商务谈判参与者尽早意识到谈判中出现的状况，思考补救措施，因此消极的情绪和情感对商务谈判也有积极正面的意义。循此路径，在商务谈判实务中，在遇到积极情绪情感时，一方面要顺水推舟推动谈判进程，另一方面也要提高警惕，避免"乐极生悲"；在遭遇消极情绪情感时，也要及时做出调整，坚定信心和信念。

第四节　心理挫折与商务谈判

从某种意义上讲，制造心理挫折和应对心理挫折是伴随商务谈判始终的动作，毕竟和颜悦色、两情相悦不是谈判的主旋律。对心理挫折有事先的脱敏，同时又有必要、有效的实际应对措施，才是打好谈判心理战的重要基础。

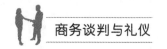

一、心理挫折的含义

在生活中，人们在做事过程中会不时遇到不顺心的情况，进而产生挫败感，我们称这种心理状态为"心理挫折"。在心理学中，心理挫折是指人们在从事有目的性的活动中，遇到难以克服或自以为无法克服的障碍或干扰，个人需要或动机无法满足时所产生的紧张状态和消极的情绪反应。商务谈判是各方博弈的活动，参与谈判的各方都为达成自己的目标而与对方进行激烈的交锋对话，在此过程中很容易出现实际状况与预期相差较远的情形，此时处于相对劣势的谈判参与者会因为既有需要无法满足、既定目标无法达成而产生心理紧张和消极的情绪，即出现心理挫折。

二、心理挫折在商务谈判中的表现及影响

在商务谈判中遭遇心理挫折的谈判者很容易产生明显的情绪波动和行为失当，具体表现为：

（一）攻击性行为

在心理学中有一种观点认为：攻击性行为是心理受挫后的继发行为。个体在受到心理挫折后，容易在心中诱发一种可导致攻击性行为的刺激信号，而这种刺激信号会诱使攻击性行为的萌生和发展。在商务谈判中，遭遇心理挫折的谈判者经常会把心中的愤怒情绪和失落感转化为攻击性行为，并向自认为的挫折制造者或无关人士传递。这种攻击性行为具体包括言辞粗鲁、表情失当、漠视规范等形式。商务谈判需以互相尊重和谅解为基础，谈判参与者需要在事先商定的规则框架和行为准则内展开活动。此时若一方或多方出现攻击性行为，将对友好和谐的会谈氛围造成破坏，若不能得到及时妥当的处理，这种攻击性行为还会引发更加强烈的消极情绪，最终导致各方矛盾升级，甚至造成谈判无果而终。

（二）焦虑不安

遭遇心理挫折的商务谈判者还容易产生焦虑不安的情绪。在谈判中因无法达成预期目标而产生的挫败感会引发当事人对未来的消极预感，比如遭遇心理挫折的商务谈判者倾向于认为随着谈判的进展，将出现更加不利于己方的局面，甚至会被谈判对手抓住弱点遭遇更大的失败。这种对于未来事态发展趋势的消极预感使人难以专注于当下的谈判议题，即谈判者会出现紧张、焦躁、担心、忧虑的情绪。带有此类消极精神状态的商务谈判者很难严格贯彻谈判前所制定的策略，容易做出错误的判断，导致谈判的失败。

（三）绝望低落

遭遇挫折的商务谈判者容易出现自我效能感低下的危机。具体表现为意志活动减退、自卑、自我评价低下，通俗地讲即谈判参与者不再相信自己的能力可胜任下面的磋商谈判。谈判人员出现绝望低落的状态，则难以遵循既定的路线走下去，若谈判人员不做任何调整，则谈判必然会陷入中止甚至破裂或失败。

三、商务谈判心理挫折产生的原因及防范机制

（一）产生原因

商务谈判心理挫折产生的原因往往是综合的、多样的，但从本质上可归结为主观因素和客观因素。

1.主观因素

商务谈判心理挫折作为一种主观的心理状态，其产生受到诸多主观因素的影响，主要包括：

谈判者自身的知识储备。对于特定谈判任务，谈判者一般都会进行一定的知识储备，而这种知识储备的丰富程度会影响谈判者对谈判情形、结果所做出预期的准确性，也会影响谈判者在谈判进程中随机应变的能力。当知识储备不足或逻辑梳理不清时，会大大降低谈判者对于谈判进程的把握能力，进而造成心理挫折的产生；

谈判者的经验积累。经验是在对过往谈判经历进行总结的基础上形成的固有看法，丰富的经验可帮助谈判者在应对不同类型的挑战时提高自信度，但经验匮乏的新手容易遭遇心理挫折；

谈判者的能力因素。谈判者的语言表达、逻辑思考、换位思考等能力因素也会影响其在谈判桌上的表现。能力较强的谈判者面对挑战容易做到从容不迫，但能力欠缺的谈判者却容易对谈判形势失去控制，产生心理挫折；

商务谈判参与者的心理素质也会影响到其在谈判过程中的表现，具备耐心、理性、乐观心理素质的谈判者不易遭受心理挫折，面对暂时性的失利有足够的勇气继续寻求解决路径，但缺乏上述心理素质的谈判者在面对局部挫败时容易产生较强的挫败感，即陷入心理挫折。

2.客观因素

商务谈判心理挫折的产生同时也和一些客观因素有所关联。如：

谈判对象的特点。若谈判对象和风细雨、通情达理则能更好地促进谈判的推进，但若谈判对象咄咄逼人、强词夺理则容易给本方谈判者造成意想不到的困难，从而提高心理挫折发生的可能。此外，谈判对象的层级、地位、背景等因素也会

对谈判进程产生影响，若不加以审慎对待，则容易给本方谈判人员造成心理挫折；

谈判环境的复杂程度。谈判作为一种社会交往活动，通常面临诸多场内、场外环境因素，这些环境因素在谈判进行过程中往往难以被改变和调整。如谈判议程设置的公正合理性、谈判场所安排选择的适当性，来自场外各层级领导和有关方面的压力等，都有影响谈判进程的可能。复杂的谈判环境容易对谈判的顺利进行制造意外的打击，这些"横生"出的"枝节"会给谈判者造成心理挫折；

谈判内容的困难程度。对于商务谈判参与者而言，谈判内容的难度越高其达到预设谈判目标的阻碍也就越大，其陷入心理挫折的可能性也就越大。而跨文化的国际谈判、跨领域学科的专业谈判、身份地位悬殊的非均势谈判都会给谈判者造成额外的难度，使其遭受心理挫折。

（二）防范机制

对商务谈判心理挫折的产生原因有一定了解后，可以分别针对主观因素和客观因素两方面进行防范。

1.针对主观因素采取措施

从商务谈判参与者个体的角度来看，第一，应在谈判开始前做好信息搜集整理工作，这种信息搜集整理应尽可能放宽视野，并形成系统化的文本，对谈判中可能涉及的领域和问题多做准备；第二，应在日常工作中注意锻炼自己的语言表达、逻辑推理、换位思考等能力；第三，应着力锤炼自己的心理素质，做足心理上的准备工作，做到这一点可通过自我反思调整和有目的性的练习等方式；第四，要注重对于先前谈判经验的了解和积累，可有针对性地和组织内参与过多次谈判的同事虚心求教，也可阅读案例式的谈判材料。从进行商务谈判的公司或组织的角度来看，可在商务谈判开始前根据人员性格特点、能力水平、经验程度对谈判团队人员构成进行有针对性的调整和安排，并组织多次模拟演练，让谈判参与者对谈判中可能出现的意外情况做好心理准备。

2.针对客观因素采取措施

针对造成商务谈判心理挫折的客观因素，可在谈判正式开始前，利用人脉关系和其他消息渠道对谈判对手的个人风格和特点进行深入而细致地了解，做到有备无患；可在有条件的情况下，事先到谈判场所"踩点"，对可能对谈判进程造成影响的场外因素进行排查，发现问题立刻向谈判东道主提出，并要求先行解决；可针对难度较大的谈判做先期专题培训，或根据谈判所涉及的领域安排专业人士进入谈判团队。

四、商务谈判心理挫折的应对

商务谈判中各方交锋瞬息万变，即便是在开始前做了万般周全的考虑和准备，也不能完全保证心理挫折绝不出现。在商务谈判中一旦出现心理挫折感，商务谈判参与者应了解一些"自救"的常识和窍门，临场做出快速调整，避免心理挫折的影响继续发酵，造成不可挽回的损失。

（一）勇敢面对挫折

在商务谈判过程中遇到挫折，首先需要做到不畏惧、不退缩。切记不可因为一时的失利导致对自我的无限否定，最后发展成为否定自己而否定自己的恶性情绪。在面对心理挫折时，谈判者应拿出足够的勇气和定力，面对一时的挫败感，多冷静思考诱发失败的深层次原因，少质疑自身的能力水平。也就是面对局部的失败，要做到对事不对人，多想问题出现的原因和最优补救措施。

（二）摆脱挫折情景

在理性面对心理挫折的基础上，商务谈判者应通过一些及时的调整手段让自己快速摆脱心理挫折的影响。在此推荐以下几种方法。

1."文过饰非"

即面对暂时的失利，进行自我心理暗示。在心里对自己说一些安慰的话语，比如："这没什么大不了的，只是一时的挫败，稍后我有能力扳回一城""这一点虽然出现失误，但好在这个问题对整体的影响不大，我还可以努力在其他方面挽回损失"等。这样做的目的是让自己的大脑快速走出自责的情绪，更好地专注于之后的谈判议题。

2.补偿替代

即在遭遇心理挫折后，利用其他具有优势的议题替代当下的劣势议题，对心理进行补偿，以重新获得心理平衡感；或对期望目标值进行快速调整，用新的目标值替代原有的目标值，即适当放低标准，以缓解心理挫折所带来的紧张感。

3.转移

即暂时抛开不良情绪，将思绪的重点转移至正面事物上，将原有受到挫折的需要和欲望投射至其他有益积极的议题上。有时还可利用心理暗示的方法提醒自己，造成当前不利局面的主要原因是他人而不是自己，以帮助自己快速走出心理挫折的阴霾。

（三）压抑

商务谈判有一些各方约定的程序规则，在谈判过程中严格遵循这些程序规则对于维持谈判的进行至关重要。这意味着商务谈判参与者在遭遇心理挫折时，需

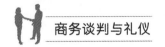

要保持足够的冷静和克制。这要求谈判者具有强大的自我把控能力。对于自我的把控具体分为两种情况：第一，在遭受突如其来的心理挫折时，保持足够的克制，避免出现过激行为导致谈判破裂；第二，在摆脱心理挫折后，将注意力继续专注于谈判议题上，对事不对人，不要怀有过分的报复性心理，以免破坏友善的谈判氛围，甚至造成决策失误。

（四）情绪宣泄

在合适的场景环境中，遭受心理挫折的商务谈判者应做适当的情绪宣泄。心理挫折所带来的消极心理状态可暂时克制，但长期憋在心中也容易造成一定负面影响，故在条件允许的情况下，应通过剧烈运动、放声大喊等方式宣泄。当然，需要特别强调的是，任何情绪宣泄都必须在法律法规和人伦道德的限度内展开，即不应影响他人的正常生活，应避免行为失当，给谈判大局或个人发展造成不良影响。

 练习题

一、简答题

1. 商务谈判心理的特点是什么？

2. 商务谈判人员应具备哪些心理素质？

3. 商务谈判人员的心理禁忌是什么？

4. 心理挫折在商务谈判中有哪些表现？

5. 商务谈判心理挫折产生的原因是什么？

6. 如何应对商务谈判中出现的心理挫折？

二、案例题

在卡普尔任美国电话电报公司负责人的初期，在一次董事会议上，众人对他的领导方式提出许多批评和责问，会议充满了紧张的气氛，人们似乎都无法控制自己的激动情绪。此时一位女董事质问："在过去的一年中，公司用于福利方面的钱有多少？"她认为应该多花些，当听说只有几百万美元时，说："我真要晕倒了。"卡普尔诙谐地回答："我看那样倒好。"会场上爆发出一阵难得的笑声，气氛也随之缓和了下来。

你认为在谈判过程中，把握情绪及情感的重要原则是什么？

三、实训题

模拟一两种心理挫折行为，并尝试采用有效的应对方法给予处理，并进行相关效果的评估和总结。

第六章　国际商务谈判

本章学习目标

1. 了解有关国际商务谈判的基本概念。

2. 知晓影响国际商务谈判的文化因素。

3. 初步了解不同地区和国家商务谈判的风格。

伴随着国家对外开放步伐的不断加快、开放程度的不断提高，中国正自信地张开双臂拥抱世界经济。自改革开放以来，特别是 2001 年中国正式加入世界贸易组织以来，我国的对外贸易金额、对外投资金额、国民海外消费水平和实际利用外资水平都在不断提高，中国与世界各国的商务交往日趋密切。在"一带一路"国家战略的指引下，近年来，有越来越多地中国企业迈开大步走出国门，与四海宾朋一道共谋福祉。时至今日，可以说中国的发展离不开世界，世界的发展也需要中国。在这种时代大背景下，国际商务谈判对于中国人来说已不再陌生，中国企业对于国际商务谈判人才的需求也在不断增加。本章将对国际商务谈判的相关内容进行介绍。

第一节　国际商务谈判概述

要做好国际商务谈判工作，就要清楚国际商务谈判不是简单地与其他国家和地区的商务人士进行谈判，其背后既有这一领域的独特之处，也存在相当的复杂因素。因此，了解国际商务谈判的内涵、特征和基本要求成为做好国际商务谈判工作的首要任务。

一、国际商务谈判的概念

顾名思义，国际商务谈判是指在国际经济贸易交往过程中各方为达成交易，通过信息交换沟通，对交易各项要件进行协调商讨的过程。国际商务谈判与一般国内商务谈判的最大区别在于谈判环境的特殊性和参与者身份的特殊性，即在国际经贸交往的语境中展开、有境外人士的参与。与境外人士进行谈判除了需要恰当处理最基本的语言障碍外，还需对各异的文化背景加以深入了解和把握，这也增加了国际商务谈判的难度和风险。要想深入了解国际商务谈判，还要对其所具有的特点进行梳理。

二、国际商务谈判的特点

（一）国际性

国际商务谈判一般发生在国际经贸交往的过程中，这使得国际商务谈判在参与主体、人员构成和环境因素等方面都带有国际性的特点，这也是国际商务谈判和一般国内商务谈判最大的差异点。首先，国际商务谈判的参与者一般都包括一个或多个具有海外背景的公司组织；其次，参与国际商务谈判的人员包含外籍人士，这些外籍人士多数情况下以谈判对手的身份出现，但为提升谈判能力，己方也有可能聘请或任用外籍人士加入谈判团队；最后，国际商务谈判的地点经常涉及境外地区，当具有海外背景的公司组织作为谈判的东道主时，中方谈判人员就必须走出国门"客场作战"，即商务谈判背景的国际性。

（二）政策性

由于涉及不同国家或地区间的交往，国际商务谈判存在很强的政策性特点。首先，每个国家和地区的政治制度都有自身的特色，进行国际商务谈判应充分理解和尊重涉及国家或地区的政治制度，对于对方政府的核心关切和特殊法律条款要做到心知肚明，避免触碰政治红线；其次，每个国家和地区的经济法规、行业制度也各有不同，如政府对行业或公司企业的管理程度各有不同、不同行业对于进出口和跨国合作的宽容度也有所不同。因此在谈判开始前应做充分详细的了解，并在谈判过程中做到足够的尊重。最后，作为中国公司，在开展国际交往、展开国际商业合作时也必须严格遵守我国相关的法律法规，这方面内容应在国际商务谈判开始前向参与各方进行预先说明，避免造成误会，影响谈判进程。

（三）跨文化

国际商务谈判具有跨文化的特点。国际商务谈判参与者来自不同国家和地区，而各个国家和地区在自然、地理、历史、人文、社会发展背景等方面存在巨大的差异性，这使得国际商务谈判需要在不同文化的交融互鉴中展开。国际商务谈判中最具表象化的文化差异就是语言，国际商务谈判参与者大多数情况下需要使用双方约定的通行语言或借助翻译人员进行谈判，在语言的转换过程中就面临诸多跨文化的挑战。当然，文化差异还体现在谈判风格、行事风格等方面，甚至谈判者对待同一问题的态度可能因为文化上的差异而截然不同。因此，在国际商务谈判中跨文化沟通的技巧需加以认真对待。

（四）难度大

国际商务谈判涉及语言、文化、礼仪、法律条款等方面的多样性和复杂性，在处理这些差异性因素的过程中均需讲求适当的方式和方法，这无疑提高了国际商务谈判的难度。与此同时，国际商务谈判往往牵涉到国际布局、发展战略，对一个公司或组织而言意义非凡，这也使得国际商务谈判的难度大幅增加。只有经过专业训练、周密准备的人员才能从容应对国际商务谈判的诸多挑战，达成公司或组织的既定谈判目标。

（五）高风险

国际商务谈判是在全球化的背景下展开的，国际商务交往和博弈会受到诸多不确定因素的干扰，如：政治和法律方面的风险（政局稳定性、政府立场和态度）、经济发展形势的不确定性（汇率波动、经济指标的变化）等，因此国际商务谈判存在较高的风险。在开展国际商务谈判的过程中，应充分考虑这些不确定因

素，并给出对应的备用方案，以求降低谈判破裂的风险。

三、国际商务谈判的基本要求

（一）做好调查准备工作

国际商务谈判中的谈判对手拥有复杂的国际背景，这就要求商务谈判参与者在谈判开始前就要进行充分的调查准备工作。与参加一般国内商务谈判不同，对于国际商务谈判的准备应在了解谈判议题、谈判对手履历情况、谈判对手谈判风格、谈判日程设置、谈判地点安排等基础上，深入了解国外谈判对手的文化背景。在必要时需将谈判议题、谈判风格内容和国外谈判对手的文化背景进行综合分析研判。避免因事前工作处置不到位，在谈判中造成不必要的误解和尴尬。简而言之，国际商务谈判要求参与者进行更加精心细致的准备。

（二）了解并掌握相关国家政策法规

正如前文所述，国际商务谈判的特征之一就是带有很强的政策性，因此在进行国际商务谈判前应重视对于相关国家政策法规的理解和运用。无论在哪个国家，政策法规都是从事商务活动时不可逾越的红线，若缺乏对相关国家政策法规的理解将会大大降低国际商务谈判的效率。若在合作中出现触犯政策法规的情况，谈判各方将绕许多"弯路"，有时对于相关国家法律法规的模糊认识甚至会造成谈判的破裂；相反，若谈判双方对各自政策法规有明确地理解和认识，并形成一定的默契和谅解，则可快速在合法合规的框架内寻求合作共赢。

（三）了解并掌握相关国际惯例

在国际商务交往实践中，为提高各方谈判的效率，减少不必要的误解，形成了许多具有相对稳定性的国际惯例，这些国际惯例通常以礼仪礼节、规则程序等形式表现出来。进行国际商务谈判，应在谈判开始前对相关国际惯例进行深入了解，并能在正式谈判中快速理解、游刃有余地使用国际惯例。对国际惯例有深入了解，并表现出足够的尊重，可以提升商务谈判对手对于本方谈判人员的好感度，从而促进谈判顺利进行。

（四）具备良好的外语技能

谈判人员在母语上的差异性是国际商务谈判所面临的最外显的文化障碍因素。虽然随着我国对外交往程度的不断深化，商务人士对于英语的掌握程度在不断提高，但对语言差异的妥当处理仍然是国际商务谈判中需要被格外重视的一环。国际商务谈判对于母语差异问题的处理通常有两种主要方式：第一，双方约定使用同一种国际通行语言进行沟通，一般情况下国际商务谈判会使用英语或法语作为工作语言；第二，通过翻译的帮助解决母语差异的问题，这种解决方式又分为同步口译（即我们所熟知的同声传译）和非同步口译。

当采用第一种方式时，要求商务谈判人员具有娴熟的外语听说能力，在谈判沟通交流中能快速准确地理解和表达；当采用第二种方式时，虽然不需要本方谈判者全程使用外语表达，但仍要求谈判人员随时留意谈判对手和翻译的表达，如因翻译的专业性差异而造成理解的偏差，应及时予以纠正和补充。综上所述，无论是采用国际通行语言直接对话，还是借助翻译进行沟通，都要求谈判参与者具备良好的外语技能。

（五）了解并正确对待文化差异

国际商务谈判的另一个重要特点是跨文化，这意味着商务谈判人员会与不同文化背景的人士进行对话沟通。文化背景的差异会对人看问题、做事情的方式和结果产生较大影响。在国际商务谈判中，中方谈判者应做到尽可能细致地对谈判对手所处的文化背景进行了解，并在实际操作中对谈判对手特殊的行为方式予以足够的包容和理解。充分尊重谈判对手表现出的文化差异将为商务谈判创造友善和谐的氛围，有利于各方寻找共同利益、达成共识，即做到求同存异。

（六）了解各国不同的谈判风格

文化的差异性同样会影响谈判对手的谈判风格。谈判风格主要是指谈判人员所表现出的言谈举止、处事方式以及习惯爱好等特点，本质上是一种行为模式。而行为模式会受到特定文化的影响，这种影响是潜移默化和持久深远的，很难在短时间内发生质的变化。因此在国际商务谈判中，谈判者可依据谈判对手的国籍对其谈判风格进行预先判断，并做出相应的准备。这就要求谈判参与者对各国不同的谈判风格有所了解，对此，本章后半段将详细介绍。

第二节　影响国际商务谈判的文化因素

无论何种谈判，都是基于人与人之间的交流。只要有人的参与，文化因素就会如影随形。文化看不见、摸不着，却无时无刻不在影响人们的思想和行为，大到理念、价值观，小到举止投足，只言片语。而国际商务谈判更突显不同文化间

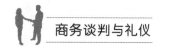

的冲突与交融，如果忽视它，必然会给谈判带来并不希望的结果。

一、对文化的基本认识

（一）文化的含义

文化是一个经常被提起的词语，其含义既抽象又具体。文化的含义很抽象，是因为文化指一个国家或民族特定的观念和价值体系；文化的含义很具体，是因为文化是一个行为模式系统。文化时刻都对处于其中的人产生潜移默化的影响，小到行为态度，大到价值观念，都会被文化刻上深深的烙印。从这一角度来说，生活中的很多细节都能反映出文化的"样子"。文化是一个集体现象，特定的群体享有共同的文化，并以此作为与其他群体相区隔的标签，因此不同国家和地区的文化具有独特性，世界各国的文化更是呈现出多样性。在国际商务谈判中，不同国家或地区的文化以不同的层次表现出来，对谈判者的谈判风格产生了深远的影响。

（二）文化的层次

文化是一个十分宽泛的概念，表现形式多样，涉及领域众多，呈现出不同的层次。对于文化层次的划分众说纷纭，本章节的主题是影响国际商务谈判风格的文化因素，故将文化的层次划分为行为、态度、规范和价值观，并在此基础上加以讨论。

行为：特定群体中所有成员共同享有的相似的行为模式是文化的一种层次。这种相似的行为模式使特定群体中的成员在面对同一种境况时做出一致性较强的行为选择。简单说来，不同的国家和地区存在不同的穿衣习惯、各异的待人接物的方式等，这些都是文化在行为方面的展现。

态度：态度是人对于某一事物所怀有的稳定的心理倾向，包括人对外界事物的评价和对外界事物所表现出的行为倾向。特定群体中所有成员对待某一种事物的态度有很强的相似性，这也是文化的一部分。

规范：规范是人们在长期社会生活中形成的约定俗成的行事标准，特定群体中所有成员在发生某一种行为时倾向于认同并遵守其共同的规范。这是文化的较高层次。通俗而言，一个国家或地区往往存在属于自己的道德准则，在从事某一项工作时，该国家或地区的人会倾向于遵守这种约定俗成的规范。

价值观：文化还存在于价值观层面。所谓价值观是人对待某种事物做出认知、理解、判断和抉择的取向，是对事物的认定，是非曲直的判断。简单来说，价值观就是人对事物价值的看法。而文化是一种由特定群体共享的价值观。

二、影响国际商务谈判的文化因素

（一）语言和非语言行为

国际商务谈判中涉及大量的人际沟通，而语言和非语言行为是人际沟通的桥梁和纽带。语言会对国际商务谈判产生重要影响。不同语言有着不同的特点和表达方式，也蕴含着一个民族长期以来形成的相对固化的表达逻辑。在国际谈判中应仔细理解谈判对手语言中潜藏的真实意思，如对待歇后语和成语，在表达或翻译的过程中就要格外谨慎，以免出现对牛弹琴的情况。

此外，非语言行为也会对国际商务谈判产生重要影响。非语言行为主要指面部表情、手势动作等符号化的表达，这些符号化的表达在表意上虽然不如语言明确，但也隐含着大量的信息，在国际商务谈判中应细心留意这些非语言行为。在这个过程中应特别留意非语言行为蕴含的意义在不同文化中的差异。如不同国家或地区对于同一手势的理解有所不同，甚至截然相反，这就需要谈判者在特定文化语境中做出正确的理解和恰当的表达，避免适得其反，闹出笑话或造成尴尬。

（二）人际关系

不同文化中，人际关系的状态呈现出不同的特点，这主要表现在人际关系的亲疏程度上。由于国际商务谈判是人与人之间的沟通和交流，无法回避人际关系不谈，人际关系状态会对谈判产生影响。作为商务谈判者，应根据当地的文化传统恰当地处理人际关系，做到入乡随俗。例如在北美，虽然人们在日常生活中更倾向于维持坦诚直率亲密的人际关系，但遇到正式的商务场合却需要保持较远的人际距离，过度亲密会给人带来不适感；与此相反，在沙特阿拉伯和土耳其等国商务活动会经常被安排在非正式的场所进行，而且人们会相距更近，过远的人际距离会被认为是诚意不佳。各国文化对恰当人际关系所给出的标准不一，这会对商务谈判造成一定影响，需要谈判者特别留意。

（三）风俗习惯

风俗习惯是国家或民族文化的重要表现。不同国家或民族各异的风俗习惯被无数书籍反复提及，足见其在跨文化交往中的巨大影响力。对于国际商务谈判而言，对于不同文化中风俗习惯的了解和尊重也十分重要。因为对风俗习惯的尊重可以展现谈判者对谈判对手的尊重和诚意，更能体现出跨国谈判团队的专业性——风俗习惯可以影响谈判对手的一些行为，对风俗习惯的知悉往往意味着谈判者对谈判对手有了更加深入的了解。

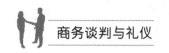

（四）思维差异

不同的文化往往会塑造出迥异的思维习惯，长期浸淫在某种文化语境中的人会不由自主地采取该文化中大多数人所经常采用的思维模式思考。对于思维差异，一个最广为人知的例子是以美国人为代表的西方文化和以日本人为代表的东方文化之间的差异。西方人习惯于开诚布公地辩论和讨论，思维过程直截了当；而东方人更加含蓄内敛，倾向于小范围商讨后达成具有"默契"的共识，思维过程充满神秘感。由此可以推测，以不同思维模式思考的人坐在一起就某一个商业议题对话和协商，若事前不做充分的准备，摩擦和误会就难以避免。

（五）价值观

正如前文所述，价值观是人对待某种事物做出认知、理解、判断和抉择的取向，是对事物的认定，是非曲直的判断。不同文化造就了不同的价值观，由于价值观会深深影响到谈判的动机、策略和目标设定，所以不同文化间价值观的差异会对国际商务谈判造成巨大的影响。参与国际商务谈判的谈判者应对谈判对手所坚持和珍视的价值观做合理的预判，并在谈判过程中加以巧妙对待，只有这样才能减少共识达成的阻力。

第三节　不同国家和地区商务谈判的风格

虽然全球化之风劲吹，虽然走向融合是大趋势，但是每个民族、每个国家、每个地区仍保有鲜明的民族或国家差异。特别是在国际商务谈判中能够敏锐地把握这种不同，有助于实现谈判目标的达成。本节将介绍不同国家和地区商务谈判的风格。

一、美洲商人的谈判风格

（一）美国

美国是当今世界上最强大的国家，较高的经济发展水平和强大的经济实力成为美国商人潜意识中坚实的后盾。美国商人在谈判过程中主要表现出以下谈判风格：第一，珍惜时间，重视效率。美国商人总会按照预定的时间准时到达谈判地点，且谈判过程中十分重视效率，风趣幽默但不做过多的寒暄客套，沟通的节奏通常较快，经常连续抛出几个关键问题进行探讨。第二，语言犀利，直截了当。美国商人善于使用简洁且具有信服力的语言表达，不会出现拖泥带水的情况，抛出的问题大多都能切中要害。其中也经常采用虚张声势的做法提振己方的气势。第三，聚焦利益，务实积极。美国商人重视可快速获得的利益，因此非常注重细节条款的落实，而较少关注对"大方向"的探讨。他们在谈判中更喜欢采用问题导向型的方式，强调实际问题的快速解决。

（二）加拿大

加拿大位于北美洲北部，在历史和社会上受到英法文化和美国文化的双重影响。由于加拿大和美国地缘相近、文化相通，因此加拿大商人在商务谈判中所表现出来的风格和美国商人十分相似。除此之外，加拿大商人在谈判风格方面还表现出如下特点：第一，重视实际情况。加拿大社会拥有很强的数据导向型文化，解决任何问题时都希望能依靠客观的数据和事实做出判断。因此加拿大商人在谈判中希望谈判对手在对具体问题进行阐释时，能提供数据的支撑，他们认为只有这样提出的观点才是科学的。第二，重视短期利益。在谈判过程中，加拿大商人重视短期可获得的利益，因此注重对具体事项合作细节的商讨。他们认为能准确把握住近短期内即可获得的实在利益是激动人心的。

（三）拉丁美洲诸国

虽与美国、加拿大同属美洲大陆国家，但拉丁美洲国家在历史上受西班牙、葡萄牙文化影响的程度更深，因此在语言、文化、社会风俗方面都与北美国家有一定区别。拉丁美洲商人在谈判风格上主要具有以下特点：第一，谈判节奏缓慢。拉丁美洲商人重视谈判中涉及的细节，希望对细节进行充分而慎重地思考。同时，拉丁美洲商人在谈判过程中会花费大量的时间对谈判对手进行深入了解，因此谈判的时间跨度经常会被大大拉长。第二，重视长期的朋友关系。在拉丁美洲国家，友谊和关系对于决策的制定往往能产生重要的影响。他们希望与可信赖的长期合作伙伴洽谈，而不是一个短期的投机者。

二、欧洲商人的谈判风格

（一）英国

英国是世界上第一个实现工业化的国家，无论在欧洲还是在世界范围内都具有很强的影响力。英国商人的谈判风格具有以下特点：第一，沉稳冷静。英国商人具有沉稳的做事风格和冷静的气质。谈判过程无论是令人激动还是让人沮丧，他们都会将情绪的波动控制在一定限度内。第二，严谨细致。英国商人在谈判过程中会快速进入主题，将注意力集中在谈判议题上。英国人对待协议细节条款的态度非常审慎，这与他们较强的责任感和荣誉感有关。第三，重视规则秩序。英国商人非常注重规则，虽然乐于结交朋友，并愿意信任朋友，但在商务谈判场合，英国人更喜欢铁面无私地与谈判对手就实际问题进行务实的交锋。英国人把规则看得很重，希望谈判可以在公平公正的规则中进行，同样受益于对规则的敬畏，他们自己非常守时，也希望谈判对手能按时出席。

（二）德国

德国是欧洲重要的工业国家，文化中具有较为倔强的民族性格。德国商人的谈判风格主要具有以下特点：第一，严谨认真。德国商人做事十分严谨认真，这一点可以从德国工业产品精工细致的口碑中略窥端倪。德国人对待商务谈判中细节条款的态度甚至是苛刻的。第二，准备周全。无论是在商务谈判开始前还是进行中，德国人都会为下一步制定严密的计划和方案，他们希望谈判能按照预定的程序和轨迹有条不紊地进行。第三，稳重严肃。德国人对待人与人的关系一般采用较为严肃的态度，但也十分珍视信任关系。稳重的德国商人对一时的热络兴趣不大，相比之下，其更渴望发现真诚严谨的合作伙伴，在相互信任的基础上维持稳定持久的合作关系。

（三）法国

法国是重要的欧洲大陆国家，法国文化以浪漫著称，法国人热情奔放，情感丰富。法国商人的谈判风格具有以下特点：第一，重视整体。也许是受法国文化中浪漫气息的感染，法国商人在谈判中较少针对细节做苛刻地追问和仔细地探讨，其更关心商务合作的整体意向。第二，善于辩论。法国人有较强的思辨能力，在商务谈判中法国商人会不遗余力地向外界展示其辩论的能力，对待一个问题，一般会在阐释多种思路后寻求最佳解决方案。第三，乐观积极。法国人对自己的国家和文化充满自信，因此法国商人在谈判中往往抱持乐观积极的态度，他们开朗热情的表达方式富有极强的感染力。

（四）俄罗斯

俄罗斯是世界上面积最大的国家，横跨欧亚大陆，拥有极其丰富的自然资源和良好的重工业基础。俄罗斯经常以能源资源输出者的身份出现在国际商务交往中。俄罗斯商人的谈判风格主要有以下特点：第一，地位意识强。由于历史、文化和社会制度等因素的影响，俄罗斯商人一般都怀有很强的地位意识，他们更希望和公司或组织的高层领导人员直接对话，以凸显自身的地位。第二，言辞较为强硬。俄罗斯人有尚武的传统，刚烈的性格在商务谈判中以强硬言辞的形式表现出来，这种强硬甚至给人一种傲慢的感觉，在某些问题上俄罗斯商人在摆出自己的原则立场后，便不再予以任何考虑。第三，行事保守谨慎。受到官僚主义文化的影响，俄罗斯商人在进行商务谈判时会经常请示自己的上级领导，特别是在遇到重要问题时。为确保减少自身负有的责任，俄罗斯商人甚至会谨慎地要求每个人做出承诺。此外，俄罗斯人思想中具有较强的官僚思想，俄罗斯政府对待外国企业的态度也比大多数西方国家更为严苛。

（五）意大利

意大利地处欧洲南部，是坐落于地中海北岸的狭长形国家。意大利拥有灿烂辉煌的文化，历史上曾诞生过众多以商业为支柱产业的城邦国家。意大利商人的谈判风格具有以下特点：第一，重视"家庭"观念。受到历史因素的影响，古代意大利城邦国家间经常发生争斗和战争，家庭和城邦成为意大利人对抗风险的保障，因此意大利人十分重视"家庭"的概念，希望在商务合作中就相关事宜能达成友好的同盟和共同体。第二，重视对人的了解。意大利商人在谈判开始阶段会进行较长时间的铺垫，希望在洽谈正式议题前先对谈判对手有充分而深入的了解。第三，热情友好。受到地理和历史因素的共同影响，意大利人热情奔放。意大利商人将这一风格带到了谈判桌上，语言诙谐、热情真挚、友好坦诚是意大利商人表现出来的谈判风格。

（六）北欧诸国

北欧国家地处欧洲北部，坐落在北极圈附近。受到地理自然因素的影响，北欧国家文化中具有冷静沉稳的气质。以瑞典商人、芬兰商人和挪威商人为代表的北欧商人的谈判风格具有以下特点：第一，重视寻求共识。北欧商人在谈判过程中，会花费大量时间增进与谈判对手的相互了解，他们希望能在相互深知的基础上寻求共识，以达到谈判的目标。第二，重视共同协商。北欧国家的文化里拥有崇尚平等民主的价值观，这一点在商务谈判中亦有体现。北欧商人对于重大决定往往采用集体协商的方式形成统一意见，而不仅仅依靠某一个个人。

（七）东欧诸国

东欧国家民族构成复杂，历史上既受西欧文明的影响，又受到当时苏联文化的熏陶，在文化上表现出很强的独特性。东欧商人的谈判风格主要有以下特点：第一，对不确定性的容忍度较低。东欧商人谨小慎微，希望把不确定性降到最低，对于协议的细节部分往往要进行反复地推敲才能做出最终的决定，因此与东欧商人进行谈判，节奏一般较慢。第二，重视声誉。东欧国家受历史传统的影响，十分重视个人和企业组织的声誉，因此商务谈判经常被安排在享有盛名的场所进行。在做出重要决定时，东欧商人也会对企业声誉方面可能受到的影响进行审慎评估。

三、亚洲商人的谈判风格

（一）日本

日本深受儒家文化的熏陶影响，是具有东方气质的代表性国家。日本具有较强的经济实力和科技水平，这也造就了日本商人内敛自信的气质。日本商人的谈判风格主要有以下特点：第一，谦和有礼，守时合规。日本人重视礼仪和礼节，日本商人在国际商务谈判中的风格十分谦和，在待人接物方面会把对谈判对手的尊重做到极致。日本商人看重承诺和信用，乐于按照既定的规则行事，对于约定的时间也做到严格遵守。第二，谨慎耐心，注重长远。日本商人对待谈判中遇到的具体问题，始终能保持极大的耐心，做出任何决定都经过仔细地思考，十分谨慎小心。在商业利益的考量方面，相比于短期可快速获得的回报，日本商人更加重视长远的利益。第三，行为内敛，看重面子。日本人受到东方儒家思想的熏陶渐染，形成了内敛含蓄的做事风格。与西方商人相比，日本商人很少在谈判桌上毫无保留地阐释自己的所有观点，而是更善于安静聆听，只在必要的时刻抛出具有分量的意见。日本人在做决策前，希望先期进行小范围的会商，逐步引导所有人走向共识，以免草率公开的激烈辩论造成面子上的损害。

（二）韩国

韩国是东亚重要的国家，历史上曾多次遭遇外敌入侵，当前还面临着朝鲜半岛"分裂"的问题。韩国的经济发展水平处于亚洲前列，其具有一定的野心，渴望获得快速的成功，赢得外界的尊重。韩国商人的谈判风格主要有以下特点：第一，重视人际关系。韩国人具有热情开朗的性格，韩国商人希望与商业伙伴维持良好的的人际关系，在谈判的关键时刻，韩国商人会将这些逐步积累起来的人际关系作为重要的筹码。第二，语言直截了当。韩国文化也强调礼仪的重要性，但与同属东亚文化的日本商人相比，韩国商人在谈判中的表达更加直率痛快，他们更倾向于直截了当的语言和快速的沟通节奏。此外，韩国商人一般会将谈判地点安排在较为豪华气派的场所，一方面显得更有"面子"，另一方面也体现出自身对于谈判的重视。

（三）印度

印度是世界上最重要的发展中国家之一，人口众多，在国际经贸中发挥着重要的作用。印度拥有辉煌灿烂的古代文明，但也曾长期作为英国的海外殖民地，因此印度既有深厚的本土文化，又受到西方的深刻影响。印度商人在谈判风格方面表现出如下特点：第一，时间观念不强。印度人的生活节奏比较随性，印度商人对于时间的把控并不严格，无论是到场的时间还是谈判进程中的时间控制都存在一定的随意性。第二，喜欢掩盖自身真实情感。在印度文化中，过度直接的表达被认为是粗鲁的，所以印度商人在谈判中习惯于隐藏真实情感，比如在心怀愤怒时露出笑容，在给出肯定回答后提出一系列忧虑以表示否定态度等。

（四）东南亚诸国

东南亚国家具有广阔的市场规模和较大的发展潜力，是国际经贸交往中的常客。东南亚商人的谈判风格主要有以下特点：第一，商务合作要让步于宗教信仰。东南亚国家信奉各异的宗教信仰，且拥有规模庞大的虔诚信众，东南亚商人的信仰比任何商业事务都更重要。第二，重视礼节。东南亚商人重视礼节，正式的问候反映出谈判对手间的尊重。第三，相信时运的影响。东南亚商人会相信外部因素会对商务谈判中所涉及的事务产生影响。因此会要求在"恰当"的时刻做出相应的选择和决定。

（五）阿拉伯诸国

阿拉伯诸国位于亚洲、非洲和欧洲三洲交界的十字路口，拥有重要的地理位置。几个主要的阿拉伯国家蕴藏丰富的石油资源，对世界经济发展的影响显著。阿拉伯商人的谈判风格主要有以下特点：第一，重视朋友间的信任关系。阿拉伯国家十分重视朋友之间的坦诚沟通，对朋友能产生很强的信任感。受此影响，阿拉伯商人在谈判进入正题前希望与商业伙伴达成友好亲密的朋友关系。他们认为只有这样，商业伙伴才是值得信任的。第二，谈判节奏较为拖沓。阿拉伯国家盛产石油，资源禀赋的优势保障了阿拉伯国家经济的长期富足，这使得阿拉伯人养成了一种不紧不慢的工作生活节奏。阿拉伯商人在进行商务谈判时节奏也较为拖沓，在进入正题前会进行冗长的铺垫，一般情况下，即便想对一个小问题达成共识，往往也需要进行多次谈判。第三，热衷于价格博弈。阿拉伯商人希望对合作中的价格问题进行周旋，他们认为只有这样才是有诚意的合作行为，讨价还价的

环节成为和阿拉伯商人交往的必然过程。

四、大洋洲商人的谈判风格

大洋洲的大部分土地和岛屿位于浩瀚的太平洋中，岛国众多的大洋洲在国际经贸交往中显得较为低调，但独占整块大陆的澳大利亚和其海上邻国新西兰因受到欧洲文化传统的深刻影响，经济发展水平较高，在大洋洲诸国中占据了突出的位置，经常活跃于国际交往的舞台。以澳大利亚和新西兰商人为主要代表的大洋洲商人在谈判中表现出以下风格特点：第一，看重事实。大洋洲商人十分务实高效，在对待具体商业问题时，希望谈判对手拿出实际的数据和有力的证据作为依托，不愿意相信靠语言和经验得出的判断和构想。第二，风险厌恶程度低。相较于英国、德国商人的保守持重，大洋洲商人的风险厌恶程度较低，具有一定的冒险精神，乐于接纳新技术、新想法。第三，善于表达个人见解。受到西方个人主义价值观的影响，大洋洲商人善于将自己的个人见解表达清楚，在商务谈判中欣赏大胆表达自身想法的人，所以他们在做决定时也表现得较为果断。

五、非洲商人的谈判风格

广袤的非洲大陆长期以来给人以贫穷和落后的刻板印象，自然条件中，水资源的匮乏成为限制非洲快速发展的重要因素；人文条件上，长期遭受殖民统治所遗留下来的政治、经济、种族问题在一定程度上阻碍了非洲的发展进程。但必须看到，非洲拥有庞大的市场规模，众多发展中国家拥有巨大的发展潜力，非洲面孔越来越频繁地出现在国际商务交往中。非洲作为一个独立的大洲，拥有被所有非洲国家共享的文化特点，这使得非洲商人在谈判风格上表现出一定的共性：第一，时间观念较差。有一些非洲商人不会严格遵守谈判双方事先约定的时间，也不会做出详细具体地说明和解释。非洲商人在谈判节奏方面比较缓慢，大多按照自身对事务的把控而推进谈判进程，而非严格按照计划时间表行事。第二，重视实际利益的获取。非洲商人在谈判中对能带来实际利益的议题更感兴趣，而不会在大的合作意向上耗费太多精力。这一点有些类似于美国、加拿大等国的短期利益导向型思维，具有实用主义倾向。在与非洲商人交往的过程中，适当准备一些礼物可以很好地拉近双方的关系，形成友好的互动。第三，重视朋友间的信任关系。非洲各国保持着淳朴的民族气质，希望结交更多的朋友，并倾向于相信朋友之间的信任关系。在非洲商人眼中，有时朋友的关系比实际的商业数据更有说服力，更能影响其商业决策。

此外，需要特别指出的一点是：非洲大陆面积广大，国家和民族众多，在不同国家和地区还拥有一定的文化差异性。如撒哈拉沙漠以北的非洲地区，与欧洲隔海相望，历史上就曾受到欧洲文化的影响，所以此地区商人的谈判风格与欧洲地区商人有一定的类似之处；而南非蕴藏有许多高价值的自然矿产，经济实力较强，历史上也经历过英国的殖民统治，所以在这种条件下生发出的文化有较强的独特性。南非商人的谈判风格也与英美有近似之处。综上所述，想要真正了解非洲商人的谈判风格，除了解非洲文化外，还需对各国家或地区的情况进行深入的探讨。

 练习题

一、简答题

1. 请简述国际商务谈判的特点。

2. 国际商务谈判的基本要求有哪些？

3. 影响国际商务谈判的文化因素是什么？

二、案例题

一中国谈判小组赴中东某国进行一项工程承包谈判。在闲聊中，中方负责商务条款的成员无意中评论了中东盛行的伊斯兰教，引起对方成员的不悦。当谈及实质性问题时，对方较为激进的商务谈判人员丝毫不让步，并一再流露撤出谈判的意图。

请结合案例谈一谈进行国际商务谈判时需要考虑的文化因素。

三、实训题

设定某一国家作为国际商务谈判的一方，并根据其特点模拟一次谈判。

第七章　认识礼仪

本章学习目标

1.掌握礼仪的内涵与特征、内容与功能。

2.掌握中国文明礼仪规范。

3.掌握西方文明礼仪规范。

　　现代社会中，礼仪已渗入人们日常工作与生活的方方面面。礼仪对于个人形象的塑造、组织机构威望的树立、建立和维护良好的人际关系以及增加商业机会等均起着至关重要的作用。

第一节　礼仪概述

在社会发展的历史长河中，任何学科都有其自身的发展规律，都经历了一个由产生到发展的历史过程，礼仪也不例外。礼仪是一门实践性很强的学科，对礼仪的认知可以使我们更好地了解礼仪，并在现实的工作生活中更好地运用和把握礼仪。

一、礼仪的内涵与特征

礼仪是人们在交往中，以一定的、约定俗成的程序和方式来表示尊重、敬意、友好的行为规范和准则。它是人类文明的重要组成部分，也是人类文明和社会进步的重要标志，认识礼仪，首先要了解礼仪的内涵与特征。

（一）礼仪的内涵

从古到今，人们对于礼仪认识的范围、角度和内容各不相同。我国古代非常重视"礼"，把"礼"提升为治国治民的一个根本要素，认为对民要"齐之以礼"，对国要"礼治"之。提出"人无礼则不生，事无礼则不成，国无礼则不宁"。礼不仅是定名分、排长幼的依据，而且是治理国家、处理争端的最佳方式。什么是礼呢？古人认为"恭敬之心，礼也"。这种礼，要通过三纲五常，即"君为臣纲，父为子纲，夫为妻纲"的三纲和"仁、义、礼、智、信"的五常来实现。并且将礼又细分为"君、宾、嘉、凶、吉"五种。经过两千多年的发展，我国的礼仪习俗发展到一个很高的水平，这种水平在社会生活的每个层面都得到了淋漓尽致的反映。

西方国家也非常重视礼仪。他们认为礼仪是一个人通向文明社会和主流文化的通行证，礼仪是社会生活的润滑剂，是人们和谐相处、愉快生活的保证。在中古和近代，不管是在皇宫王室之内，还是餐桌酒席之上，西方国家都有着十分严格和复杂的礼仪要求。这种礼仪的影子至今还可以在许多西方国家看到，西方人也仍然津津乐道地谈论礼仪之道。

综合古今中外，礼仪无非有两种内涵：一种是维护社会秩序的工具，另一种是衡量社会文明程度和个人修养的标准。

综上所述，礼仪是人们在长期的社会实践活动中，对人类自身言谈行为和思维衍演达成的共识，是人类必须共同遵守的一系列言行以及仪式的标准。它以社会道德观念为基础，以各民族的文化传统做背景，受到宗教信仰的强烈影响，涉及人类社会生活的方方面面，具有浓厚的时空特色和社会约束能力。目的是为了在人类社会物质条件和需求欲望之间达到动态平衡，维系社会生活的正常运行和发展。其基本的精神是对其他人礼仪的尊重和确认，是对利益分配结果的一种确认。

不同的社会发展阶段有着不同的社会礼仪形态，不同的地区和民族有着不同的礼仪观念，不同的社会生产领域也有着不同的礼仪习俗。而且，随着时间的推移，礼仪在各种不同的社会层面和领域中始终处于发展变化之中。

（二）礼仪的特征

现代礼仪是在漫长的社会实践中逐步演化、形成和发展而成的，具有文明性、延续性、规范性、差异性和发展性的特征。

1. 文明性

礼仪是人类文明的结晶，是现代文明的重要组成部分，人类从降世那天，就开始了对文明的追求。文明的宗旨是尊重，既是对人也是对己的尊重，这种尊重总是同人类的生活有机地、自然地、和谐地融合在一起，成为人们日常生活中的行为规范。总之，礼仪是人们内心文明与外在文明的综合体现，具有明显的文明性特征。

2. 延续性

由于礼仪是人类在长期共同生活中形成和确认的，是维护正常社会秩序的经验结晶，必然会世代相传。任何国家的礼仪都具有明显的民族特色，任何国家的礼仪都是在本国古代礼仪的基础上进行延续与发展的。当然，对于既往的礼仪遗产，正确的态度不应当是原封不动的、全盘承接，而应该是有扬弃、有继承、更有发展。

3. 规范性

礼仪的规范性，指的是长期以来逐渐形成的一种被大多数社会成员认可并必须遵守的行为规范，是人们评价善恶美丑的习惯性标准，具有约定俗成的属性。任何人想要在交际场合表现得合乎礼仪，彬彬有礼，都必须自觉遵守固有的礼仪。所以，规范性是礼仪一个极为重要的特征。

4.差异性

礼仪的差异性就是礼仪的民族性和地域性。由于各民族的文化传统和宗教信仰等方面的差异性，导致了礼仪规范的差异。差异性首先表现在同一礼仪形式在不同民族、不同地域有着不同的意义。其次，是表现形式具有差异性，表示同样意义的礼仪在不同民族、不同地区，就可能有不同的表现形式。因此，了解礼仪的差异性是我们学习礼仪时不可忽略的方面。

5.发展性

礼仪规范不是一成不变的，它随着时代的发展，科学技术的进步，在传统的基础上不断推陈出新，体现着时代的要求与精神。社会的发展，历史的进步，由此而引起的众多社交活动的新特点、新问题的出现，又要求礼仪有所变化，有所进步，推陈出新，与时代同步，以适应新形势下新的要求。因此，发展性也是礼仪一个不可忽略的特征。

二、礼仪的内容与功能

礼仪本身经历了从无到有、从不系统到系统的过程，礼仪发展到今天，涉及的内容也越发丰富。而礼仪具有的各项功能也使得礼仪受到社会各界的广泛关注。

（一）内容

随着时代的变迁、社会的进步和人类文明程度的提高，现代礼仪在对我国古代礼仪扬弃的基础上，不断推陈出新，内容更完善、更合理、更丰富多彩。礼仪的内容主要有以下几个方面。

1.仪表

仪表是指人们外在的能够直观看到的表现形式，包括仪容、服饰、体态等。仪表属于美的外在因素，反映人的精神状态。仪表美是一个人心灵美与外在美的和谐统一，真正的仪表来源于高尚的道德品质，它和人的精神境界融为一体。端庄的仪表既是对他人的一种尊重，也是自尊、自重、自爱的一种表现。

2.礼貌

礼貌是指人们在社会交往过程中良好的言谈和行为。它主要包括口头语言、书面语言以及态度和行为举止的礼貌。礼貌是人的道德品质修养的最简单、最直接的体现，也是人类文明行为的最基本要求。在现代社会，商务人员使用礼貌用语，对人态度和蔼、举止适度、彬彬有礼，尊重他人已成为日常的行为规范。

3. 礼节

礼节是指人们在交际过程中逐渐形成的约定俗成的和惯用的各种行为规范的总和。礼节是社会外在文明的组成部分，具有严格的礼仪性质。它反映着一定的道德原则的内容，反映着对人对己的尊重，是人们心灵美的外化。现代商务礼节主要包括：介绍礼节、握手礼节、致意礼节、名片礼节、电话礼节、约会礼节、舞会礼节、宴请礼节等。

当今世界是多元化的，不同国家、不同民族、不同地区的人们在各自的生存环境中形成了各自不同的价值观、世界观和风俗习惯，其礼节由形式到内容都不尽相同。

4. 仪式

仪式是指行礼的具体过程或程序，是礼仪的具体表现形式。仪式是一种比较正规、隆重的礼仪形式。人们在社会交往过程中或是组织在开展各项专题活动过程中，常常要举办各种仪式，以体现对某人或某事的重视，纪念等。仪式往往具有程式化的特点，这种仪式有些是人为约定俗成的。在现代礼仪中，有些程序是可以简化的，但要注意有些仪式的程序是不可省略的，否则是不礼貌的。

5. 礼俗

礼俗即民俗礼仪，是指各种风俗习惯，是礼仪的一种特殊形式。礼俗是由历史形成的，普及于社会和群体之中并根植于人们心里，在一定环境经常重复出现的行为方式。不同国家、不同民族、不同地区在长期的社会实践中形成了各具特色的风俗习惯。

6. 礼制

就是礼仪制度，特别是指国家规定的礼法。《礼记·乐记》中写道："天高地下，万物散殊，而礼制行矣。"古代社会与国家管理方式既非法制社会，也非通常人们认定的人治社会，而是礼法社会。礼法是礼制与法律相结合的概念，中国的礼制最终的目的是通过规定人与人的之间的关系礼法，来维护一个稳定的社会统治秩序，最终的目的是维护统治者的统治。

虽然现在中国进入了法治社会，可是在很多地方我们还可以看见礼制对我们生活的影响。只有抛弃了传统观念糟粕的礼制才能真正起到和谐社会和人际关系的作用。

（二）功能

当前礼仪之所以被广泛提倡，受到社会各界的普遍重视，主要是它具有许多重要的功能，既有助于提高个人修养，也有助于社会文明进步。

1. 提高思想道德修养

在人际交往中，礼仪往往是衡量一个人文明程度的准绳。它不仅反映着一个人的交际技巧与应变能力，而且也反映着一个人的气质风度、阅历见识、道德情操、精神风貌。因此，在这个意义上完全可以说礼仪即教养，而有道德才能高尚，有教养才能文明。而通过一个人对礼仪运用的程度，可以察知其教养的高低、文明的程度和道德的水准。由此可见，学习礼仪，运用礼仪，有助于提高个人的思想道德修养，有助于"用高尚的精神塑造人"，真正提高个人的文明程度。

2. 提高审美与文化艺术修养

礼仪与审美，礼仪与文化艺术素养之间有着内在而直接的联系。礼仪修养即以礼仪的各项具体规定作为标准，努力克服自身不良的行为习惯，不断完善自我。通过礼仪修养，可以塑造美的心灵，体现美的情操，培养美的仪表。因此，有助于提高审美和培养良好的文化艺术修养。

3. 增强交际沟通能力

一个人只要同其他人打交道，就不能不讲礼仪。运用礼仪，除了可以使个人在交际活动中充满自信，胸有成竹，处变不惊外，还能够帮助人们规范彼此的交际活动，更好地向交往对象表达自己的尊重、敬佩、友好与善意，增进大家彼此之间的了解与信任。假如人皆如此，长此以往，必将促进社会交往的进一步发展，帮助人们更好地取得交际成功，进而造就和谐、完美的人际关系，取得事业的成功。因此，学习礼仪有助于提高交际沟通能力。

4. 维护良好的形象与社会关系

个人形象，是一个人仪容、表情、举止、服饰、谈吐、教养的集合，而礼仪在上述诸方面都有自己详尽的规范，因此学习礼仪，运用礼仪，无疑将有益于人们更好地、更规范地设计个人形象、维护个人形象，更好地、更充分地展示个人的良好教养与优雅风度，这种礼仪美化自身的功能任何人都难以否定。当个人重视了自身的美化，个个以礼待人时，人际关系将会更和睦，生活将变得更加温馨，这时美化自身便会发展为维护良好的社会关系，这也是礼仪运用所发挥的作用。

第二节　中国文明礼仪

礼仪其实是各民族文化中最具特征也最具价值的部分。作为礼仪之邦，文明之始，中国的文明礼仪不仅为中华民族的发展昌盛打下了坚实的理念基础，也为世界文明的构建做出了突出贡献。

一、中国传统礼仪的起源与发展

礼仪起源于人类最原始的两大信仰：一是天地信仰；二是祖先信仰。从"禮"字的造字结构可以看出，礼的本意是敬奉神明的。禮字左边是"示"字旁，为祭祀的容器；右边加上一个"豐"字，这是有历史根源的。在原始社会时期主要是原始宗教崇拜在起作用，而进入阶级社会后，统治者对礼仪的强化和古代思想家对礼节的倡导，成为礼俗形成最重要的推动力。

（一）传统礼仪的起源

原始社会的礼仪形态只能是一种推测，并没有相关的历史遗存予以佐证，所以原始礼仪只能是礼仪的萌芽。作为一种文化现象，礼仪最早产生于人与人的交往中。在原始社会时期，人们在共同采集、狩猎、饮食生活中所形成的习惯性语言、动作，构成了礼仪的最初萌芽。礼立于敬而源于祭。因此"礼"起源于原始社会中氏族公社举行的宗教祭祀活动。

（二）传统礼仪的发展

礼的制定可上溯到周代，周代的礼有许多方面是后代礼的渊源。孔子选取了必须学习的礼制十七篇，编辑成《礼》，也就是流传至今的礼仪。战国后期的荀子说："人无礼而不生，事无礼则不成，国无礼则不宁。"认为礼是一种实践可行的东西，是人类清醒理智的历史产物，是社会用来维护政治秩序和规范人伦的客观需要。他认为对"礼"的认识和实行程度如何，是衡量贤惠与不肖及高低贵贱的尺度。

礼仪的正式形成，应始于奴隶社会。由于社会生产力的发展，原始社会逐步解体，人类进入了奴隶社会，这时的礼也就被打上了阶级的烙印。为了维护奴隶主的统治，奴隶主将原始的宗教礼仪发展成为符合奴隶社会政治需要的礼制，并

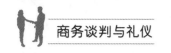

专门制定了一整套礼的形式和制度。

周代出现的《周礼》、《仪礼》、《礼记》就反映了周代的礼仪制度，这也是被后世称道的"礼学三著作"。"三礼"的出现标志着周礼已达到了系统、完备的阶段，礼仪的内涵也由单纯祭祀天地、鬼神、祖先的形式，跨入了全面制约人们行为的领域。

封建社会的礼仪，标志着礼仪已进入了一个发展、变革的时期。封建礼仪中的"君权神授"夸大神化了帝王的权力，而"三纲五常"则妨碍了人的个性的自由发展，阻挠了人们的平等交往。礼仪在这一时期成为束缚人们思想自由的精神枷锁。

宋代将封建礼仪推向了一个新的高峰，"家礼"的兴盛是宋代礼仪的又一特点。道德和行为规范是这一时期封建礼教强调的中心，"三从四德"成为这一时期妇女的道德礼仪标准。

明、清二朝延续了宋代以来的封建礼仪，并有所发展，家庭礼制更进一步严明，将人的行为限制到"非礼勿视，非礼勿听，非礼勿言，非礼勿动"的范畴，从而使封建礼仪更加完善。

二、中国现代礼仪的发展及特色

现代礼仪的出现和发展，反映了社会形态的巨大变革和社会文明程度的提高。我国现代许多礼仪形式都是辛亥革命以后，尤其是新中国成立后才形成的。

（一）现代礼仪的发展

现在，我国对重大活动、重要事件的仪式、程序及出席人士的安排等都做出了具体规定，日常的行政、经济、文化、军事活动中的各种公务礼仪礼节也在不断得以完善。随着社会活动的发展及文明程度的提高，各种礼仪更加深入人心，新的礼仪形式不断出现，交际礼仪、节庆礼仪、人生礼仪等各种新的形式越来越被人们广泛接受。在改革的大潮中，对外经济文化交流不断加强，这同时得以将世界各民族的礼仪礼节风俗融入进来，使文明古国的传统礼仪文化不断发展。如礼炮、交际舞会、名片等都是从欧洲传入我国的。

（二）现代礼仪的特色

1.传统继承性

礼仪是人类在长期共同生活中逐渐积累下来并不断演变发展而成，是维护正常生活秩序的经验总结。它将人们在交际应酬中的习惯固化并传承下去，这就是所谓的传统继承性。在这个过程中传统礼仪的那些烦琐、保守、与社会发展不适应的内容不断被摒弃，只有那些体现了人类精神文明和社会进步的内容才得以世代相传。如古代提倡"礼尚往来，来而不往非礼也"。说话要"穆穆皇皇"，即语言的美在于谦恭、和气、文雅。仪态方面要"步从容、立端正、揖深圆、拜恭敬、缓揭帘、勿有声"。仪表方面要"衣贵洁，不贵华，冠必正，纽必结"。卫生方面要"晨必浴，兼漱口"。主张对儿童要"教以洒扫、应对进退之礼，爱亲、敬长、尊师、亲友之道"。这些优良的传统同样适用于当今社会，并已成为大家生活中的一种规范和习惯。

2.地域性

任何国家、民族、地区都有其礼仪的特色，这是按地域和群体来划分的，是礼仪一个十分重要的特点。一方面表现了在一个地域或一个群体中具有共同的礼仪习俗，另一方面又说明与另一个地域或另一个群体的礼仪习俗存在不同之处。文化背景、历史原因等多方面因素造成了这种不同，也因为这种不同产生了多姿多彩的礼仪文化。因此，不仅要了解、习惯于本地、本民族、本国的礼仪，还应该了解不同地区、不同民族、不同国家的礼仪，才能适应在更大范围内与人的友好交往。从地区上看，西方人在见面礼仪中讲究拥抱，提倡"女士优先"，而东方人就不大讲究这些。有的中国人这样做也是从西方学来的。我们把抚摸小孩的头当作亲切的表示，而有些信奉佛教的地方却觉得这是无法接受的行为。

从民族的特点看，在节庆时各个民族都习惯穿着本民族的服装，这是表现民族习俗最明显的地方。例如，当代日本属于发达国家，生活比较富裕，特别是在繁华的大城市，很多人穿着世界上最时髦的流行时装，可遇到节庆时还是会身着传统的和服。日本民族讲究鞠躬，而且对什么人用30度、对什么人用45度、对什么人用90度鞠躬都有说法。而在庆典活动时，有的民族喜欢跳舞，有的民族喜欢唱歌，有的民族则喜欢泼水。

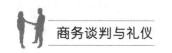

第三节　西方文明礼仪

　　西方的文明礼仪是世界文明中的重要组成部分，特别是在近现代社会的发展中一度成为主导的标准和取向。如今，在国际化高速发展的进程中，无论是走出去，还是引进来，都需要我们对西方礼仪有深入地了解，不仅仅是外在的原则、要求，更重要的是形成这一礼仪体系的内在逻辑性，从而加强和国际社会的交流与融合。

一、西方礼仪的起源与特点

（一）起源

　　在西方，礼仪一词，最早见于法语的 Etiquette ，原意为"法庭上的通行证"。但进入英文后，就有了礼仪的含义，意即"人际交往的通行证"。西方的文明史，同样在很大程度上表现着人类对礼仪追求及其演进的历史。人类为了维持与发展血缘亲情以外的各种人际关系，避免"格斗"或"战争"，逐步形成了各种与"格斗"、"战争"有关的动态礼仪。

　　如为了表示自己手中没有武器，让对方感觉到自己没有恶意而创造了举手礼，后来演进为握手。为了表示自己的友好与尊重，愿在对方面前"丢盔卸甲"，于是创造了脱帽礼等。

　　在古希腊的文献典籍中，如苏格拉底、柏拉图、亚里士多德等先哲的著述中，都有很多关于礼仪的论述。中世纪更是礼仪发展的鼎盛时代。文艺复兴后欧美的礼仪有了新的发展，从上层社会对遵循礼节的烦琐要求到 20 世纪中期对优美举止的赞赏，一直到适应社会平等关系的比较简单的礼仪规则。历史发展到今天，传统的礼仪文化不但没有随着市场经济发展和科技现代化而被抛弃，反而更加多姿多彩。国家有国家的礼制，民族有民族独特的礼仪习俗，各行各业都有自己的礼仪规范程式，国际上也有各国共同遵守的礼仪惯例等。有的国家和民族对不遵守礼仪规范者，还规定了一定的处罚规则，有的已把礼仪作为公民就业前的"入门课"，被企业录用的大学毕业生也必须先经过严格的礼仪训练才能上岗工作。

（二）主要特点

1. 强调个人为本，个人至上

因为个人在法律允许的范围内拥有高度的自由，因此在社会交往中，强调以个人为单位，个人为对象，将个人的尊严看作是神圣不可侵犯的，所以会时刻注意维护个人的自尊。

2. 尊重女性

女士优先是一切社会场合的基本原则。为尊重妇女，特别强调女士第一，遵守女士优先的原则。交际活动中，总是给妇女以种种的关爱，关爱妇女、帮助妇女、保护妇女。在西方社会，不尊重妇女是十分失礼的，甚至会被大家斥为缺乏教养而激起公愤。女士优先原则已经成为国际社交场合的第一礼俗。

3. 简易务实

西方礼仪强调简易务实，认为在交往过程中，既要讲究礼貌，表示对对方的尊敬，又要简洁便利，实事求是，不讲究繁文缛节和造作。交往中，不提倡过分的客套，不欢迎过度谦虚、自贬，尤其反对造假、自轻、自贱。另外，西方礼仪也在一定的程度上反映出西方人士的感情的流露、富于创新和在交往中注意效率的精神，具有很强的现实性。

4. 平等、自由、开放

西方礼仪强调"自由、平等、博爱"，一切人生平等自由，在交往中提倡人人平等，包括男女平等、尊重老人、爱护儿童。对儿童不是溺爱和娇惯，助长儿童的依赖性，而是尊重和培养儿童的自主精神。对儿童也如对成人一样，尊重他们，有事以商量的口气同他们交流，不在儿童不理解时武断下命令，儿童有错误时如实指出，一般不训斥打骂。在交往中，西方人士一般思想活跃、兴趣广泛、幽默风趣、开放自然，敢于发表自己的意见，富于竞争精神，具有外向型倾向。

二、现代礼仪原则

（一）尊重

该原则要求在各种类型的人际交往活动中，要以相互尊重为前提，即尊重对方，不损害对方利益，同时又要保持自尊。

苏格拉底曾言："不要靠馈赠来获得一个朋友，你需贡献你诚挚的爱，学习怎样用正当的方法来赢得一个人的心。"可见在与人交往时，真诚尊重是礼仪的首要原则，真诚和尊重是相辅相成的，只有真诚待人才是尊重他人，只有真诚尊重，方能创造和谐愉快的人际关系。

真诚尊重固然重要，但在社交场合中，真诚和尊重也会存在许多误区，一种是在社交场合一味呈现自己的所有真诚，甚至不管对象如何；另一种是不管对方是否能接受，凡是自己不赞同或不喜欢的一味抵制排斥甚至攻击。陷入这样的误区的确遗憾。因此在社交中，必须注意真诚和尊重的一些具体表现：在你倾诉衷肠时，有必要了解一下对方是否是自己能道出肺腑之言的知音。另外，如对方的观点或打扮等你不喜欢、不赞同，也不必针锋相对地给予批评，更不能嘲笑或攻击，可以委婉地提出或适度地有所表示或干脆避开此问题。有人以为这是虚伪，其实是给人留有余地，是一种尊重他人的表现，自然也是真诚在礼貌中的体现。就像在谈判桌上，尽管对方是你的对手，但也应彬彬有礼，显示自己尊重他人的大将风度，这既是礼貌的表现，同时也是心理上战胜对方的表现。要表现你的真诚和尊重，在社交场合，切记三点：给他人充分表现的机会，对他人表现出最大的热情，永远给对方留有余地。

（二）自律

"自律"原则即交流双方在要求对方尊重自己前，首先应当检查自己的行为是否符合礼仪规范要求。礼仪宛如一面镜子。对照着它，就可以发现自己的品质是真诚、高尚还是丑陋、粗俗。真正领悟礼仪、运用礼仪，关键还要看个人的自律能力。

在社交场上，礼仪行为总是表现为双方的，你给对方施礼，对方自然也会相应地还礼于你，这种礼仪施行必须讲究平等的原则。平等是人与人交往时建立情感的基础，是保持良好人际关系的诀窍。平等在交往中表现为，不要骄狂，不要我行我素，不要自以为是，不要厚此薄彼，更不要傲视一切，目空无人，更不能以貌取人，或以职业、地位、权势压人，而是应该处处时时平等谦虚待人，唯有此，才能结交更多的朋友。

（三）适度

"适度"原则强调，现代礼仪注重人与人之间的交流与沟通一定要把握适度性，不同场合、不同对象，应始终不卑不亢，落落大方，把握好一定的分寸。

适度原则即交往应把握礼仪分寸，根据具体情况、具体情境而行使相应的礼仪，如与人交往时既要彬彬有礼，又不能低三下四；既要热情大方，又不能轻浮诮诙；要自尊却不自负；要坦诚但不粗鲁；要信人但不轻信；要活泼但不轻浮；要谦虚但不拘谨；要老练持重，但又不圆滑世故。

练习题

一、简答题

1. 请简述礼仪的内涵与特征，以及内容与功能。
2. 请简述中国文明的礼仪规范。
3. 请简述西方文明的礼仪规范。

二、案例题

在 1972 年之前的 15 年里，中美大使级会谈共进行了 136 次，全都毫无结果。中美之间围绕台湾问题、归还债务问题、收回资金问题、在押人员获释问题、记者互访问题、贸易前景问题等进行了长期的、反复的讨论与争执。对此，基辛格说："中美会谈的重大意义似乎就在于，它是不能取得一项重大成就的时间最长的会谈。"然而，周恩来总理以政治家特有的敏锐的思维和高超娴熟的谈判艺术，把握住了历史赋予的转机。在他那风度洒脱的举止和富有魅力的笑声中，有条不紊地安排并成功地导演了举世瞩目的中美建交谈判，在 1972 年的第 137 次会谈中，终于打破了长达 15 年的僵局。

美国前总统尼克松在其回忆录中对周恩来总理的仪容仪态、礼貌礼节、谈判艺术、风格作风给予了高度的赞赏。尼克松说，周恩来待人很谦虚，但沉着坚定，他优雅的举止、直率而从容的姿态，都显示出巨大的魅力和泰然自若的风度。他的外貌给人的印象是：亲切、直率、镇定自若而又十分热情。双方正式会谈时，他显得机智而谨慎。谈判中，他善于运用迂回的策略，避开争议之点，通过似乎不重要的事情来传递重要的信息。他从来不提高讲话的调门，不敲桌子，也不以中止谈判相威胁来迫使对方让步。他总是那样坚定不移而又彬彬有礼，他在手里有"牌"的时候，说话的声音反而更加柔和了。

他在全世界面前树立了中国政府领导人的光辉形象，他不愧是一位将国家尊严、个人人格与谈判艺术融洽地结合在一起的伟大人物。谈判的成功固然应归结于谈判原则、谈判时机、谈判策略、谈判艺术等多种因素，但周恩来无与伦比的品格给人们留下了最深刻而鲜明的印象。他的最佳礼节礼仪无疑也是促成谈判成

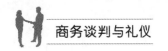

功的重要因素之一。

如何理解礼仪在商务谈判中的重要作用？

三、实训题

请观看一些影视剧中的中西方礼仪，并对它们的差异给予评价。

第八章 商务礼仪之个人礼仪

本章学习目标

1.了解基本的仪容仪表礼仪。
2.认知基本的服饰礼仪。
3.了解基本的仪态礼仪
4.掌握基本的交谈礼仪。

　　个人礼仪包括仪容、表情、举止、服饰等方面的礼节规范。在人际交往过程中，每个人的仪表都会引起他人的注意。这是评价一个人的重要因素，同时也代表整个企业的形象。因此，学习礼仪，运用礼仪，有益于人们更规范地在商务活动中设计个人形象，充分展示个人良好的素质与优雅的风度。本章主要讨论的内容是商务礼仪中的个人礼仪，包括仪容仪表礼仪、服饰礼仪、仪态礼仪和交谈礼仪。

第一节　仪容仪表礼仪

个人礼仪的首要要求即是仪容美。商务人员同各类人打交道，出现在各类场合，仪容更是需要重视。在商务谈判中，个人的仪容不仅会引起对方的特别关注，还会影响对方对己方的整体评价。因此，在商务谈判活动中，应时刻牢记要对自身进行必要的整理和修饰。这既是对他人的尊重，也是对自己的尊重，而且是商务谈判活动成功与否的第一步。

一、仪表美的基本要求

（一）头发

头发是人体的制高点，通常会吸引他人的注意力。因此，作为商业人士，对于头发的仪表美要遵守以下要求：

1. 勤于梳洗

勤于梳洗头发，作用有三：一是有助于保养头发，二是有助于消除异味，三是有助于清除异物。如果懒于梳洗，以蓬头垢面，满头汗馊，头屑乱飘的形象示人，只会让人退避三舍。通常理发，男士应半月左右一次，女士则根据个人情况而定，但最长不应多于一个月，否则原有的发型也会变形。洗发，应当三天左右一次，如果易油腻，可以勤洗一些。

2. 发型得体

头发的整体造型是理发与修饰时都不容回避的要点。选择发型，除个人偏好可适当兼顾外，最重要的要考虑个人情况与所处场合的恰当性。

3. 考虑个人条件

个人条件包括发质、脸型、身高、胖瘦、年纪、着装、佩饰和性格等，都是影响发型的因素。其中，脸型对发型选择的影响最大。选择发型时一定要遵守适己原则，比如脸长的人最好不要理过于高耸的发型，那样会显得脸更长。

4. 注意场合

商务谈判一般较为严肃庄重，相应的，谈判人员的发型也应以保守庄重为主，

切不可前卫怪异。

5.长短适中

虽然头发长短不能加以强制，但根据商务礼仪和审美要求，商务谈判人员头发长短受到以下条件约束：

①性别因素。通常商务男士的发型最长不宜过肩，也不宜剃光头；女士的头发长短限制较少，但不宜过短，例如板寸。

②年龄因素。对于男士而言，年龄对于发型要求变化不大。女士则不然。一头飘逸的披肩长发对于少女相得益彰，而对于中老年女士则显得不够端庄大气。

③身高因素。主要针对女士而言，头发的长度应与身高成正比。矮个子的女士如果长发及腰，看上去会显得更加矮小，如喜欢长发，在正式场合应以盘发示人。

④职业因素。商界对头发的长度大都有明确限制：女士不宜长过肩部，必要时需盘发或束发；男士不宜留鬓角、刘海儿，头发长度不宜超过7cm，即不触及衬衫领口。

6.美化自然

美发不仅要美观大方，而且要自然，不宜过分修饰。常见的美发方法有烫发、染发、造型和戴假发四种。需注意：

①烫发需和本人的发质、年龄、职业符合，应经常打理、做养护，以防止头发因烫染而枯黄受损。

②染发对于商务人员来说，黑色比较保险，至于其他色彩应三思而行，需与职业相契合。

③造型指的是使用发胶、摩丝、吹风等美发用品将头发塑造成一定的形状。与烫发要求一致，另需注意的是所使用的造型产品气味不宜过浓，无味为上。

④头发有所缺陷的商务人士根据需要可佩戴假发。选择假发时要注意使用方便和浑然天成两个要求。

（二）面容

保持面容清洁是仪容美的基本要求。除早晚清洗外，如有必要和条件应抽出时间进行检查和清洁，尤其是眼睛、耳朵、鼻子和嘴部等细节处。

①眼睛。首先是及时清除眼屎；其次是对眉毛进行恰当修饰；最后，如果佩戴眼镜，不仅要美观舒适，还应保持干净。

②耳朵。首先是清除耳垢，包括耳朵背后和耳郭内的；其次是耳朵内的耳屎

和绒毛，要定期清理；最后，戴耳饰的女士对于耳饰也应经常清洁。

③鼻子。首先是保持鼻腔的清洁，及时清理鼻毛和鼻涕；其次是不要当众拔鼻毛、吸鼻涕和挖鼻屎，非常有损形象。

④嘴部。首先是口腔内部，牙齿洁白，无异味。除早晚刷牙，饭后要漱口，应酬前忌食有异味的食物，如葱、蒜等。其次是胡须。男士除有特殊宗教信仰和民族习惯外，应定时剃须，忌以胡子拉碴形象示人。个别女士或因毛发旺盛看似有须，也应做相应清理。

（三）手臂

手臂是人际交往中动作最多的一个部位，也极易引起他人注意。手臂的修饰首先应注意清洁，勤洗手。指甲应定期修剪，指甲周围的肉刺和死皮等宜用工具仔细除去，不要撕扯或用牙齿咬。若手上生藓或其他皮肤疾病，应避免与他人接触。其次是手臂上汗毛的清理。汗毛的旺盛因人而异，过度旺盛有碍美观，应予以剔除。腋毛则更不能暴露在衣着外，若因场合问题造成暴露，则应提前剃除。

（四）腿部

腿部修饰要求主要涉及卫生和着装两方面。首先鞋袜要勤换洗，脚趾要常修剪，不要留有污垢。其次在商务谈判场合，不允许男士着装暴露腿部，女士可穿裤子或职业套裙，但不得穿短裤或过分暴露的短裙，并且需剃腿毛，着丝袜。

（五）化妆

化妆是仪容修饰的必要手段，一是有利于塑造良好形象，二是对商务谈判对象表示尊重。在国外，参加商务活动而不化妆，被视为缺乏教养的表现。女性在化妆时要注意场合，浓淡适宜，并与职业身份相吻合。

二、发型修饰

从操作角度讲，发型修饰分为两部分，一是头发的清洁和养护，二是头发的塑造和美化。

（一）头发的清洁与保养

1.了解自己的头发

头发可分为干性、油性、混合性、中性和染色或烫过的头发。

干性头发的特征是无光泽，干燥，易缠绕，特别在焗湿的情况下难以梳刷。通常头发根部颇稠密，但至发梢变得稀薄，有时发梢还开叉。

油性头发的特征是细长，油腻，需经常清洁。

混合性头发的特征是头发根部为油性，而发梢为干性甚至开叉。

中性头发的特征是不油腻，不干燥，如果未经烫发或染发，保持原有发型，总能风姿长存。

染色或烫过的头发比未经染烫的头发更具多孔性，容易变得粗糙和开叉。

2.头发的清洁

头发暴露在外面，容易沾染尘埃，头皮皮脂层也会不断分泌油脂，头皮细胞角质化会形成头皮屑，这些都是影响头发美观的因素。因而要定期清洁头发，至少每周2~3次，男性若油脂分泌较多，则宜每天清洗。头发的清洗需注意以下内容：

①水温与水质的选择。洗涤头发，宜选用大约40摄氏度的温水。水温过高或过低都对头发有害。对于水质，各类含碱或酸的矿泉水均不宜用来洗头。

②洗发剂的使用。选择洗发剂时除要适合自己的发质外，还应具有去污去油腻、柔顺头发、刺激性小和易于冲洗等特点，而且使用洗发水一定要冲洗干净。对于烫染过的头发，清洗后还应使用护发素或发膜进行养护，也需冲洗干净。

③令头发干燥的方法。洗头后最好自然晾干，有益于保护头发。如需迅速干燥头发，可用吹风机吹干。但吹风机的温度不宜过高，也不宜吹得太干，否则有损头发。

3.头发的保养

健康的头发具有很好的弹性、韧性和光泽，柔顺易梳理且不打结，水润而不分叉，不易静电、折断或脱落。这就需要商务人员认真做好头发的保养工作。主要分为以下两方面：

①头发的保护。首先要避免接触强酸或强碱物质和长时间曝晒；其次，洗发剂一定程度上会让头发的养分流失，所以可定期使用护发素、发膜，或专门焗油营养。

②头发的营养。头发的营养依赖于调理和补充。过量食用刺激性食物有损发质，如烟酒。补充头发营养可适量多食富含蛋白质、维生素的食物，如黑芝麻和核桃一类的坚果。

（二）头发的美化

相比于女士，商务男士变化较少，以短发为主，体现男士气质。一般而言，板寸突出坚强刚毅，背头显得儒雅大气，平头则体现简单朴素。商务男士的发型一般要求是：前发不覆额，侧发不掩耳，后发不及领，面不留须。对于女士则要从脸型、服饰和体型等多方面予以考虑。

1. 发型与脸型协调

圆脸双颊较宽，可选择顶部略蓬松隆起的发型以拉长脸型。长脸宜选择刘海儿进行适当遮额，两侧蓬松，中和脸型。方脸宜选择自然的大波纹发型，将脸柔和地包起来，使两侧头发适当遮挡脸的宽部。三角形脸头部宜有蓬松感，两侧的发应尽量紧贴脸部。

2. 发型与服饰协调

发型与服饰搭配协调，会显得大方得体。商务谈判中，女士一般身着套装，可将头发绾起成髻，显得端庄干练。高高束起马尾，则青春活泼。

3. 发型与体型协调

身材高瘦的人适宜留长发，但不要盘高发髻或把头发剪得太短，以免显得更加瘦长。身材矮小的人适宜短发或束发，以秀气精致为主，切不可蓬松或长发，否则会使身材更矮。身材较胖的人剪成运动型会给人俏丽的美感，而波浪或蓬松的头发会显得身材更胖。

4. 发型选择的原则

无论何种发型都要符合美观、大方、整洁、实用的原则。

三、妆容修饰

很久以前人类祖先就开始化妆美容，为了驱除疾病、宗教信仰、祭奠仪式或吸引异性，都会出现把颜色、符号、图案画在脸上、身上或文刺在身上的做法。这些原始的美容装饰种类一般有贯耳、洞唇、穿鼻、涂色等。如今，人们追求美的心没有变，妆容修饰却变得更加多样化。

（一）化妆的原则

恰到好处的化妆使人容光焕发，展示出良好的精神风貌，也充分表达了对谈判对手的尊重。完美的面部化妆在于，不是把人的形象掩盖起来，造成一种假象，而是要通过化妆自然地体现出自己的优势。女士化妆一般需遵守以下原则：

①化以淡妆为主的工作妆。工作妆的主要特征是简约、清丽、素雅、大方，具有鲜明的立体感。既要给人以深刻的印象，又不能太过脂粉气。

②避免过量使用芳香型化妆品。一个人身上的香味儿在一米以内能被对方闻

到不算过量。如果三米开外还能闻到，则为过量。

③避免当众化妆或补妆。在商务场合当众化妆或补妆很不庄重，而且会让别人觉得不够专业和用心。

④避免妆容残缺。妆容在用餐、饮水、休息、出汗、沐浴等之后会走形，一定要及时补妆。如果妆面深浅不一，必然给他人造成懒惰邋遢的不良印象。

（二）化妆的种类

常见的化妆种类有美容化妆、摄影化妆、舞台戏剧化妆和电影、电视化妆。在商务谈判中，我们所说的化妆属于美容化妆。包括：

①淡妆：指日常生活中较为普遍的化妆手段，能增强面部层次，调整五官距离，改善面部色泽。包括：职业妆、旅游妆等。

②浓妆：是修饰感稍强的一种化妆，强调突出了面部的轮廓，色彩突出，层次分明，局部略有夸张。包括：新娘妆、晚宴妆、舞会妆等。

（三）化妆的技巧

1.不同脸型的化妆技巧

①长脸型：应利用化妆减弱纵长的感觉，使之显得圆润丰满。眉毛的位置不可太高和有角，尤其不宜高翘。腮红涂抹在颧骨最高处与太阳穴下方所构成的曲线部位，然后向上、向外抹出，远离鼻子。唇膏可涂得稍厚。两颊下陷或较窄的话宜用淡色粉底形成光影，让脸看起来丰满一些。发型以下垂的长发及两边有柔软发卷为宜，刘海儿采用偏分。

②圆脸型：化妆时宜减弱圆润感，突出眼睛、鼻子和嘴唇等局部。眉毛不宜过平或过弯，以自然弧形带少许弯曲为宜。腮红从颧骨一直延伸到下巴，必要时使用暗色粉底做成阴影。嘴唇部分上唇化成阔而浅的弓形，均匀涂成圆形。发型前额应清爽简单，但不可暴露额头。可采用中分或三七开，让头发自然垂下遮住脸侧。

③椭圆型：最理想的脸型，造型可变性大。按照眼睛的位置把眉毛修成正弧形，眉头与内眼角看齐。腮红抹在颧骨最高处，逐渐向上打圈化开。嘴唇应按照唇形自然涂抹，不宜修改过大。左右中分均匀的发型最为理想。

④三角脸型：此脸型人群一般较胖，所以化妆时可用暖色调强调突出本身的沉着与亲切。在两腮较宽部位刷深色粉底，并在额头加白色粉底，以掩饰下脸宽大的缺点，突出饱满效果。眉毛无特殊缺陷保持原状即可。腮红宜由眼尾外方向涂抹，两腮处可加深色彩。唇角稍上翘，下嘴唇不宜化成圆形。头发以七比三偏

分，使额头看起来宽一些。发型以波浪或卷发为主。

⑤倒三角脸型：又称瓜子脸或心形脸，少女中较为常见。可在颧骨、下巴和额头两边刷深色粉底造成暗影效果，在脸颊用白色或浅色粉底给予修饰，可使脸型丰满和明朗化。眉形应顺眼睛位置涂画，不可向上倾斜。腮红应涂在颧骨最高处，然后向上向后打圈涂抹。唇膏宜与肤色相近。头发四六分可使额头小一些，或蓬松的发卷可掩盖部分前额。

⑥方形脸：下巴窄小，轮廓清晰硬朗，化妆时要落落大方，五官要有突出。在额头和两颊涂深色粉底，额头中部和下巴涂亮色粉底，以弱化方正感。眉毛稍阔而略弯，不可有角。腮红以画圆方式从颧骨往鼻子方向涂抹。头发不宜偏分，会造成不平衡感。

⑦菱形脸：化妆时要重点减弱中部的宽度感，使面部轮廓协调。

用亮色涂抹太阳穴和颧骨以下的凹陷部位，以减弱凹陷感。眉毛以直平略长为宜，不适合角度大的眉形。颧骨部位应涂阴影色，不宜使用鲜亮的腮红，以减弱该部位棱角的生硬感。

2.不同肤色的化妆技巧

①肤色较白：宜采用中间色彩，最好选用透明的液体粉底。用海绵涂匀后，从颧骨的中央向太阳穴轻扫淡粉色腮红。避免使用鲜红或棕红，因为在白色肤色上会显得过于强烈。眼影也以中间色为佳。眼线应柔细，以棕、深灰勾画，口红以红色为宜，年纪较轻的女士可用粉红。

②肤色较黑：略施暗色粉底，眼影用冷色调紫色，下眼睑用蓝色画入，以强调肤色的协调。脸颊和口红用大红相衬。

③肤色较红：粉底、脸颊和口红宜采用粉红色，眼影用蓝色。如要突出脸部，可先用橙色再配以粉红。

④肤色较黄：口红可用橙色配以粉红。腮红选橙色。眼影用粉红或棕褐，眉毛用棕色或浅黑。

（四）职场人士妆容程序

1.女性

一般而言可分为底妆、定妆、眼线、眼影、睫毛膏、下眼线、修颜、腮红、唇膏和成妆10个步骤。

①底妆：完美的妆容最关键的是底妆。在时间允许的情况下，可先将眉形处理，然后敷保湿面膜令皮肤更晶莹亮泽，选择跟肤色同色号的粉底液，再利用粉

底刷在脸上均匀刷上粉底液，来回轻扫，避免留下刷痕，在粉底刷使用完之后可再用海绵块轻轻按压一下全脸，这样能帮助粉底分布得更均匀，也让整体妆效更加自然通透。

②定妆：有很多女士一直感觉自己的妆面脏脏油油的，其问题就在于没有仔细地定好妆。大多数蜜粉是存在很多色号的，之所以分色号不单单是为了好看，而是有其他原因。比如，粉红色适合皮肤苍白的，绿色适合皮肤上有红血丝的，紫色适合皮肤较深沉的。应先用干粉粘取适量的蜜粉对折揉匀，用手指弹去多余的粉末，均匀地按压在肌肤上，再用大号化妆刷刷去多余的粉末，千万不可遗忘眼角、鼻翼和嘴角等油脂旺盛的区域。好的蜜粉不仅仅会起到定妆吸收油光的效果，更重要的是起到二次修饰的作用。

③眼线：将镜子放在距离身体约 20cm 处，眼睛向下看，用无名指将眼皮轻轻向上拉，以贴着睫毛的根部，并由眼尾向眼角分段地描画。外眼角拉长，用眼线刷，从眼角至眼尾将眼线逐步推匀，以使线条自然清晰；再用眼线刷晕开眼线，这一步一定不能省去，因为可让眼线看起来自然而不会太死板。如果是内双，眼角容易出油，建议使用眼线膏。眼线膏的妆容持久度比眼线笔或眼线粉要更好一些，但比起液体眼线又没有那么死板且容易晕染，更容易控制。

④眼影：用中型眼影刷沾取白色高光，从内眼角向外眼角大面积扫满整个上眼皮，以强调线条结构。再用小型眼影刷在眼线处反复轻扫几次咖啡色，但需控制咖啡色的面积，仅做小范围的使用，这样可以使整个眼部看上去更有立体感。晕染时，务必注意层次的过渡，以避免涂抹不匀而造成的污浊感。

⑤睫毛膏：睫毛膏是调整眼睛极其重要的一个步骤。如果睫毛膏涂得非常整齐，干净，且睫毛夹得很翘，眼睛就会显得大很多，也让人看起来更有精神和活力。按照最外梢、再中间、最后根部的顺序，分段式地夹睫毛，这样夹的睫毛既自然又卷翘，卷翘高时能达到 80 度。可以走"Z"的手法刷睫毛，但不可涂太多的睫毛膏，以免睫毛因太重而翘不起来。

⑥下眼线：先选择易上色的黑色眼线勾画眼尾处，这样更能强调眼睛的力度，于内眼睑上下眼线外 2/3 处，然后用小型眼影刷轻轻晕开，但要注意眼线的深浅层次感，在眼尾处可画得稍微重一些，最后用白色眼影画于内眼睑和眼头处，眼睛的轮廓就会变得更大，眼神会更明亮。

⑦修颜：在耳际到笑肌的三角区域部位、下颌角部位从后往前刷上深色系修颜粉或比肤色深一号的粉底液，用白色系的修颜从上至下扫亮鼻梁这条线，在视

觉上营造轮廓感，以提升脸型。

⑧腮红：腮红能够展现一个人的姣好容貌，美化肤色，修饰脸型，甚至看起来有着好气色，所以腮红画的好坏，往往关系到整个妆容。玫瑰红的腮红可给人一种婉约优雅的感觉，配合"U"形腮红画法，使得双颊两侧透出淡淡的玫瑰色，这种类型的腮红给人一种端庄而又不失亲和力的感觉。

⑨唇膏：选择合适的唇膏，涂于嘴唇中部，向外抿开即可。

⑩成妆：以上程序步骤完成后，稍等片刻即可达到整体成型的理想效果。

2.男性

相比于女性要简单一些，以护肤为主。完整的妆容步骤主要包括：

①隔离：暴露在外的肌肤每天都要承受各种污染的侵袭，同时肌肤的水分也在不断挥发。通过隔离这一步骤，可减轻污染对肌肤的伤害，同时也能更好保护肌肤。

②遮瑕：脸上瑕疵会让脸部整体效果大打折扣，可通过遮瑕这个步骤给予解决。

③底妆：自然、精致、细腻的脸部效果就要依靠底妆的步骤来完成，不仅可以遮盖细微的瑕疵和细纹，更重要的是可以均匀肤色与肤质。

④定妆：定妆能有效吸附脸部多余油脂，使妆容持久，同时能让之前的化妆步骤更显自然。

⑤眉毛造型：修葺眉毛是整个眼部造型的基础。好看的眉形不仅能让眼睛变得更立体出彩，也可以给整脸效果带来意想不到的帮助。

⑥眼部造型：亚洲人的眼部通常不够立体，若刷上一层适合男性的眼影可瞬间让眼部立体丰盈。

⑦睫毛：健康浓密的睫毛可让眼睛更大更亮，男性的睫毛也有需求。

⑧唇部：健康的形象离不开健康的唇色。嘴部是日常交往中最重要的、被聚焦的部位。暗淡，干燥甚至龟裂的嘴唇会让形象大大减分，可用无色无味的男士唇膏予以滋润。

（五）正确使用香水

很多人会误以为香水喷于腋下可以遮盖体味，其实不然。香气一旦混合体味反而会产生一股怪味，所以人们必须了解如何正确使用香水。

1.使用技巧

①香水应喷于不易出汗，脉搏跳动明显的部位，如耳后、脖子、手腕及膝后。

②使用香水时不要一次喷得过多，少量而多处喷洒效果最佳。

③不要把香水喷于浅色的衣物上，以免留下污渍。

④沐浴后身体湿气较重时，将香水喷于身上，香味会释放得更明显。

⑤若想制造似有似无的香气，可将香水先喷于空中，然后在充满香水的空气中旋转一圈，令香水均匀地落于身上。注意：皮肤敏感者可将香水喷于内衣，手帕或裙摆处。

2. 衣服上可以洒香水的位置

通常香水不宜直接洒在衣服上，以免形成色痕。但随着香水的无色透明化，色痕的形成有时不会太明显，但还是应避免洒于高档服装的显眼部位，而是在一些隐蔽的位置喷洒香水，既可减少香水对皮肤的刺激，又可提高使用效果。尤其是秋、冬季着厚衣时，洒到身体的某些部位往往不如洒到衣服上效果更佳。这些位置是：

①围巾、帽子、衣领、手套和胸前内领口。

②内衣。

③裙角花边或裙角里衬。

④衣襟、袖口里衬等。

3. 季节与香水的使用

①春季多风，气候干燥，皮肤最易过敏，香水尽量避免洒到皮肤上，应以洒在衣物上为主。人对香气的领悟性在春季也较高，干燥的空气易使香气很快散发，香水应少洒多喷，并以清淡为主。早春使用花香型，晚春使用果香型更能给人以新鲜感。

②夏季是传统的用香旺季，气候炎热，空气混浊，异味大，所以最适宜的香型是具有清香、爽快气息的古龙型香水。夏季使用香水的方法一般多洒在头发、头饰上，女士洒在裙边更佳。应以清淡型香水为主，香水宜少洒、勤洒，只要经常保持愉快的淡淡香气即可。

③秋季是冬季的序曲，与冬季有许多相似之处，人的嗅觉变得迟钝，对香水的领悟不高，香水可适当浓些，以洒在鬓边、衣领、手帕上为佳，各种香型都适合，没有严格的选择。

④通常东方人偏重强调夏季使用香水，其实冬季也是散发魅力的季节。严寒的冬季，缺少绿色与生机，更需要香的点缀。此时选择香气浓郁一点的花香、动物香型的香水，会给人一种温暖、热烈的感觉。冬日寒冷的气候不利于香水的散

发，香气挥发慢，但留香时间长，因而一次可少喷些。

4.香水礼仪

①探病或就诊：用淡香水比较好，以免影响医生和病人。

②参加严肃会议：千万不要用浓香水。

③工作时间：切忌个性强烈的香水。

④宴会：香水涂抹在腰部以下是基本的礼貌。过浓的香水会影响食物的味道，可能会减低食欲。

⑤雨天：潮湿的空气会让香气在水区域内弥散，选用淡香水为宜。

第二节　服饰礼仪

古今中外，服饰体现着一个人的文化修养和审美情趣，是一个人身份、气质、内在因素的名片。在各种商务场合中，商务人士得体的着装通常体现着自身的仪表美，也有助于增加交际魅力，给人留下良好印象。总的来说，服饰礼仪要求商务谈判人员的穿着打扮既符合身份，又符合商业规范，力图通过规范化的着装既展示商务谈判人员的个人精神面貌，又体现所在企业的良好形象。

一、服装的类别

（一）服装的面料

作为服装三要素之一，面料不仅可以诠释服装的风格和特性，而且直接左右着服装的色彩、造型的表现效果。常见服装面料有：

1.棉型织物

是指以棉纱线或棉与棉型化纤混纺纱线织成的织品。其透气性好，吸湿性好，穿着舒适，是实用性强的大众化面料。可分为纯棉制品、棉的混纺两大类。

2.麻型织物

由麻纤维纺织而成的纯麻织物及麻与其他纤维混纺或交织的织物统称为麻型织物。麻型织物的共同特点是质地坚硬韧、粗犷硬挺、凉爽舒适、吸湿性好，是理想的夏季服装面料，麻型织物可分为纯纺和混纺两类。

3.丝型织物

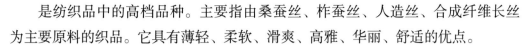

是纺织品中的高档品种。主要指由桑蚕丝、柞蚕丝、人造丝、合成纤维长丝为主要原料的织品。它具有薄轻、柔软、滑爽、高雅、华丽、舒适的优点。

4.毛型织物

是以羊毛、兔毛、骆驼毛、毛型化纤为主要原料制成的织品，一般以羊毛为主，它是一年四季的高档服装面料，具有弹性好、抗皱、挺括、耐穿耐磨、保暖性强、舒适美观、色泽纯正等优点，深受消费者的欢迎。

5.纯化纤织物

化纤面料以其牢度大、弹性好、挺括、耐磨耐洗、易保管收藏而受到人们的喜爱。

6.其他服装面料

①针织服装面料：针织面料具有较好的弹性，吸湿透气，舒适保暖，原料主要是棉麻丝毛等天然纤维，也有锦纶，腈纶，涤纶等化学纤维，针织物组织变化丰富，品种繁多。

②裘皮：带有毛的皮革，一般用于冬季防寒靴、鞋的鞋里或鞋口装饰。

③皮革：各种经过鞣制加工的动物皮。鞣制的目的是防止皮变质。

④新型面料及特种面料：蜡染、扎染、太空棉等。

（二）服装的类别

就商务谈判人员而言，主要的服装类别有西服、制服和职业套裙。

1.西服

西服是男士的正装、礼服，其种类繁多，可分为工作用、礼服用、休闲用等。男士想要使自己所穿的西服称心合意，就必须在西服的选择、穿法和搭配方面下工夫，既不能循规蹈矩，毫无个人特色，又要遵守相关的礼仪规范。

2.制服

不同的商务人员代表不同的行业或企业。商务人员的制服不仅可以使人员的身份有所区分，还可以反映出企业文化和企业形象。

3.职业套裙

女性商务人员在正式场合想要显得衣着不俗，不仅要注意选择符合常规要求的职业女装，更要注意穿着恰当，搭配得体。一般来说，在正式的场合最适宜的职业女装是职业套裙。

二、着装的基本礼仪

（一）不同场合的着装

鉴于商务谈判活动属于正式的商务活动，所以在谈判场合的着装宜注重保守，以西装、套裙或制服为主。除此之外，也可考虑长裤、长裙和长袖衬衫。如在正式谈判前双方的接洽和沟通，尤其是在一些休闲娱乐场所，则服装可以根据场景选择运动装、休闲服等非正式装束，显得舒适、自然、方便。

（二）服装搭配技巧

1.西装搭配技巧

（1）与衬衫的搭配

正装衬衫宜选择不起球、不起毛、不易褶皱的精纺纯棉、纯毛制品，以棉毛为主要成分的混纺衬衫也可酌情选择。颜色方面，白衬衫是正规商务活动中必备的，此外，蓝色、灰色、棕色和黑色也可根据搭配酌情考虑，不宜太艳。图案方面，大体上以无图案为佳，较细的竖条衬衫在一般性商务活动中也可以穿着，但不能同时穿条纹西装。衣领方面，西装的衣领应紧贴衬衫衣领，并且衬衫衣领应比西装领高 1~2 厘米，即西装的衣领不能接触到颈部。另外，正装的衬衫必须是长袖，以无胸袋为佳。

（2）与领带的搭配

领带的面料以真丝或羊毛为首选，外观上平整美观，无跳丝、线头和瑕疵，衬里不变形，自然悬垂，较为厚重。色彩方面，正式的商务场合中领带颜色不能多于三种，同时尽量少打浅色或艳色领带，应与西装和衬衫色彩协调，最好形成一定的对比。正式场合佩戴的领带主要是单色无图案，也可以是条纹或规则的几何图形。另外，领带下端为箭头的领带是传统正规的样式。

（3）与鞋袜的搭配

与西装配套的鞋子只能是皮鞋，一般来说牛皮质最搭配，颜色以黑色最适宜，系带式最正统。在商务活动中穿着皮鞋必须做到：鞋内无味、鞋面无尘、鞋底无泥、鞋垫相宜和尺码恰当。袜子宜与皮鞋同色，深色、纯色为宜。穿袜子时，首先要注意干净，防止异味令自己难堪。其次要注意完整，穿袜前要检查是否有破洞，颜色是否一致。最后袜子要合脚，不能太短，不宜低于自己的脚踝，也不能太大，否则可能堆积在脚踝处。

（4）与公文包的搭配

一般来说，男性商务人员的公文包面料以真皮为宜，牛皮和羊皮制品最佳。通常黑色、棕色的公文包最正统。从色彩搭配角度讲，和西装、皮鞋的搭配也讲究"三一定律"。最标准的公文包是手提式的长方形公文包。在使用公文包时要注意以下几点：包不宜多，不能同时背多个；包不宜张扬和显示名牌；包内整洁；包不乱放。

2.套裙搭配技巧

（1）与衬衫的搭配

与套裙搭配的衬衫，从面料上讲，要求轻薄而柔软，所以真丝、府绸、麻纱、涤棉都比较适合。从色彩上讲，要求雅致而端庄，所以除白色外，其他只要不过于鲜艳并与套裙配套的单色衬衫均可。衬衫与套裙的颜色协调主要有外深内浅和内深外浅两种方式。从衬衫的穿着上讲，衬衣的下摆要掖入下裙中，不能悬垂于外或在腰间打结。衬衣的纽扣除第一粒按照惯例可以不系，其他的都要扣好。

（2）与内衣的搭配

内衣的搭配主要注意两点：一是内衣的颜色和套装搭配，不能从套装露出来或透出颜色来；二是内衣的轮廓不能从套裙外展现出来。

（3）与鞋袜的搭配

商务场合女士套裙与鞋袜的搭配，首先在材料方面，鞋子宜皮鞋，牛皮为佳，袜子则可以是弹性较好的尼龙丝袜或羊毛袜。其次在颜色方面，穿深色系的套裙时鞋子颜色以黑色为佳，穿浅色套裙时则可以选择棕色、咖啡色和白色等。袜子的颜色以肉色、黑色、浅灰和浅棕为主，要注意的是必须是单色且袜子颜色不能深于套裙。再次，在款式方面，与套裙搭配的鞋子以高跟、半高跟的船式皮鞋和盖式皮鞋为宜，袜子则是高筒袜和连裤袜。

（4）与公文包的搭配

商务女士可选择的公文包类型多样，有传统的公文包，还有一些样式比较新颖的皮包。总的来说以真皮质的黑色或棕色单肩包为宜。

（三）着装禁忌

①过于鲜艳。是指商务人员在正式场合的着装色彩较为繁杂，过分鲜艳，如衣服的图案过分烦琐以及标新立异等问题。

②过于杂乱。是指不按照正式场合的规范着装。着装杂乱极易给人留下不良印象，容易使客户对企业的规范化程度产生怀疑。

③过于暴露。在正式商务场合身体的某些部位不宜暴露，比如，胸部、肩部、大腿。

④过于透视。在社交场合穿着透视装是允许的，但在商务场合中过于透视则有失于对别人的尊重。

⑤过于短小。在正式场合，商务人员的着装不可过于短小，比如，不可穿短裤、超短裙、露脐装和短袖衬衫等。

⑥过于紧身。在商务场合，谈判人员穿着过于紧身，凹凸分明，会显得不够庄重严肃。

三、男士着装技巧

（一）西装的穿着

根据西装礼仪的基本要求，男性商务人员在穿西装时，要特别注意以下几个方面。

1.西装穿着讲究"三个三"

①三色原则：男士在正式场合穿着西装套装时，全身颜色必须限制在三种之内。

②三一定律：男士穿着西装外出时，身上有三个部位的色彩必须协调统一，即鞋子、腰带和公文包的色彩必须统一。最理想的选择是黑色。

③三大禁忌：一是袖口上的商标没有拆，二是在正式场合穿着夹克打领带、三是袜子出现问题。在商务场合，尼龙丝袜和白色袜子最好不要穿。

2.纽扣的系法

西装的纽扣较多，上衣、背心及裤子都有扣子，而这些扣子的系法是有讲究的。

①西装上衣的扣子在坐下时，为防止西装变形，可以解开扣子；站立时西装上衣的扣子最好扣上，以示庄重。但如果内穿了羊毛衫或马甲时也可以不扣。对于单排扣的上衣，坚持"扣上不扣下"的原则，例如单排两粒扣，就扣上一粒；单排三粒扣以上，可以扣第一粒或第二粒或前两粒。对于双排扣上衣，则坚持"全扣"的原则。

②西装马甲的扣子，单排扣的背心一般只留最下面一粒不扣，双排扣的背心则坚持"全扣"。

③西装裤子的扣子一律要扣好，出门之前必须检查。如果裤子是拉链，就要注意拉链下滑的问题，及时调整。

3. 不卷不挽

穿西装要看上去挺拔，衣袖和裤子不宜卷起。西装脱下后不要随意丢放、搭在肩上或抱在怀里，应平整地挂在衣架、椅背上。

4. 慎重搭配内里

为了让西装穿起来更有型，西装上衣内除了衬衫与背心外，最好不要再穿任何衣物，若是在冬季寒冷时，可以穿一件"V"型单色羊毛衫，不妨碍打领带，其他领口则都不适合。如在衬衣内搭背心，则不外露为基本要求，而且背心的颜色要与衬衫的颜色相仿，不能带数字或图案。

5. 少装东西

西装口袋装饰性大于实用性，不宜装太多东西在里面，而且每个口袋适宜装什么都有讲究。左胸外侧袋只可放西服方巾；上衣内侧口袋可放钢笔、钱夹和名片夹等，也不宜多放；上衣外侧下方的两个口袋原则上不放任何东西；西装背心口袋均为装饰性口袋，只适于放怀表；西装裤子口袋只能放纸巾、钥匙等小物件；裤子后袋不放东西。

（二）领带的文化

领带常常被称为西装的"点睛之笔"，同一套西装搭配不同的领带也会给人带来耳目一新的感觉。

1. 领带的面料

制作领带最高档、最正宗的面料是真丝。除真丝外，尼龙亦可制作领带，但其档次较低。以其他面料如棉布、麻料、羊毛、皮革、塑料、纸张、珍珠等制作的领带，大多不适合在正式场合使用。

材质识别方法：①识别相关材料标志：包织真丝100%（SILK 100%）；仿真丝100%（POLYESTER 100%）；涤丝100%（DACRON 100%）。②视觉与手感的区别：真丝，色彩润泽、柔和、手感细腻；仿真丝，色光发亮，跳眼，手感挺括；涤丝，颜色黯淡较沉、手感粗糙。③材料的厚薄区别：真丝以14~16姆米为佳；仿真丝、涤丝以手感适当为佳。

2. 领带的色彩

从色彩上讲，领带有单色、多色之分。单色领带适用于公务活动和隆重的社交场合，并以蓝色、灰色、黑色、棕色、白色、紫红色最受欢迎。多色领带一般不应超过三种色彩，可用于各类场合。领带的色泽要与人的肤色、体型、年龄相符：肤色黑的人宜用中浅色，肤色白的人宜选深色或色彩艳丽的领带。年轻人可选花型活泼、色彩亮丽的领带，而中年人宜选深色和小花型领带，老年人则选素雅的花型。除此之外还可沿用"深—浅—深"或"深—中—浅"、"浅—中—浅"的配色方式来选择西装、领带、衬衫的颜色，总之要做到色彩搭配和谐统一。

3. 领带的图案

领带的品种可分为带色领带、印花领带、提花领带和编织领带。此外，手绘领带和绣花领带被视为珍品。领带最常见也最实用的款式，就是完全没有图案或花样的单色领带。一条单色领带能够与任何款式的西装或衬衫搭配。一套昂贵且做工及质料上乘的西装，配以单色领带，更能强调华美的质料和精巧的剪裁，给人以整体美。此外，印有均衡几何图案的领带十分普遍，它与单色领带一样，用途广泛，很好搭配衣服。在搭配时，应选择与西装衬衫相同的颜色。比如，宝蓝色底色、纯白的点子图案的领带，应配以白色衬衣，西装则需选择与领带底色一致的宝蓝色。花衬衫最好避免规则图案的领带，因为领带上的花样，会破坏整体的图案秩序。通常图案、颜色较鲜艳的衬衫，不适合配上保守的领带。

4. 领带的保养

①使用后请立即解开领结，并轻轻从结口解下，避免用力拉扯表布及里衬，以免纤维断裂造成永久性皱折。

②每次戴完领带解开后，请将领带对折平放或将领带吊起来，并留意放置处是否平滑以免刮伤领带。

③开车系上安全带时，勿将领带绑在安全带里面，以免产生褶皱。

④同一条领带戴完一次后，需隔几天后再戴，并先将领带放置于潮湿的地方或喷少许水，使其皱折处恢复原状后，再收至干燥处平放或吊立。

⑤沾染污垢时立即干洗，处理褶皱请以蒸气熨斗低温烫平，水洗及高温熨烫容易造成变形而受损。

5. 领带的清洗

①洗涤方式：由于领带面料与衬里用料不同，水洗后很易变皱，同时也易破坏领带表面的光泽，切不可把领带整条放入水中洗涤，最好采用干洗。领带打结的地方易污，可将其放入盛有汽油的盆里用手揉洗或刷洗。其他有污垢的地方，用布蘸汽油擦洗即可。

②洗涤原料：如自己干洗，洗涤原料为高纯度酒精或120号以上的无色溶剂

汽油。

③洗涤：将真丝领带浸泡约十分钟左右；使用光滑无刺的小棍轻敲领带脏处，如领带污迹面积过大，可用手轻轻揉；清水淋净后用衣架挂起。溶剂挥发完后，如领带上面仍有大量污迹，可用软毛刷蘸水轻轻刷洗。

④熨烫：熨烫时可用硬纸板剪成领带形或用一张白纸折成领带形，塞入领带里衬部分，再轻轻熨烫，以防将各边熨得太死，也可不用垫布明熨，但宜采用低中温度，熨烫速度要快，以免出现泛黄和"极光"现象。若领带有轻微的折皱，可将其紧紧地卷在干净的酒瓶上，隔一天皱纹即可消失。

⑤储存：领带不可在阳光下暴晒，以防泛黄走色。存放领带要保持干燥，不要放樟脑丸防蛀。在收藏时，最好先熨烫一下，以达到杀虫灭菌防蛀的目的。领带最好用衣架挂起，罩以布袋，以防灰尘。

6.常见的领带系法

①平结：平结为最多男士选用的领结打法之一，几乎适用于各种材质的领带。要诀：领结下方所形成的凹洞需让两边均匀且对称。如图8-1所示。

图8-1　平结

②交叉结：这是对于单色素雅质料且较薄领带适合选用的领结，对于喜欢展现流行感的男士不妨多加使用"交叉结"。如图8-2所示。

图8-2　交叉结

③双环结：一条质地细致的领带再搭配上双环结颇能营造时尚感，适合年轻的上班族选用。如图8-3所示。

图 8-3　双环结

④温莎结：温莎结适合用于宽领型的衬衫，该领结应多往横向发展。应避免材质过厚的领带，领结也勿打得过大。如图 8-4 所示。

图 8-4　温莎结

⑤双交叉结：这样的领结很容易让人有种高雅且隆重的感觉，适合正式活动场合选用。这种领结应多运用在素色且丝质领带上，若搭配大翻领的衬衫，不但适合且有种尊贵感。如图 8-5 所示。

图 8-5　双交叉结

四、女士着装技巧

（一）职业女性着装要求

女性的职业装比男性更具个性，但也需符合要求。具体来说，包括以下几方面：

①大小适度。上衣最短可以齐腰，裙子最长可以到小腿中部，上衣袖长要盖住手腕。

②穿着端正。上衣领子要完全翻好，衣袋的盖头要盖住口袋；衣扣一律扣上，特殊情况下第一颗可不扣。穿套裙时一定要穿衬裙，特别是穿丝、棉、麻等薄型面料或浅色套裙时，如无衬裙，内衣可能暴露无遗。

③注意场合。女士在职场中一般穿着套裙为宜，尤其是涉外活动中。其他场合，如宴会、舞会和音乐会等，则可选择与场合协调的礼服和时装。

④协调妆饰。穿着打扮讲究的是着装、化妆和配饰的风格统一，相辅相成。穿套裙时，不可不化妆，也不可化浓妆。配饰要少而精，合乎身份。工作岗位不戴首饰也可接受。

⑤兼顾举止。套裙最能体现女性的柔美曲线，但要求举止优雅，注意个人仪态。

（二）职业女性着装误区

1.高档服装随意穿

有些女性着装一味追求高档消费，既不注意着装地点、场合，又不注意衣服的搭配，比如，穿着高档服装手提大包小包的水果等东西，在搭配上也不协调，如鞋子不合适，手提包过时，或长筒丝袜有破洞等，所以高档时装要讲整体美，细微之处也不能马虎。高级女装只有在特定的场合穿着才能显出美观。

2.模仿他人，东施效颦

看见别人穿着好看，认为自己穿也好看，喜欢跟在别人后面模仿。须知每个人都有自己的特点和个性，同样的衣服穿在别人身上好看，自己穿就可能不伦不类，所以着装首先要认识到自身特点，穿出自己的喜好与个性。

3.衣服的装饰越多越好看

各种琳琅满目的装饰品常令女士爱不释手，因此在着装时尽可能进行装饰，认为装饰物越多越豪华就越美观，如将衣服上缀满珠子亮片，丝带花饰等，同时戴上许多金银首饰。这样过多的装饰会显得媚俗，所以衣服的装饰应建立在简洁明快的基础上，并非越多越好，只有适当的点缀才能起到良好的衬托作用。

4.流行什么服装就跟着穿什么服装

喜欢赶时髦的女士时时关注时装的最新流行动态，凡流行时装都爱买，结果衣服好但不适合自己，穿着显得怪异而被人误解。

5.年老穿少衣

时光不解催人老，想通过服饰来弥补岁月的流失再现青春风范可以理解，但在装扮时如不顾自己实际年龄，一味追求年轻的装束，就显得不协调，有如戏装

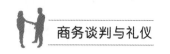

般滑稽，所以中老年人要用适当的款式和色彩来显出自己的优雅与风度，给人以成熟而祥和之感。

第三节　仪态礼仪

仪态也叫仪姿、姿态，泛指人们身体所呈现出的各种姿态，包括举止动作、神态表情和相对静止的体态。人们的面部表情，体态变化，行、走、站、立、举手投足都可以表达思想感情。仪态是表现一个人涵养的一面镜子，也是构成一个人外在美好的主要因素。

一、基本礼仪

（一）站姿

站姿是商务人员在商务活动中的重要姿势，因此想要表现出得体优雅的姿势，首先要从规范站姿开始。

1. 基本站姿

头正、颈直、双目平视、下颌微收、面带微笑；手臂自然下垂；身体直立，提臀、挺腰、收腹、挺胸、双肩舒展并自然下沉；双脚脚踝并拢、双腿直立、膝盖并拢。

2. 男性商务人员的站姿

肃立：脚尖分开15°、30°、45°，其他部位要领与基本站姿相同。这种站姿适合长时间在正式场合站立。

直立：双脚平行分开，宽度不超过肩宽；双手自然下垂，其他部位要领与基本站姿相同。这种站姿显得自信、自然。

手背后直立：双脚平行分开，与肩同宽。左手握虚拳自然置于身后尾骨处，右手握住左手手背。其他部位要领与基本站姿相同。

手前搭直立：双脚平行分开，与肩同宽。双手相握自然垂放于腹部。注意双肩打开，保持后背正直。这种站姿比较保守，如果自然微笑则显得比较亲切。

3. 女性商务人员的站姿

女性商务人员若要体现出站姿的优美，就要让双脚、双膝、双手、胸部和下颌处于最佳位置。

双脚：脚跟靠拢，脚尖相距 10 厘米左右，角度约为 45°，呈 "V" 状。两脚略呈前后状，前脚的脚跟轻轻靠于后脚的脚弓处，身体重心落于后脚。

双膝：在正式场合，双膝应挺直并拢，使髋部自然上提，避免双腿看上去叉开。

双手：左手握虚拳，右手轻握左手手背，双臂自然下垂于腹前，双肩放松。

胸部：略向前方挺出，收紧小腹，背部挺直，使整个身体的重心落于两腿之间。这样会看起来精神自然，线条优美。

下颌：下颌微收，脖颈挺直，目视前方。

4.商务人员站姿禁忌

正式场合站立时，不可两腿交叉。两腿交叉给人以轻浮感。不可双手插在裤兜，否则过于随意；也不可双手交叉抱于胸前，会给人以傲慢抵触的感觉。不可歪倚斜靠，给人以散漫、懒惰感。站立谈话时不宜浑身扭动，东张西望。

（二）坐姿

商务人员在各类商务活动中，都需要保持良好的坐姿。其基本要求是：腰背挺直、手臂松弛、双腿并拢、目视于人。端庄优美的坐姿，不仅能给人以稳重、自然大方的美感，而且能使人感到舒适，消除膝关节神经和血管的压迫感。

1.入座的方法

入座时要稳、轻、慢。具体来说，脚步放轻，从容地走到座位前，调整椅子到合适的位置，控制身体轻而稳地坐下。如果身边有女士或尊者，则应先帮助他们落座后再自己坐下；如果座位在他人对面，应侧身或适量退行到座位，尽量不要背对将要交谈的人。女性商务人员如果穿得是裙装，在入座时应顺便整理一下裙子，使裙子后面保持平整，然后再落座。

2.男性商务人员的坐姿

（1）标准姿势

入座后，立腰、收腹、挺胸、双肩舒展并略下沉；颈直、头正、双目平视、下颌微收。大腿与小腿基本成直角，两膝并拢或微微分开，双脚平放地面，分开与肩同宽，双手自然放于两膝。

（2）前伸姿势

在标准姿势的基础上，右脚前伸一脚的距离，左脚向前半步，脚尖不要翘起。

（3）后点姿势

在标准姿势的基础上，左脚在前，右脚尖抵在左脚脚跟处，右脚跟抬起，双手自然放于两腿，目视前方。

（4）开关姿势

在标准姿势的基础上，身体右转或左转45°，小腿与地面成直角，双手自然放于两腿，目视前方。

（5）重叠姿势

在标准姿势的基础上，左腿与地面垂直，右腿搭在左腿上，右脚尖下压，双手自然交叉放于双腿上，目视前方。注意在非常正式的场合不宜使用该姿势，会给人以不平衡感。

3.女性商务人员的坐姿

（1）标准姿势

入座后，立腰、收腹、挺胸、双肩舒展并略下沉；颈直、头正、双目平视、下颌微收。双膝、脚踝、双脚均需并拢，小腿垂直于地面，两脚尖朝正前方，坐整个椅子的2/3。两臂自然弯曲，双手交叉放在双腿中部，靠近小腹。

（2）双腿斜放姿势

双腿并拢，双脚同时向右侧或左侧倾斜，与地面成45°夹角。在坐比较矮的椅子或沙发时，这种姿势最为优美。注意两膝不能分开，小腿之间不要留空隙。

（3）双腿交叉姿势

在双腿斜放姿势的基础上，双脚在脚踝处交叉。这种姿势在主席台、办公桌后就座时比较适合，比较自然。但注意膝部不能打开，双脚交叉分开的幅度不宜过大。

（4）双腿叠放姿势

在非正式场合，可将一条腿放在另一条腿上，上下交叠的膝盖不能分开，两小腿尽量靠拢呈一条直线，脚尖下压。女性穿超短裙慎用此姿势。

4.商务人员坐姿禁忌

①双腿叉开过大。无论是大腿还是小腿叉开都很不雅观，尤其是身穿裙装的女性更要注意。

②架腿方式欠妥。忌把一条腿架在另一条腿上，两腿之间留出大大的缝隙，既不美观也不礼貌。

③双腿直伸出去。身前如果有桌子，双腿尽量不要伸到前面来，既不雅观也有可能妨碍到别人。

④抖腿。就座时不停抖动腿部，不仅让人生厌，而且显得不稳重。

⑤将腿架在物体上。忌把腿架在椅子、茶几或沙发扶手等上面，否则会显得鲁莽而没有素质。

⑥双手乱放乱动。就座后，双手应自然交叠放置于双腿。单手或双手摆弄东西、双手抱膝、抱胸、抱在脑后、垫在臀部下、夹在双腿间、双肘支在身前的桌子上等动作在正式场合都不雅观。

⑦上身乱趴。坐定后，上身不要前倾、后仰或歪向一边。

⑧倚靠椅背，跷起并晃动二郎腿，会给人以傲慢和随意的印象。

（三）行姿

行姿是站姿的延续动作，在站姿的基础上展示人的动态美。协调稳健、轻松敏捷的行姿能够展现出商务人员积极向上的精神风貌和职业素养。

1.基本行姿礼仪

商务人员行姿礼仪的基本要求是：自然而优雅、轻捷而有节奏。起步时，上身略前倾，身体重心落在前脚掌。行走时，身体直立，昂首挺胸，收腹立腰，平视前方，下颌微收，表情自然平和。双肩平稳，手臂伸直放松，手指自然弯曲。摆动时，手臂以身体为中心前后自然摆动，幅度一般在30~45°。腿部挺直，重心前倾，脚尖微向外或正前方伸出，两腿有节奏地向前交替迈出，脚步要轻且富有节奏。标准步幅约一脚至一脚半。男士行走时，两只脚走出的为两条平行线，且稳健有力；女士行走时，两脚的后跟尽可能在一条线上，跨步轻捷优雅。

2.变向行姿礼仪

变向行姿礼仪是指在行走中需转身改变方向时，注意要让身体先转，头随后转，并同时向他人告别、寒暄等，具体包括：

（1）后退

与客户告辞或走出上司办公室时，不宜立即扭头行走以后背示人。而是要目视他人，双脚轻擦地面，向后小步幅地退几步再转身、扭头，轻轻离开。

（2）侧行

在楼道、走廊等比较狭窄的地方需要让行时，应采用侧步行走，即面向对方，双脚一前一后，侧身慢行。这样可以避免抢道或发生摩擦碰撞。

（3）引导

引导主要用于给宾客带路。一般要尽量走在宾客左侧的前方，整个身体半转向宾客方向，左肩稍前，右肩向后，保持两三步的距离。遇到拐弯、楼梯、门等，要伸左手示意，提示客人先行。

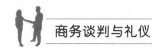

3.行姿注意事项

①走路时，两只脚尖均朝正前方，尽量避免"内八字"或"外八字"的行姿。

②走路的速度要保持匀速前进，平稳矫健，忌忽快忽慢。

③步高要合适。忌走路拖沓，鞋在地上摩擦出声音。

④步幅要适当。当男士与女士同行时，要适当调整步幅，尽量与女士同行。

⑤行走时要克服不雅动作，如低头驼背、左顾右盼、背手、插兜、抱肘、叉腰和扭腰摆臀等。

（四）蹲姿

蹲姿不像站姿、走姿、坐姿那样使用频繁，因而往往被人所忽视。一件东西掉在地上，一般人都会随便弯下腰，把东西捡起来。但这种姿势会使臀部后撅，上身前倒，显得非常不雅。讲究举止的人，就应当讲究蹲姿。

1.基本蹲姿

下蹲时脊背要挺直，两腿靠近，臀部始终向下。如果旁边有人，则应侧对别人，保持头、胸和膝关节在一个角度上。男士两腿间可有适当缝隙，女士则要双腿并紧，以免尴尬。

2.常见姿势

（1）交叉式

下蹲时右脚在前，左脚在后，右小腿垂直于地面，全脚着地。左膝由后面伸向右侧，左脚跟抬起，脚掌着地。两腿靠紧，合力支撑身体。臀部向下，上身稍前倾。

（2）高低式

下蹲时右脚在前，左脚稍后，两腿靠紧向下蹲。右脚全脚着地，小腿基本垂直于地面，左脚脚跟提起，脚掌着地。左膝低于右膝，左膝内侧靠于右小腿内侧，形成右膝高左膝低的姿态，臀部向下，基本上以左腿支撑身体。

3.蹲姿禁忌

弯腰捡拾物品时，两腿叉开，臀部向后撅起，是不雅观的姿态。两腿展开平衡下蹲，姿态也不优雅。下蹲时注意内衣"不可露，不可透"。

二、眼神、微笑与手势

（一）眼神

黑格尔说："灵魂集中在眼睛里"。一个人的爱憎、喜、怒、哀、乐，甚至性格、气质，都会从眼神中表现出来。在情感的表现和信息交流中，眼神的表达能力是语言和手势所不能替代的。

1.注视的角度

仰视。表示尊重、敬重对方。多用于晚辈对长辈、下级对上级之间。

侧视。位于对方侧面时，面向并平视对方，若为斜视对方，则为失礼。

平视。常用于在普通场合与身份、地位平等的人交往。

2.注视的时间

表示轻视。目光经常游离对方，注视的时间不到全部相处时间的1/3。

表示重视。应不断把目光投向对方，占全部相处时间的2/3左右。

表示敌意或感兴趣。目光始终盯在对方身上，偶尔离开一下，注视时间占全部相处时间2/3以上，可视为有敌意或表示感兴趣。

表示友好。应不时注视对方，占全部相处时间的1/3左右。

3.注视的部位

注视额头。表示严肃、认真、公事公办。

注视唇部到胸部。多用于关系密切的男女之间，表示亲密、友善。

注视双眼。表示自己重视对方。

注视眼部至唇部。表示友好、亲切。

（二）微笑

一个微笑的表情、谦和的面孔，是表示自己真诚、守礼的重要途径。在经济学家眼里，微笑是一笔巨大的财富；在心理学家眼里，微笑是最能说服人的心理武器；在服务行业，微笑是服务人员最基本的表示。微笑确实是一种力量，是一种可以创造效益的不可忽视的力量。

1.微笑的作用

笑容是一种令人感觉愉快的面部表情，可以缩短人与人之间的心理距离，为深入沟通与交往创造温馨和谐的氛围。因此有人把笑容比作人际交往的润滑剂。在商务交往中，保持微笑，至少有以下几方面的作用：

①表现心境良好。面露平和欢愉的微笑，说明心情愉快，乐观向上，这样的人才会产生吸引别人的魅力。

②表现充满自信。面带微笑，表明对自己的能力有充分的信心，以不卑不亢的态度与人交往，使人产生信任感，容易被别人真正接受。

③表现真诚友善。微笑反映自己心底坦荡，待人真诚，而非虚情假意，使人

在与其交往中自然放松，以此缩短心理距离。

④表现乐业敬业。工作岗位上保持微笑，说明热爱本职工作，乐于恪尽职守。

2. 微笑的方法

发自内心的微笑，会自然调动人的五官：眼睛略眯起、有神，眉毛上扬并稍弯，鼻翼张开，脸肌收拢，嘴角上翘，唇不露齿，做到眼到、眉到、鼻到、肌到、嘴到，才会亲切可人，打动人心。商务活动中可通过训练有意识地改变自己的微笑：

①放松面部肌肉，然后使嘴角微微向上翘起，让嘴唇略呈弧形。最后，在不牵动鼻子、不发出笑声、不露出牙齿，尤其是不露出牙龈的前提下，轻轻一笑。

②闭上眼睛，调动感情，并发挥想象力，或回忆美好的过去或展望美好的未来，使微笑源自内心。

③对着镜子练习。使眉、眼、面部肌肉、口形在笑时和谐统一。

④当众练习法。按照要求，当众练习，使微笑规范、自然、大方，克服羞涩和胆怯的心理，也可以请观众评议后再纠正不足。

3. 微笑的禁忌

忌冷笑。有讽刺、不满、不以为然的意味，容易让人产生敌意。

忌假笑。违背真实意愿的笑看起来虚伪，让人厌烦。

忌窃笑。多有扬扬得意、幸灾乐祸的意味，不自然大方。

忌狞笑。面容狰狞，会吓到别人，显得不友好。

忌怪笑。一般含有嘲讽的意思，惹人反感。

（三）手势

商务活动中恰当地使用手势有助于表达，并能给人以肯定、明确的印象，增强感染力。

1. 谈判桌上的手势

身体靠近桌子，尽量挺直上身，将双手放在桌上时，可分开、叠放或相握；不要将胳膊支起来，或是将一只手放在桌上，一只手放在桌下。

2. 递物

①双手为宜，不方便双手并用时，也要采用右手，以左手通常视为无礼。

②将有文字的物品递交他人时，须使之正面面对对方。

③将带尖、带刃或其他易于伤人的物品递与他人时，切勿以尖、刃直指对方。

3. 展示

①将物品举至高于双眼之处，这适于被人围观时采用。

②物品高度上不过眼部，下不过胸部，适用于让他人看清展示之物。

4.指引

横摆式：即手臂向外侧横向摆动，指尖指向被引导或指示的方向，适用于指示方向时。

直臂式：手臂向外侧横向摆动，指尖指向前方，手臂抬至肩高，适用于指示物品所在。

曲臂式：手臂弯曲，由体侧向体前摆动，手臂高度在胸以下，适用于请人进门时。

斜臂式：手臂由上向下斜伸摆动，适用于请人入座时。

5.招手

向近距离的人打招呼时，伸出右手，五指自然并拢，抬起小臂挥一挥即可。距离较远时，可适当加大手势。切不可向上级和长辈招手。

6.鼓掌

右掌心向下，自然地、有节奏地拍击掌心向上的左掌。鼓掌时不应戴手套，女士装饰性蕾丝手套除外。鼓掌要热烈，但不能太过，否则有喝倒彩的嫌疑。

7.商务场合应避免出现的手势

搔头、掏耳朵、抠鼻子、擤鼻涕、拭眼屎、剔牙齿、修指甲、咬指甲、打哈欠、咳嗽、打喷嚏、用手指在桌上乱写乱画、玩笔等。

8.手势符号的不同含义

如下表所示：

表8-3-1

动作	正面含义	反面含义
竖起大拇指	1.称赞、夸奖 2.打车	澳大利亚人认为竖起大拇指尤其是横着伸出是一种侮辱
"OK"手势	1.好、顺利、平安 2.在日本代表钱	南美洲的一些国家认为是下流侮辱性质的手势
伸出手，手掌向下挥	招呼别人过来	在美国这是唤狗的动作，不能对人使用

三、空间距离

人际交往中，适度的距离能增进友谊，促进情感交流，不合适的距离却会适得其反，甚至带来尴尬、失意和挫败。在尊卑之间、职级之间、客我之间和亲疏之间等，应体现出合适的空间距离，即每个人对周围空间大小的需求程度。

（一）空间距离的礼仪

美国人类学家、心理学家、方法意义学创始人霍尔博士通过大量事例说明，人在文明社会中与他人交往而产生的关系，其远近亲疏是可以用界域或距离的大小来衡量的。常见的社交距离分为四种：亲密距离、社交距离、礼仪距离和公共距离。

1. 亲密距离

45厘米之内为亲密距离。这是恋人之间、夫妻之间、父母子女之间以及至爱亲朋之间的交往距离。亲密距离又可分为近位和远位两种。近位亲密距离在15厘米内。这是一个"亲密无间"的距离空间，在这个空间内，人们可以尽情地表现爱抚、安慰、保护等多种亲密情感。远位亲密距离大约在15～45厘米。这是一个可以肩并肩、手挽手的空间，在此人们可以谈论私事，说悄悄话。

在公众场合，只有至爱亲朋才能进入亲密距离这一空间。在大庭广众面前，除客观上十分拥挤的场合外，一般异性之间是绝不应进入这一空间的，否则应视为对对方的不尊重。即使因拥挤被迫进入这一空间，也应尽量避免身体的任何部位触及对方，更不能将目光死盯在对方身上。

2. 社交距离

45～120厘米为社交距离。在这一距离，双方都把手伸直，还可能相互触及。由于这一距离有较大开放性，亲密朋友、熟人可随意进入这一区域。

3. 礼仪距离

1.2～3.6米为礼仪距离，人们在这一距离时可以打招呼。这是商业活动、国事活动等正式社交场合所采用的距离。采用这一距离主要在于体现交往的正式性和庄重性。

4. 公共距离

3.6～7.5米为公共距离，处于这一距离的双方只需要点头致意即可，如果大声喊话，视为失仪。

（二）影响空间距离的因素

1. 文化背景或民族差异的影响

不同民族与文化构成人们之间不同的空间区域，多数讲英语的人在交谈时不喜欢离得太近，总要保持一定的距离。但西班牙人和阿拉伯人交谈时会凑得很近，而拉美人交谈时几乎贴身。更有趣的是英国人与意大利人交谈时，意大利人会不断贴近，英国人却不断后退。另外，西方文化注重个人隐私，而东方人"隐私"的概念薄弱。在电梯、巴士或火车上，素不相识人的拥挤在一起，东方人可以容忍身体与身体接触的那种挤，西方人则无法容忍。

2. 社会地位和年龄差异的影响

空间的观念是立体的，不仅包括领域的大小距离，也包含领域的高度。拉开距离具有保持身份威严的功能。法庭、教堂、礼堂、会议厅的布置都十分注重利用空间距离来发挥这一功能，以表现优越感与从属关系。在中国，长辈和领导面朝南坐，在西方则坐在椭圆桌头的位置。这些都说明不同社会地位和年龄的人都有其空间距离的要求。

3. 性别差异的影响

中国古代有句话叫作"男女七岁不同席"，意思是有自我性别意识的男性和女性要保持距离。在当今社会虽然要求不如古时严苛，但从礼仪方面讲，不同性别之间也应适当保持距离，尤其在公共场合更不宜过分亲密。一般女性相互之间表现得比较亲密是常见的，如果一男一女表现亲密，则唯一合理的解释是恋人或夫妻关系。而如果两位男士表现十分亲密，则可能被认为是同性恋。

4. 性格或兴趣差异的影响

古语云：道不同不相为谋。不同人的性格、学识修养和兴趣等各不相同。如果不能志同道合，两人之间就难以进行亲密交流，甚至鸡同鸭讲。所以，一般而言，脾性相投的人较容易形成亲密关系，相应的社交距离也就比较小。

5. 情绪状态和交往场景差异的影响

就情绪状态而言，如果一个人心情愉悦，与其他人交往起来自然给人以如沐春风的感觉，其他人也会与之形成亲密距离，往往皆大欢喜。若一个人恼羞成怒，暴跳如雷，自然人人敬而远之。此外，人们需要根据场合要求来调整社交距离。一对恋人在私人空间里十分亲密，小动作不断是可以的，但到了社交场合则应保持适当距离，否则就会显得轻浮。

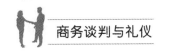

第四节　交谈礼仪

交谈是人类口头表达活动中最常用的一种方式。随着人类社会的高度发展，交谈已成为政治、外交、科学、教育、商贸、公关等各个领域中重要的、不可缺少的一项语言活动。交谈是交流思想和表达感情最直接的途径。俗话说："酒逢知己千杯少，话不投机半句多"。在商务交往过程中，常常因为不注意交谈礼仪规范，或措辞失误，或说了不该说的话而导致商务交谈失败。因此为了达到良好的交谈效果，必须遵守相应的交谈礼仪。

一、交谈的基本礼仪规范

1. 表情自然，语气温和、亲切

不论与谁交谈都应平等相待。与晚辈、下级交谈，不要态度傲慢、居高临下；对上级、长辈交谈不要卑躬屈膝、低声下气。为表达某些内容，可适当做一些手势，但应避免手舞足蹈，更不要用手指向对方。

2. 位置要适度，交谈距离以使对方听清内容为宜

交际距离一般是 0.5 米 ~1.5 米；尊重距离是 1.5 米 ~3 米；公共距离是在大庭广众下与陌生人的距离。

3. 以令双方都愉快的话题为交谈内容

交谈是双方信息交流的过程，只有双方共同感兴趣的话题出现时，才表示谈话的成功。因此交谈中应避免以自我为中心，借题发挥，忽略别人的感受。谈话中要随时注意对方的反应，察觉对方的态度、表情以判断对方感兴趣程度，并经常询问对方意见。

4. 不要谈论个人隐私及避讳的内容

话题应尽量避开粗俗的内容，也不要使用不雅的口头语，这些都使人感到格调低下，甚至会冒犯对方。交谈中适当伴以幽默、风趣的内容，可以缩短心理距离，增加话题趣味，但切忌开不适当的玩笑，使得双方尴尬。

5.语言要切合环境

所谓切合环境就是说话要得体，与场合、时间、对象、性格等相符合。在商务活动中，商务人员可根据不同场合，创造出让人快乐和贴合心意的妙语，从而增加个人交际魅力。

二、交谈技巧

交谈是商务人士传递信息、情感，增进彼此了解的一种方式，但交谈中如何把话说好，让所有人都感到愉悦却不是一件容易的事。这就需要商务人士掌握一定的交谈技巧。

（一）话题的开头

一般商务交往中，与人谈话最困难的就是话题的开头。主要是由于双方不太熟悉，不了解对方的喜好与禁忌，同时又受到时间的限制等，不宜冒昧提出话题。在这种情况下，就地取材往往是简单而得体的途径。如周围的风景、环境，衣着打扮，等等。

（二）问话

高明的问话不仅能起到投石问路的作用，还能延展话题到更深层次的交流，达到沟通的目的。问话应注意以下方面：

①根据不同对象问不同的话题。所问的问题要适合对方的水平和能力。如果问一个中老年人某偶像出演的电视剧如何，可能就会非常尴尬。

②问题不应过于抽象或过于简单。过于抽象的问题会使对方无法理解你的意图，出现答非所问；过于简单的问题用"是"或"不是"即可解答，会给人以咄咄逼人的审问感。

③态度要谦逊。问话时应从友好的态度出发，彬彬有礼，语气谦和。多使用"你好""请""谢谢""行吗"等谦词，会使对话友好平和。

④避免一些问题的提问。商务交谈中应避免询问隐私和涉及商业机密的问题。

（三）答话

答话是针对提问来讲的，同问话一样也有讲究，优秀的答话会显示出商务人士的涵养、才智与风度。通常答话有以下两种情景：

①无恶意提问。一般而言，面对问话人的提问，采取从容礼貌的态度对答如流，会充分显示商务人士的智慧、自信和风度。对于无恶意的提问，如果扭捏作

态或避而不答，反而会给人不够大方不够礼貌的感觉。

②有意刁难提问。商务人士在社交场合中难免会遇到具有攻击性的问题，针对这样的问话，可采取模糊或诙谐幽默的方式来回答，既不伤害问话人，也不会使自己难堪。这种答话常常可在明星采访中看到，如记者提问某男明星何时结婚，此男星笑着说让大家去问问他的女朋友，既避免了暴露隐私，又没有直接拒绝记者使之尴尬。

三、交谈中的禁忌

（一）交谈方式禁忌

①夸夸其谈。在任何场合、任何情况下，夸夸其谈都是令人反感的。虽然谁都难免说点大话，但一定要控制在自己力所能及的范围内，否则难以让人信赖。

②自我为重。商务人士在人际交往中谈到自己时一定要保持分寸，适可而止。以自我为中心的人，一旦打开话匣子就不可收拾，但也可能会将自己的缺点都暴露出来，引人反感。

③反复唠叨。交谈中要分清主次，注意长短。同时要注意观察对方的反应，若对方不再想听，应马上停止或更换话题。在商务活动中，人们做事情比较注重效率，所以讲话应以简洁明了为宜。

④避免争执。成功的商务人士会把交谈始终控制在轻松平和的气氛中，从不使用一些容易引起争辩的言语。争辩也许能显示出个人的思维敏捷和语言能力，但交谈的目的并不是炫耀个人能力，虽然在话题中可能辩论赢了，但咄咄逼人的态度也会让人反感。

（二）交谈内容禁忌

①不得非议党和政府，在思想、行动上与党和政府保持一致，爱国守法是每一个公民的基本职责。

②不可涉及国家和行业机密。我国有《国家安全法》和《国家保密法》，违法的内容及泄密的内容是不能谈论的。

③不得非议交谈对象的内部事务。时刻谨记不要随便挑剔别人的不是，即使是大是大非的问题，也不宜当面指责让对方难堪。

④不得背后议论领导、同事。"家丑不可外扬"，在外人面前评论自己同事的不是，会让别人对自己的人格、信誉产生怀疑。

⑤不得涉及低俗内容。低俗内容主要指家长里短、小道消息、男女关系和黄段子等。这些内容不宜在商务场合谈论，会显得谈话者素质不高，有失教养。

⑥不得涉及个人隐私。关心别人值得提倡，但要关心有度。在与外人交谈时，要做到"五不问"：不问收入、不问年龄、不问婚否、不问健康、不问个人经历。

练习题

一、简答题

1. 有关头发的礼仪有哪些？

2. 化妆应遵循的原则是什么？

3. 使用香水的技巧有哪些？

4. 西装有哪些搭配技巧？

5. 着装的禁忌包括什么？

6. 西装穿着讲究"三个三"原则，具体指的是什么？

7. 职业女性着装有哪些要求？

8. 符合礼仪要求的注视包括哪些部分？

9. 影响空间距离的因素有哪些？

10. 交谈的基本礼仪规范是什么？

二、案例题

有位美国商人单身一人到巴西去谈生意，在当地请了个助手兼翻译。谈判进行得相当艰苦，几经努力，双方最终达成了协议，这时美国商人兴奋得跳起来，习惯地用拇指和食指合成一个圈，并伸出其余三指，也就是"OK"的意思，对谈判的结果表示满意。然而，在场的巴西人全都目瞪口呆地望着他，男士们甚至流露出愤怒的神色，场面显得异常尴尬。

你觉得哪里出了错？

三、实训题

1. 组织一次化妆比赛，了解谈判场合下正确的妆容要求。

2. 组织一次着装比赛，以便获得对西装以及职业女装的穿着认知。

3. 进行一次交谈方面的练习，注意将基本礼仪规范以及空间距离等因素考虑其中。

第九章　商务礼仪之交际礼仪

本章学习目标

1.了解会面礼仪的基本要求。

2.了解往来礼仪的基本要求。

　　交际礼仪是在社会交往中使用频率较高的日常礼节。一个人生活在社会上，要想让别人尊重自己，首先要学会尊重别人。掌握规范的社交礼仪，能为交往创造出和谐融洽的气氛，建立、保持并改善人际关系。

　　现代交际礼仪泛指人们在社会交往活动过程中形成的应共同遵守的行为规范和准则。具体表现为礼节、礼貌、仪式、仪表等。

第一节　会面礼仪

　　会面礼仪是日常社交礼仪中最常用、最基础的礼仪，人与人之间的交往都要用到见面礼仪，特别是从事商务领域工作的人士，掌握一些见面礼仪，能给客户留下良好的第一印象。

一、介绍礼仪

　　在商务交往中，人们往往需要首先向交往对象具体说明自己的情况，即介绍。介绍一般可分为三种，即介绍自己、介绍他人、介绍集体。

　　（一）自我介绍

　　自我介绍绝对不可缺少。自我介绍就是在必要的社交场合，把自己展现给其他人，以使对方认识自己。恰当地自我介绍，不但能增进他人对自己的了解，而且还能创造出意料之外的商机。进行自我介绍，应注意三点：其一，先递名片；其二，时间简短；其三，内容完整。一般而论，正式的自我介绍中，单位、部门、职务、姓名缺一不可。

　　①姓名。应当一口报出，不可有姓无名，或有名无姓。

　　②单位。供职的单位及部门，如可能最好全部报出，具体工作部门有时可以暂不报出。

　　③职务。报出担任的职务或从事的具体工作：有职务最好报出职务，职务较低或者无职务，则可报出目前所从事的具体工作。举个例子，可以说："我叫唐里，是天秦广告公司的客户部经理"。

　　（二）介绍他人

　　1.介绍顺序

　　介绍他人时，先后顺序的标准是：介绍双方时，先卑后尊。根据一般规则，为他人作介绍时的商务礼仪顺序大致有以下几种：

　　①介绍上级与下级认识时，先介绍下级，后介绍上级。

②介绍长辈与晚辈认识时，应先介绍晚辈，后介绍长辈。

③介绍年长者与年幼者认识时，应先介绍年幼者，后介绍年长者。

④介绍女士与男士认识时，应先介绍男士，后介绍女士。

⑤介绍已婚者与未婚者认识时，应先介绍未婚者，后介绍已婚者。

⑥介绍同事、朋友与家人认识时，应先介绍家人，后介绍同事、朋友。

⑦介绍来宾与主人认识时，应先介绍主人，后介绍来宾。

⑧介绍与会先到者与后来者认识时，应先介绍后来者，后介绍先到者。

2. 礼仪规范

一般而言，家里来客人，女主人就是介绍人；单位来客人，一般是专职人员，如公关人员、文秘等担当介绍人；如果来了重要客人，应由本单位的最高领导担任介绍人，表示对重要客人的尊重。

（三）集体介绍

介绍集体一般是指被介绍一方或双方不止一人，是介绍他人的一种特殊情况。鉴于此，上述介绍他人的基本规则是可以使用的。其基本规则是：介绍双方时，先卑后尊。而在介绍其中各自一方的具体人员时，则应当先尊后卑。

二、称呼礼仪

人际交往，礼貌当先；与人交谈，称谓当先。使用称谓应当谨慎，稍有差错便贻笑与人。恰当地使用称谓是社交活动中的一种基本礼貌。称谓要表现尊敬、亲切和文雅，使双方心灵沟通，感情融洽，缩短彼此距离。正确地掌握和运用称谓，是人际交往中不可缺少的礼仪因素。

（一）汉语中常用的称呼种类

在中国，称谓应按职业、年龄来选择。如到机关联系工作，应称"同志"，单位内部除称"同志"外，习惯上也可用"小张""小王"之类称谓。在医院称"医生"和"大夫"，到工厂叫"师傅"，去学校称"老师""教授"或"同学"。邻居按辈数称呼，如对长辈可称"大爷""叔叔""老伯"等。对小孩叫"小朋友""小同学"等。

（二）外国人的称呼

普通男女的称呼。一般情况下，对男子不管其婚否都称为"先生"（Mister）；对于女士，已婚的称为"夫人"（Mistress），未婚的称为"小姐"（Miss）；婚姻状况不明的，也可称为"Miss"。在外事交往中，为了表示对女性的尊重，也可将其称为"女士"（Madam）。

官方人士的称呼。对高级官员称为"阁下"，也可称职衔或"先生"；对有地位的女士可称为"夫人"，对有高级官衔的妇女也可称"阁下"；对其他官员，可称职衔或"先生""女士"等。

皇家贵族的称呼。对君主制或君主立宪制国家的国王、皇后，可称为"陛下"；王子、公主、亲王等可称为"殿下"；对有公、侯、伯、子、男等爵位的人士既可称其爵位，亦可称"阁下"，或称"先生"。

技术人员的称呼。对医生、教师、法官、律师以及有博士等职称、学位的人士，可称为"医生""教授""法官""律师""博士"等，也可加上姓氏或"先生"。

军人的称呼。一般称军衔，或军衔加"先生"，知道其姓名的可冠以姓与名。有的国家对将军、元帅等高级将领称"阁下"。

服务人员的称呼。一般情况下称"服务员"，如果知道其姓名的可单独称呼其名字，但现在越来越多的国家称服务员为"先生""夫人""小姐"。

教会人员的称呼。教会的神职人员，一般可称教会的职称或姓名加职称，也可以职称加"先生"，有时主教以上的神职人员也可称"阁下"。

同志称呼。凡是与中国同志相称的国家，对其各种人员均可称为"同志"，有职衔的可加职衔。

（三）称呼中的禁忌

一般情况下，同时与多人打招呼，应遵循先长后幼、先上后下、先近后远、先女后男、先疏后亲的原则。进行人际交往，在使用称呼时，一定要避免失敬于人。称呼时应注意以下细节：

①不因粗心大意、用心不专而使用错误的称呼。如念错被称呼者的姓名；对被称呼者的年纪、辈分、婚否以及与其他人的关系作出错误判断，产生误会。

②不使用过时的称呼。如"老爷""大人"等。

③不使用不通行的称呼。如"伙计""爱人""小鬼"等。

④不使用不当的行业称呼。

⑤不使用庸俗低级的称呼。如"磁器""死党""铁哥们儿"等称呼。

⑥不使用绰号作为称呼，不随便拿别人的姓名开玩笑。

⑦对年长者的称呼要恭敬，不可直呼其名。

三、握手礼仪

握手是见面时最常见的礼节。因为不懂握手的规则而遭遇尴尬的场面是谁也不愿意遇到的。行握手礼是一个并不复杂却十分微妙的问题。作为一个细节性的礼仪动作，做得好，好像没有什么显著的积极效果；做得不好，却能凸显出负面效果。

（一）握手的时间

一般来讲，在普通场合与别人握手所用的时间以 3 秒钟左右为宜。

（二）握手的次序

在正式场合，握手时伸手的先后次序主要取决于职位、身份。在社交、休闲场合则主要取决于年纪、性别、婚否。

①职位、身份高者与职位、身份低者握手，应由职位、身份高者首先伸出手来。

②女士与男士握手，应由女士首先伸出手来。

③已婚者与未婚者握手，应由已婚者首先伸出手来。

④年长者与年幼者握手，应由年长者首先伸出手来。

⑤长辈与晚辈握手，应由长辈首先伸出手来。

⑥社交场合的先到者与后来者握手，应由先到者首先伸出手来。

⑦主人待客时应先伸出手来，与到访的客人相握。

⑧客人告辞时，应首先伸出手来与主人相握。

（三）握手的方式

作为一种常规礼节，握手的具体方式颇有讲究。其具体操作中有三个要点。

1. 神态

与他人握手时应当神态专注、认真、友好。在正常情况下，握手时应目视对方双眼，面含笑容，并且同时问候对方。

2. 姿势

与人握手时，一般均应起身站立，迎向对方，在距其约 1 米左右伸出右手，握住对方的右手手掌，稍许上下晃动一两下，并且令其垂直于地面。

3. 力度

相当于 2 公斤，即一只手握碎一个鸡蛋的力气。握手时用力既不可过轻，也不可过重。用力过轻，有怠慢对方之嫌；不看对象而用力过重，则会使对方难以

接受而生反感。男士之间的握手力度可稍大，女士之间的握手力度要稍轻，男士与女士之间的握手力度也要稍轻。

（四）握手的禁忌

①握手时，另外一只手不要拿着报纸、公文包等东西不放，也不要插在衣袋里。

②不要在握手时争先恐后，应当依照顺序依次而行。

③女士在社交场合戴着薄纱手套与人握手是被允许的，而男士无论何时都不能在握手时戴着手套。

④除患有眼疾或眼部有缺陷者外，不允许握手时戴着墨镜。

⑤不要拒绝与他人握手，也不要用左手与他人握手，不要用双手与异性握手。

⑥与基督教徒交往时，不要两人握手时与另外两人相握的手成交叉状。这种形状类似十字架，在他们看来很不吉利。

⑦握手时不要把对方的手拉过来、推过去，或者上下左右抖个不停。

⑧握手时不要长篇大论，点头哈腰，滥用热情，显得过分客套。

⑨握手时不要仅仅握住对方的手指尖，也不要只递给对方一截冷冰冰的手指尖。

⑩不要用很脏的手与他人相握，也不能在与他人握手之后立即揩拭自己的手掌。

四、名片使用礼仪

虽然大家现在见面互相留取联系方式的手段已变成了互扫微信，但在高级别的商务交际场合，互相交换名片仍然是首选的做法，这样做会显得更为优雅、礼貌，也会避免发生因为对方没有携带手机或室内信号不好等尴尬的局面。

（一）名片的使用时机

①每次见到客户都应向其递送名片，而不是只在初次见面时递送名片。

②向某个单位的每个人递送名片，而不是只向该单位的老板递送名片。

③递送两张名片，而不是只递送一张名片。请接受者将另外一张名片转送给别人。

④在每封信件、生日贺卡、节日贺卡和感谢信中放入两张名片。

⑤在每个媒体套件中放入两张名片。

（二）名片的交换与递送

①商务活动需要印制个人名片。印制时，在自己的职务一栏不应夸大，最好是印多种不同名片，在不同场合赠送不同的名片。

②在商务活动时，不要忘记携带名片，名片应有专门的名片夹存放，名片夹最好是放置在上衣胸口的袋子里，不能放在长裤的口袋里。

③交换名片时最好是站着有礼貌地递给对方。如果自己是坐着，对方走过来时应站起来表示尊重，问候对方后再与对方交换名片。

④名片要保持清洁，不要递出脏兮兮的名片。

⑤如果想得到对方的名片，而对方并没有主动给，可以请求的口吻说："如果没有什么不方便的话，我们可否交换一下名片？"

⑥地位较低或职位较低的人或是来访的人要先递出名片。如果对方来访的人多，应先与主人或是其中地位较高的人交换名片。

⑦不要收到对方的名片后，当场便在名片上书写或折叠。

⑧优雅地递送名片。递送名片时要用双手，除了要检查清楚确定是自己的名片之外，还要看看正反两面是否干净。而在递送过程中，应面带微笑，注视对方。名片的位置是正面朝上，并以让对方能顺着读出内容的方向递送。如果正在座位上，应当起立或欠身递送，递送时可以说一些"我是××，这是我的名片"或是"我的名片，请您收下"之类的客气话。此外，自己的名字如有难读或特别读法的，在递送名片时不妨加以说明，同时顺便把自己"推销"一番，这会使人有亲切感。相反地，接到别人的名片时，如果有不会读的字，应当场请教。

⑨得体地接收名片。接收名片时，除特殊情况外（比如身有残疾等），无论男性或女性，都应尽可能起身或欠身，面带微笑，用双手的拇指和食指压住名片下方两角，并视情况说"谢谢""能得到您的名片，十分荣幸"等。名片接到手后，应认真阅读后十分珍惜地放进口袋或皮包内，切不可在手里摆弄。如果交换名片后需要坐下来交谈，此时应将名片放在桌子上最显眼的位置，十几分钟后自然地放进皮夹。切忌用别的物品压住名片和在名片上做谈话笔记。在接收名片后，如果自己没有名片或没带名片，应当首先对对方表示歉意并如实说明理由。

第二节 往来礼仪

中国人讲："礼尚往来"，也就是说，交往之中更注重礼仪，也更体现礼仪。所以无论是主动地拜访，还是有准备地接待，都要将礼仪做到位，特别是细节的严

格掌控。

一、商务拜访礼仪

在商务交往过程中，相互拜访是经常的事，如果懂得商务拜访礼仪，无疑会为拜访活动增添色彩。

（一）有约在先，如期而至

拜访友人，务必选好时机，事先约定是进行拜访活动的首要原则。一般而言，当决定要去拜访某位友人，应通过短信、微信或打电话取得联系，约定宾主双方都认为比较合适的会面地点和时间，并把访问的意图告诉对方。预约的语言、口气应该是友好、请求、商量式的，而不能是强求命令式的。在对外交往中，未曾约定的拜会属失礼之举，是不受欢迎的。因事急或事先并无约定但又必须前往时，则应尽量避免在深夜打扰对方；如万不得已非得在休息时间约见对方不可时，则应见到主人立即致歉，说"对不起，打扰了"，并说明打扰的原因。

宾主双方约定了会面的具体时间，作为访问者应履约守时如期而至。既不能随意变动时间，打乱主人的安排，也不能迟到或早到，准时到达才最为得体。如因故迟到，应向主人道歉。如因故失约，应在事先诚恳而婉转地说明。准时赴约是国际交往的基本要求。在对外交往中，更应严格遵守时间，有的国家安排拜访时间常以分为计算单位，如拜访迟到10分钟，对方就会谢绝拜会。

（二）上门有礼，准备名片

无论是办公室或是寓所拜访，一般要坚持"客听主安排"的原则。如是到主人寓所拜访，作为客人进入主人寓所之前，应轻轻叩门或按门铃，待有回音或有人开门相让方可进入。若是主人亲自开门相迎，见面后应热情向其问好；若是主人夫妇同时起身相迎，则应先问候女主人好。若不认识出来开门的人则应问："请问，这是××先生的家吗？"得到准确回答后方可进门。当主人把来访者介绍给自己的妻子或丈夫相识，或向来访者介绍家人时，都要热情地向对方点头致意或握手问好。见到主人的长辈应恭敬地请安，并问候家中其他成员。当主人请坐时，应道声"谢谢"，并按主人指点的座位入座。主人上茶时，要起身双手接迎，并热情道谢。对后来的客人应起身相迎；必要时，应主动告辞。如带小孩作客，要教以礼貌待人，尊敬地称呼主人家所有的人。如主人家中养有狗和猫，不应表示害怕、讨厌，不应去踢它、赶它。

（三）仪表整洁，举止文雅

为对主人表示敬重之意，拜访做客要仪表端庄，衣着整洁。入室前要在踏垫上擦净鞋底，不要把脏物带进主人家里。夏天进屋后再热也不应脱掉衬衫、长裤，冬天进屋再冷也应摘下帽子，有时还应脱下大衣和围巾，并切忌说"冷"，以免引起主人误会。在主人家中要讲究卫生，不要把主人的房间弄得烟雾腾腾，糖纸、果皮、果核应放在茶几上或果皮盒内。身患疾病，尤其是传染病者，不应走亲访友。不洁之客、带病之客都是不受欢迎的。

古人云："入其家者避其讳。"人们常说，主雅客来勤；反之，也可以说客雅方受主欢迎。在普通朋友家里，不要乱脱、乱扔衣服。与主人关系再好，也不要翻动主人的书信和工艺品。未经主人相让，不要擅入主人卧室、书屋，更不要在桌上乱翻，床上乱躺。做客的坐姿也要注意文雅。同主人谈话，态度要诚恳自然，不要自以为是地评论主人家的陈设，也不要谈论主人的长短和扫兴的事。交谈时，如有长辈在座，应用心听长者谈话，不要随便插话或打断别人的谈话。

（四）为客有方

作为客人，即使是相熟的关系，也应围绕拜访的主题进行交谈，切忌东拉西扯，不知所云。这样既有利于提高交流的效率，也不至招来主人的反感。同时，就算是不可避免地闲聊也应限定一定的范围，避免涉及主人不愿提及或涉及隐私的内容。

在商务拜访过程中，时间为第一要素，拜访时间不宜拖得太长，否则会影响对方其他工作的安排。如果双方在拜访前已经设定了拜访时间，则必须把握好已规定的时间，如果没有对时间问题做具体要求，那么就要在最短的时间里讲清所有问题，然后起身离开，以免耽误被拜访者处理其他事务。

二、商务接待礼仪

迎来送往是社会交往接待活动中最基本的形式和重要环节，是表达主人情谊、体现礼貌素养的重要方面。尤其是迎接，是给客人良好第一印象的最重要工作。给对方留下好的第一印象，就为下一步深入接触打下了基础。迎接客人要有周密的布署，应注意以下礼仪。

（一）迎接礼仪

①对前来访问、洽谈业务、参加会议的外国、外地客人，应首先了解对方到

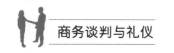

达的车次、航班，安排与客人身份、职务相当的人员前去迎接。若因某种原因，相应身份的主人不能前往，前去迎接的主人应向客人作出礼貌的解释。

②主人到车站、机场去迎接客人，应提前到达，恭候客人的到来，绝不能迟到让客人久等。客人看到有人来迎接，内心必定感到非常高兴，若迎接来迟，必定会给客人心里留下阴影，事后无论怎样解释，都可能无法消除这种失职和不守信誉的印象。

③接到客人后，应首先问候"一路辛苦了""欢迎您来到我们这个美丽的城市""欢迎您来到我们公司"等等。然后向对方作自我介绍，如果有名片，可送与对方，并注意送名片的礼仪。

迎接客人应为客人准备好交通工具，不要等到客人到了才匆匆忙忙安排，那样会因让客人久等而误事。

（二）引导礼仪

接待人员带领客人到达目的地，应该有正确的引导方法和引导姿势。

1.在走廊上的引导方法

接待人员在客人二三步之前，配合步调，让客人走在内侧。

2.在楼梯处的引导方法

当引导客人上楼时，应该让客人走在前面，接待人员走在后面，若是下楼时，应该由接待人员走在前面，客人在后面，上下楼梯时，接待人员应该注意客人的安全。

3.进出电梯的引导方法

引导客人乘坐电梯时，接待人员先进入电梯，等客人进入后关闭电梯门，到达时，接待人员按"开"的钮，让客人先走出电梯。

4.在客厅里的引导方法

当客人走入客厅，接待人员用手指示，请客人坐下，看到客人坐下后，才能行点头礼后离开。如客人错坐下座，应请客人改坐上座（一般靠近门的一方为下座）。

（三）座次礼仪

座次排序基本规则为：以右为上（遵循国际惯例）、居中为上（中央高于两侧）、前排为上（适用所有场合）、以远为上（远离房门为上）和面门为上（良好视野为上）。

宴会座次如图9-1所示。

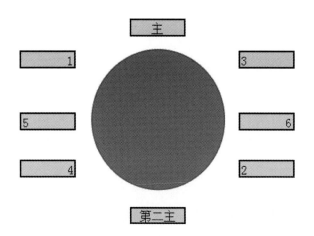

宴会座次图

排序原则：以远为上，面门为上，以右为上，以中为上；观景为上，靠墙为上。

座次分布：面门居中位置为主位；主左宾右分两侧而坐；或主宾双方交错而坐；越近首席，位次越高；同等距离，右高左低。

三、商务馈赠礼仪

介绍这一内容之前，先分享一段小故事：唐朝贞观年间，回纥国为了表示对大唐的友好，派使者缅伯高带了一批珍奇异宝去拜见唐王。在这批贡物中，最珍贵的要数一只罕见的珍禽——白天鹅。

缅伯高最担心的也是这只白天鹅，万一它有个三长两短，可怎么向国王交代呢？所以一路上亲自喂水喂食，一刻也不敢怠慢。这天，缅伯高来到沔河边，只见白天鹅伸长脖子，张着嘴巴，吃力地喘息着。缅伯高心中不忍，便打开笼子，把白天鹅带到水边让它喝了个痛快。谁知白天鹅喝足了水，一扇翅膀飞上了天。缅伯高向前一扑，只拔下几根羽毛，却没能抓住白天鹅，眼睁睁看着它飞得无影无踪，一时间，缅伯高捧着几根雪白的鹅毛，直愣愣地发呆，脑子里来来回回地想着一个问题：怎么办？进贡吗？拿什么去见唐太宗？回去吗？怎么见回纥国王？

思前想后，缅伯高决定继续东行，他拿出一块洁白的绸子，小心翼翼地把鹅毛包好，又在绸子上题了一首诗："天鹅贡唐朝，山重路更遥。沔阳河失宝，回纥情难抛。上奉唐天子，请罪缅伯高，物轻人意重，千里送鹅毛！"

缅伯高带着珠宝和鹅毛，披星戴月，不辞劳苦，不久就到了长安。唐太宗接见了缅伯高，缅伯高忐忑地献上鹅毛。唐太宗看了那首诗，又听了诉说，非但没有怪罪他，反而觉得缅伯高忠诚老实，不辱使命，就重重地赏赐了他。从此，"千里送鹅毛，礼轻情意重"的故事广为流传开来。

这个故事里，缅伯高不仅做人真诚，也很有才气，如果换了其他人，这个故事的处理方法及结局也许会大相径庭。鹅毛和鹅相比，自然价值要小很多，但配上了缅伯高的诗还有缅伯高的诚意，鹅毛的价值就无限放大了。

（一）选择赠送礼品的原则

1.投其所好

投其所好，避免禁忌。应该对送礼对象有一个大致的了解，比如生活习惯、喜好厌恶，特别是有自己信仰的人一定要避其禁忌。礼品的选择对彼此间的关系状态要有清醒准确地把握。不同对象：老友与新朋、异性与同性、中国人与外国人……选择礼品时一定要有所分别，具体关系具体对待。

了解受赠对象的兴趣爱好。如果所赠礼品顺应了受赠对象的兴趣与爱好，受赠对象会格外高兴，因为他感受到了尊重和用心。要注意受赠对象的禁忌：禁忌就是因某种原因（尤其是文化因素）而对某些事物所产生的顾忌。禁忌的产生大致有两个方面的原因，一方面是纯粹由受赠对象个人原因所造成的禁忌；另一方面是由于风俗习惯、宗教信仰、文化背景以及职业道德等原因形成的公共禁忌，后一方面的禁忌更不能忽视。

2.轻重原则：礼轻情谊重

馈赠的礼品应以对方能愉悦接受为尺度，送的贵重不如送的有特色。考虑对方接受与否的同时也应参考自己的馈赠目的与经济实力。

礼物的"轻重"要适当。应视双方的关系、身份、送礼的目的和场合加以适当掌握，不可太菲薄，也不可太厚重。一般来说，礼品应小、巧、少、轻。小，是指要小巧玲珑，受赠方易保存；巧，是指要立意巧妙，不同凡响；少，是指要少而精，忌多忌滥；轻，则是指要轻巧，便于提取。

3.注意礼品的包装

精美的包装不仅使礼品的外观更具艺术性和高雅情调，并显现出赠礼人的文化艺术品味，而且还可以使礼品保持一种神秘感。这既有利于交往，又能引起受礼人的探究兴趣和好奇心，使双方愉快。正式赠人的任何礼品，事先都要精心包装。如果不包装就送人，对方会产生被轻视之感，送给国际友人的礼品尤其要注意这个问题。可选用不同的彩色包装纸和丝带装饰礼品。在信奉基督教的国家中，应避免把丝带结成十字交叉状。

在接待工作中，馈赠礼品多为留下纪念之用。因此，赠送礼品应在临行送别之际进行；或在来宾签到之时，将有关材料和礼品一起交给签到者。

（二）赠送礼品的礼仪

1.注意赠礼的场合

一般情况下，不在公开场合送礼。不要当众赠与某一个人礼物，这样不仅受礼人有受贿之感，没有受礼的人也会感到受到冷落，产生尴尬。另外，如果可以，尽可能当着受礼人的面赠送礼物，便于观察受礼人的表情，并可适时解答礼品的功能和特性。还可有意识地向受礼人表明自己选择礼物的独具匠心，激发受礼人的感激之情和喜悦。

2.把握时机

把握馈赠的时机，包括时机和机会的选择。时机贵在及时，机会贵在事由和情感以及其需要的程度。一般来说，在相见和离别的时候赠礼。相见时赠送礼物，能在疏离尴尬间迅速地让两者感情升温；而离别时赠送礼物，则能够适当地表达自己对朋友或家人等离别时的不舍，从而增进感情。在需要时得到才是最珍贵、最难忘的。

3.赠礼时的态度

只有符合规范的礼仪馈赠，平善友好的态度和落落大方的动作并伴有礼节性的语言表达，才能有利于情意的表达，为受礼方所接受，使馈赠恰到好处，适得其所。

当面赠送礼品时，要起身站立，面带笑容，目视对方，双手把礼品递送过去。递送礼品、致词之后，要与受赠对象热情握手。不要悄悄地乱塞或偷偷地传递礼品，给人鬼鬼祟祟的感觉。在面交礼品时，说话一定要得体。千万不要说什么"是临时为您买的""这是我家里用不完的""没花几个钱"等，你的本意可能是劝对方不要拒绝，但容易被对方当真，产生不被重视之感，尤其是赠送西方客户时一定不能过于谦虚。

（三）接受礼品的礼仪

接受别人礼物时，神态要专注。接受别人礼物时，不管在忙什么事，都要停下来，不能心不在焉，不管礼物的轻与重，都要给对方充分的尊重。接受礼物时要神态专注，认真，起身站立、面向对方，以便有所准备。

接受别人的礼物时要双手捧接。在接受别人礼物时，不要单手去拿，而要双手捧接，同时要配以面部微笑，注视对方的双眼。礼物不能随手乱放，在家时要

把礼物放在比较显著的位置，以示尊重和重视。接受别人礼物后要认真道谢或回礼，不要在对方送上礼品时无所表示，好像对方是应该的；也不要虚情假意、反复推辞，或是口是心非，嘴上说"不要、不要"，手却接了礼物。接受别人的礼物后要认真道谢，在合适的时候要回礼，以示礼尚往来。

接受别人礼物时最好当面拆封。接受别人礼物时，如果条件许可，尽可能当着对方的面将礼品包装当场拆封。这样做表示自己重视对方，同时看重对方所赠礼品。不要收到礼物以后随手扔在一边，这样对送礼物的人很不礼貌。

接受别人礼物后要表示欣赏。接受别人礼物，打开包装后，要对礼品表示欣赏，并把礼物放在显著的位置，同时告诉送礼的朋友很喜欢对方所赠的礼物。不能对礼物过多的品头论足或吹毛求疵，这也是对送礼物之人的不尊重。

（四）赠送礼品的禁忌

送礼是人之常情，感情的交流，但送礼也有禁忌的，否则别人就会将善意看成恶意了。

1."几不送"原则

不送过于昂贵的礼物；不选择便宜或伪劣产品；不送不合时宜、不健康的礼物；不送容易让对方产生误解的物品；不送触犯对方禁忌的物品；礼品上不要带有标签。

2.伊斯兰教徒送礼禁忌

不能送人形礼物。也不能送酒、雕塑和女人的画片，因为他们认为酒是万恶之源。

3.英国人送礼禁忌

一般送价钱不贵但有纪念意义的礼物。切记不要送百合花，因为这意味着死亡。

4.美国人送礼禁忌

送礼物不要送双数，要送单数且讲究包装。

5.法国人送礼禁忌

送花不要送菊花、杜鹃花以及黄色的花。不要送带有仙鹤图案的礼物，不要送核桃，因为他们认为仙鹤是愚蠢的标志，而核桃是不吉利的。

6.香港人送礼禁忌

不能送钟、毯子，白色与红色的花，这意味着不吉利。礼物数目不能有"4"，而以"8""6""9"为最好。

7. 俄罗斯人送礼禁忌

送鲜花不要送双数。用面包与盐招待贵客表示友好和尊敬，最忌讳送钱给别人，这意味着施舍与侮辱。

8. 日本人送礼禁忌

探亲访友，参加宴请都不能不带礼物。接送礼物要双手，不当面打开礼物。送礼物忌送梳子，不要送有狐狸、獾图案的礼物，因为"梳子"的发音与"死"相近。一般人不要送菊花，因为菊花一般是王室专用花卉。

9. 中国人送礼禁忌

在中国普遍有"好事成双"的说法，因而凡是大贺大喜之事，所送之礼均好双忌单，但广东人则忌讳："4"这个偶数，因为在广东话中，"4"听起来就像是"死"，是不吉利的。再如，白色虽有纯洁无瑕之意，但中国人比较忌讳，因为在中国，白色常是大悲之色和贫穷之色。同样，黑色也被视为不吉利、是凶灾之色，哀丧之色。给老人不能送钟表，给夫妻或情人不能送梨，因"送钟"与"送终"，"梨"与"离"谐音，是不吉利的。还有，不能为健康人送药品，不能为异性朋友送贴身的用品等。

10. 澳大利亚人送礼禁忌

在数目方面，受基督教的影响，澳大利亚人对于"13"与"星期五"普遍反感至极。

（五）送花的礼仪

在迎接远方来客时，献上一束鲜花，表示热情的欢迎；在别国国庆节日，送去一篮鲜花，祝贺对方繁荣昌盛、人民幸福；在公司、商场开业典礼时，送去一花篮，祝贺对方生意兴隆、兴旺发达；在表演家们演出结束时，送上花篮或花束，祝贺演出成功；在生日庆贺中，送花以祝生日快乐，健康长寿。另外在亲友结婚时，送花以祝婚姻美满幸福；在探视病人时，送花以表示慰问并祝早日康复，这些都是日常生活中经常可以遇见的，甚至在扫墓谒陵时，馨香一瓣，也可以告慰逝者之英灵，寄托生者的思念。可以说，鲜花已成为世界各国人民不可或缺的礼品。盛产郁金香的荷兰，每天清晨都将大批鲜花用飞机直送世界各大城市，生意十分兴隆，可见鲜花用量之大。

人们还常常把鲜花的不同品质加以人格化。比如，玫瑰花表示热烈的爱情和纯洁的友谊；郁金香表示名贵和挺拔秀丽；水仙花、荷花、百合花表示圣洁、高雅；兰花被誉为德高望重，有君子之风；牡丹、芍药是宝贵吉祥、繁荣幸福的象

征；山茶花、石榴花代表火红年华、前程似锦；梅花是战严寒、傲冰雪、坚强不屈、独步早春的象征；文竹、罗汉松、万年青、君子兰等常青盆景则表示健康长寿；菊花表示超凡脱俗（西方和美洲有些国家视黄色菊花为不吉利），等等。就花的颜色而言，红色表示热情，白色表示纯洁，金黄色表示富丽，绿色表示青春，等等。

四、日常聚会礼仪

在当今快节奏社会里，商务性的工作餐是很多人避免不了的。然而，怎样有礼仪地吃顿工作餐，却并不为很多人所知晓。下面，就从商务餐的邀请、受邀、衣着、座位、喝酒、饭后等各个方面，为大家分享下要注意的礼仪和讲究。

（一）邀请和受邀的礼仪

邀请异性就餐，最好是午餐而不是晚餐。如果口头邀请你，应给予口头答复。如果正式发出请帖，你应书面答复。谢绝商务性的邀请，应以业务的理由予以婉拒（如工作太忙、有另一个工作餐）。不要以私人事务为由予以谢绝，因为这样会使人认为你的活动受私生活的约束而无法将时间倾注于工作上。

（二）餐馆选择的礼仪

要避免选择有罗曼蒂克的餐馆，最好在适宜商务会谈的餐馆定位。

除重要的菜系餐馆（如粤菜、沪菜或西菜）外，还应预先选定两到三家你特别喜爱的餐馆，这样领班很快就会了解你的习惯，为你预留最好的席位；即使在你没空预定时，也会为你找到一张桌子。你的客人会因为领班对你的服务而留下深刻印象。而且因为餐馆的人跟你熟悉，你可以让他们为消费开发票而无须当面付清账单。

（三）衣着礼仪

晚餐可以是商务性质也可以是社交性质。不管是哪一种，都有正式、非正式之分。如果你应邀参加晚餐，但不知道是否是正式的，应当直接问清楚。如果最后仍无法得知，那就要以参加正式宴会的形式来着装，以免引起任何不愉快和意外。

（四）就座的礼仪

根据礼仪，最舒服的位子总是留给最重要的人。如果桌子位于角落里，你的客人的座位应当背墙，以便他能看到整个大厅或最好的景色。

（五）饮酒的礼仪

如果在你的餐巾前有四个杯子，应按十分明确的规矩用大杯盛水，中杯盛红葡萄酒，小杯盛白葡萄酒，而高脚杯盛香槟酒。如果是你做东或由你斟酒，应先斟自己的酒杯（仅倒满杯底）尝一尝。如果认为酒味的确不佳（有瓶塞味或明显的醋味），应要求换一瓶同一产地的酒（常常很难做到）。如果酒好，那就按地位重要的顺序为客人斟酒。喝了酒后要用餐巾抹一下嘴唇，即使你认为不需要。

（六）饭后的礼仪

与东方人的习惯相反，在西方，饭后极少使用牙签。因此如果你与外国人一道就餐，要暂时忘掉这个习惯。

此外，切记不要让客人看到或猜到账单的金额。绝不要议论价格和对账单提出异议，最好的办法是吃完饭后你最后起身以便结账。如果要向请你吃饭的主人道谢，应在饭馆外而不要在付账时进行。

五、商务谈判签字仪式礼仪

（一）签字准备礼仪

1.签字人与参与人员的选择

参加谈判的全体人员应全部出席，如果有缺席的应事先和对方商量，然后双方定夺。

2.签字场所布置的礼仪

主方负责布置签约场地，包括准备长桌、椅子、合同文本、签字笔等，如果是涉外谈判还需摆放各国国旗。最常见的做法是并列式排列，即签字桌在室内面门横放，按照国际惯例"以右为尊"，主方签约人员坐在签约桌的左侧，客方签约人员坐在签约桌的右侧，双方各自的助签人站立在签约人员的外侧，其他随行人员按照职位高低在己方签约人员对面就座或是背后站立。签约前，务必再次审查签约对象的主体资格和资信能力，再次阅读合同条款以保证其与双方拟定条款一致。

（二）签字仪式程序的礼仪

参加人员身着正式商务套装，关闭手机，保持安静，依次进入签约厅，各就各位。主持人宣布签约仪式开始，一一介绍来宾。有些场合，领导会上台致辞。签约时，助签人员协助签字人员打开文本，指明签名位置，双方签字人员首先签署归己方保存的合同文本，并把自己的名字列于首位，助签人员交换文本，签字人员再签署归对方保存的合同文本，自己的名字位列第二。签约完成，换回归自己保存的合同文本，相互握手，随行人员一起鼓掌庆贺。最后，举起香槟酒杯，

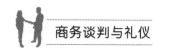

相互祝愿，签约仪式在美好的氛围中结束。

（三）多边签字的礼仪

签字桌设在室内横放，签字席设在桌后面对正门，但只设一个，并且不固定就座者。举行仪式时，所有各方人员，包括签字人在内，皆应背对正门、面向签字席就座。签字时，各方签字人应以规定的先后顺序依次走上签字席就座签字，然后即应退回原处就座。

练习题

一、简答题

1. 介绍他人的正确顺序是什么？

2. 外国人的姓名和称呼有哪些讲究？

3. 称呼中的禁忌是什么？

4. 握手的次序包括哪些？

5. 如何优雅地递送名片？

6. 商务拜访中需要重视的礼仪有哪些？

7. 引导中的礼仪应该注意哪些方面？

8. 赠送的礼品在选择时应遵守哪些原则？

二、案例题

某市文化单位计划兴建一座影剧院。一天，王经理正在办公，家具公司李经理上门推销座椅。一进门便说："哇！好气派。我很少看见这么漂亮的办公室。如果我也有一间这样的办公室，我这一生的心愿就满足了。"李经理就这样开始了他的谈话。之后他又摸了摸办公椅扶手说："这不是香山红木么？难得一见的上等木料呀。"

"是吗？"王经理的自豪感油然而生，接着说："我这整个办公室是请深圳装潢厂家装修的。"于是亲自带着李经理参观了整个办公室，介绍了计算比例，装修材料、色彩调配，整个过程都兴致勃勃，满足之情溢于言表。如此，李经理自然可拿到王经理签字的座椅订购合同。同时，互相都得到一种满足。

请谈一谈这次商务拜访成功的原因。

三、实训题

1. 设计见面的场景，注意把握手和递送名片的环节考虑其中。

2. 可在校园或其他场所模拟进行参观，以便练习引导的基本礼仪。

第十章　商务礼仪之娱乐餐饮礼仪

本章学习目标

1. 了解不同娱乐礼仪的特点及注意事项。

2. 了解并掌握中餐礼仪和西餐礼仪，熟知酒水礼仪。

3. 规范日常的娱乐餐饮礼仪。

在生意场上，决定成败的不仅仅是过硬的产品和服务，商务应酬也不容忽视。因此，商务人士需要不断锻炼提升自己商务应酬的能力，做好每一个细节，打造良好的个人形象，发挥自身的性格魅力，在商务娱乐、商务餐饮等不同商务场合都要做到言行举止得体大方。本章从娱乐礼仪、餐饮礼仪两方面进行讲解。

第一节　娱乐礼仪

所谓商务娱乐，就是在商务交往中存在的娱乐性活动。这种娱乐性活动一方面是自娱，即自身的参与与放松；另一方面是从交际的角度考虑，和商务伙伴一起参加的娱乐活动，一般带有很强的目的性。

一、舞会礼仪

在各式各样的商务社交性聚会中，若以号召力最强、最受欢迎的程度而论，首推就是舞会。实际上，舞会也的确是人际交往，特别是异性之间进行交往的一种轻松、愉快的良好方式。

（一）舞会的组织与准备

社会组织或个人要办好一场舞会，必须做好充分的准备工作，这是舞会能否成功的关键前提。在举办一般性的社交舞会时，应当注意的主要问题有如下几个方面。

1.时间

举办舞会，首先必须选择合适的时间。举办舞会的时间问题，具体涉及以下两点：

（1）时机

商界在举办任何一场舞会时，都要"师出有名"，为其找一个恰当的名义，如庆祝生日、欢度佳节、晋职升学、款待贵宾，等等。换言之，碰到这些情况时，便是举办舞会的最佳时机。一般情况下，周末和节假日，也是举办舞会的好时机。

（2）长度

在确定一场舞会的时间长短时，应当兼顾各种因素。但其中最为重要的，一是不要令人过度劳累，二是不要有碍正常工作与生活。正常情况下，舞会最适合于傍晚开始举行，并以不超过午夜为好。通常2~4小时为最佳。

2.场所

舞会的场所具体分为举办地点和舞池选择两个方面。

在确定舞会举办的具体地点时，既要考虑人数、交通、安全问题，更要注意该地点的档次与气氛是否适宜举办舞会。与此同时，还须量力而行，拒绝铺张浪费。

依照常规，举办小型舞会，可选择自家的客厅、庭院或广场。而举办大型舞会，则应租借俱乐部或营业性的舞厅等。

舞池，一般是指在舞会举办地点专供跳舞的地方。在举办正式舞会时，对于舞池的选择和布置，必须再三考虑。舞池大小应适度，最好与跳舞的总人数大致般配，人均一平方米最佳。舞池的地面务必干净平整，若其过脏、过滑、都会有碍于跳舞。灯光要柔和中有变化，不能过强或过弱。舞池的音响需要认真调试，音量要适度。舞池周围应摆设足够的桌椅，以供来宾跳舞间隙就座。此外，如果是重要的酬宾舞会，应提供免费的饮料、糖果等。

3.曲目

舞曲是舞会的导向和灵魂，在挑选舞曲时，主要有以下几条原则：

（1）从众原则

所选择舞曲应适合大多数人的需要。一般情况下，最好选择众人熟悉的、节奏鲜明而清晰的、旋律优美而动听的曲目。

（2）交错原则

总体来讲，曲目安排应该有"快"有"慢"，在节奏上一张一弛，各取所需。可将不同国家、地区、节奏的曲目穿插在一起，使舞曲时而婉转时而热烈。

（3）适量原则

在正式的舞会上，最好提前将选好的舞曲印成曲目单，届时人手一份。曲目单上所列的舞曲总数，应与舞会所定时间相呼应，并且不得随意改动。跳舞者可通过曲目单上的舞曲数量，了解舞会的时间长度。

（4）惯例原则

选择舞曲曲目，还应遵守约定俗成的惯例。比如，一般舞会均以《友谊地久天长》等作为最后一支舞曲。此曲一经演奏，即意味着"舞会到此结束"。

4.邀请来宾

确定舞会参加者名单后，应及早以适当的方式，向对方发出正式邀请，在口头邀请、电话邀请、书面邀请几种方式中，书面邀请最为正规。最好提前一周约请来宾，以便约请者早做安排。在正式的社交舞会上，相邀共舞之人必须是异性，因此舞会组织者邀请的来宾男女比例上大致相仿，基本上各占一半。

5. 接待来宾

要确保舞会的顺利进行，作为主人一方，还有一些具体的接待工作需要认真做好。较为重要的是要确定舞会的主持人、接待员，并准备好适量的茶点。

（1）主持人

较为正式的舞会上，通常需要一位经验丰富，具有组织才能的人士充当舞会主持人，可以很好地控制和调整舞会欢乐热烈的气氛和节奏。如果是家庭舞会，那么女主人是最佳人选。

（2）接待员

在可能的情况下，主人一方还应组织一支精明强干的接待人员队伍。他们应该由青年男女组成，并穿着统一的服装，或佩戴统一的标志。他们的职责主要是为迎送接待来宾，为来宾提供必要的服务，邀请单身前来的嘉宾共舞，为遭到异性纠缠的客人"排忧解难"。

（3）茶点

在时间较长、较为正式的大型舞会上，主人一方应为来宾提供适量的饮料、点心、果品，以供选用。

（二）舞会参与者的礼仪要求

舞会是一种娱乐方式，更是展示良好的个人形象的交际活动。掌握参加舞会的礼节尤为重要。

1. 仪容整洁美观

参加舞会者，容貌必须干净整洁，头发梳理有型，最好沐浴祛味。可适量洒点淡雅香水。注意口腔卫生，最好刷牙漱口，禁食大蒜、萝卜等气味重的食物。男士修剪胡子鼻毛，女士剃掉腋毛。参加舞会的女士要化妆，可以是颜色稍微鲜艳靓丽的彩妆。除了化妆打扮上要特别适合舞会的气氛外，还应该保持兴致，使周围的人也跟着快乐起来。

2. 服装大方得体

舞会着装是舞会礼仪的一项重要事项，根据家庭舞会与公众舞会的不同，对着装应该注意如下几方面：

①如果是亲朋好友在家举办的小型舞会，要选择与舞会氛围协调一致的服装。女士则最好穿便于舞动的裙装或旗袍，搭配色彩协调的高跟鞋。

②作为男士，一般的舞会可以穿深色西装，如果是夏季，可以穿淡色的衬衣，打领带，最好穿长袖衬衣。

③如果应邀参加的是大型正规的舞会，或者有外宾参加，这时的请柬会注明请穿礼服。接到这样的请柬一定要早作准备，女士要穿晚礼服。小手袋是晚礼服的必须配饰。手袋的装饰作用非常重要，缎子或丝绸的小手袋必不可少。

④穿着晚礼服一定要佩戴首饰。露肤的晚礼服一定要佩戴成套的首饰，如项链、耳环和手镯。晚礼服是盛装，因此最好佩戴贵重的珠宝首饰。

⑤男士的礼服一般是黑色燕尾服、黑色漆皮鞋，正式场合还应戴白色手套。

（三）舞会中的礼仪

舞会是社会交际的一种方式，也是娱乐的方法。为了更好地利用舞会，使自己更受欢迎，便要做舞会礼节的模范。具体要求有以下几个方面：

1.邀舞的礼节

一个注重社交的人，交谊舞是一门必不可少的"必修课"。参加交谊舞会，在向别人邀舞时必须注意的礼仪主要有以下几点：

①男女双方即使彼此互不相识，但只要参加了舞会，都可以互相邀请。通常是由男方主动邀请女方共舞。

②男士邀请女士跳舞时，应步履庄重地走到女方面前，微微躬身，彬彬有礼地摊开右手，不需言语，但有时也可轻声微笑说："请您跳舞。"

③当男士有意邀请一位素不相识的女士跳舞时，必须先认真观察她是否已有男友舞伴。若有，一般不宜前去邀请，以免发生误会。

④在正常情况下，两个女性可以共舞，但两个男性却不能共舞。在欧美，两个女性共舞，是宣告她们在现场没有男伴；而两个男性共舞，则意味着他们不愿向在场的女伴邀舞，这是对女性的不尊重，也是不礼貌的。

⑤如果是女方邀请男方，男方一般不得拒绝。音乐结束后，男伴应将女伴送到原来的座位，待其落座后，说一声："谢谢，再会！"然后方可离去。切忌在跳完舞后不予理睬。

⑥邀舞者的表情应谦恭自然，不要紧张和做作，以致使人反感。更不应流于粗俗，影响舞会的良好气氛。

2.拒舞的礼节

拒绝邀舞也能表现出一个人良好的思想修养和高雅的文化素质，应注意的礼仪如下：

①舞会是通过跳舞交友、会友的场所，所以在舞会上女士不要轻易拒绝他人的邀请。女士可以拒绝个别"感觉不佳"的男士的邀请，但要注意分寸和礼貌用

语。比如，可以表情亲切地说："对不起，我累了，想休息一下。"或者说："我不大会跳舞，真抱歉。"对方当然心神领会，不会硬邀蛮缠。

②已经婉言谢绝别人的邀请后，在一曲未终时，女士不应同其他男士共舞，否则会被认为是对前一位邀请者的蔑视，这是很不礼貌的表现。

③如果女士已经答应和别人跳这一曲舞，应当向男士表示歉意说："对不起，已经有人邀请我了，等下一曲吧。"

④当女士拒绝一位男士的邀请后，如果这位男士再次前来邀请，在确无特殊情况的条件下，女士应答应与之共舞。

⑤当两位男士同时去邀请一位女士共舞时，从国际礼仪的角度考虑不难解决，女士面对两位或者两位以上的邀请者，最能顾全他们面子的方法是全部委婉地谢绝。要是两位男士一前一后过来邀请，则可以"先来后到"为顺序，接受先到者的邀请，同时诚恳地对后到者说："很抱歉，下一曲吧。"并要尽量兑现自己的承诺。

⑥有的双双而来或自带舞伴，两人跳过一曲或几曲后，如果有别人前来邀舞，一方应朗朗大方，促其接受。被邀请者本人也应有礼貌地接受。

一般情况下，女士是不用主动邀请男士的，但特殊情况下，需要请长者或贵宾时，则可以不失身份地表示："先生，请您赏光。"或"我能有幸请您跳支舞吗？"

3. 舞姿礼仪

舞姿主要是指跳舞时的姿态和表情。要求端正、大方、活泼。身体保持平、正、稳，不能摇晃。神情愉悦，动作轻盈舒缓，与舞曲协调一致。起舞时男女双方相对而立，相距 20cm 左右，男士的右手掌心向下向外，用大拇指的背面轻轻将女士腰部挽住，左手与肩形成水平线，掌心向上，拇指平展，将女士的右掌轻轻托住。女士的左手手指部分只需要轻轻落在男士的右肩即可，以示举止文雅得体。

进入舞池时，须先女后男，由女士选择跳舞的具体方位。在跳舞过程中，男士领舞，女士配合。一曲舞毕，跳舞者应面向乐队立正鼓掌，以示感谢，男士应将女士送回其座位并致谢。

款款起舞时双方的身体应保持一定的距离，距离大小由舞步决定。无论哪种舞步，动作尽可能舒展协调。注意约束各自的目光，女士的眼光最好平射男士肩头，男士的目光宜停留在女士的秀发或额头，显示其神情专一，从而体现舞者的儒雅和文明。跳舞时不要讨论或争辩一件事情，更不要在散会时进行详细身家调查。女士不要把口红沾染在男伴的衣襟或领带上。

4.交际礼仪

跳舞时男女双方比较熟悉，可以小声交谈，音量以不影响其他舞伴为好。对不熟悉的舞伴，不可问长问短，闲聊不止。如果遇到一对密谈的舞伴，应立即离开。舞伴之间有什么重要事情最好在休息时找地方交谈，不可舞场上争论不休，大声喧哗，高谈阔论。

如果有事找人，不可直穿舞池，应绕道而行，更不可在音乐进行中就把人从舞池中拉出来，这会使人尴尬，同时也是公共场合中很不礼貌的行为。

要尊重主人为舞会所做的一切安排，不管当面还是背后，都不要对舞会安排进行批评或讽刺。

同性之间切忌争风吃醋。不要为了在异性面前逞强，或受不良情绪指使，对同性过分尖酸刻薄。男士不要与别人争抢舞伴，对于其他男士邀请自己的舞伴，要表现得宽容大度。女士不要容不得其他女士比自己漂亮等，而说些有失风度的话，与舞场的氛围格格不入。

异性之间要自重自爱，不要低三下四地献殷勤。不要跟刚认识的异性乱开玩笑，说话要注意分寸。要注意，舞场上撒娇发嗲和浅薄轻浮都是要不得的，稍有不慎，吃亏的还是自己。

5.休息礼仪

舞兴要有所控制，不要在舞会上出风头、满场飞，捉住舞伴不放。舞会应该有张有弛，跳半个小时到一小时，不妨休息几分钟。

二、晚会礼仪

邀请来宾观看晚会，也是商界开展交流、交往的一种常见方式。

（一）专场演出的组织准备

要使一场晚会获得成功，就必须认真地做好准备工作，力求把晚会的每个具体环节安排得完美无缺，并采取各种必要的措施，争取有备无患，严防各类意外事件的发生。

一般而言，组织者在筹备晚会时，要注意主旨、形式、节目、场地、人员五个方面。

1.主旨

商界在筹办舞会时，要注意将"娱人"与"教人"结合在一起。因此在选定

晚会的形式和内容时，应注意以下两点：

（1）健康

一场好的晚会，首先要求演的节目，不论是从整体还是从个别来看，都要有明确而健康的内容。它们不仅要合法，与社会公德毫无抵触，而且还要体现出文明、健康、积极、向上、振奋人心的精神。

（2）生动

晚会演出的节目要真正受到欢迎，除了节目的主题与演员的技艺外，内容必须生动有趣；形式必须生动活泼，有新奇之处。要是节目的内容呆板生硬，老生常谈，节目的形式千篇一律，毫无新意，则晚会很难获得成功。

2. 形式

要开好晚会，就必须精心选择与主题相适宜的具体类型。选择晚会的具体类型时，一是要注意它与主题是否协调，二要兼顾自身的实际能力。常见的区分晚会的标准主要有以下两点：

（1）目的

晚会的举办必有一定的目的性，因此晚会可分为两大类：

娱乐性晚会：没有一定的主题，仅为寻求放松、乐趣而举办的纯文娱晚会。节目可以提前排定，也允许观众现场参与，即兴表演。

专题性晚会：围绕某一主题为中心而举办的晚会。专题性晚会的节目均须事先排定，一般不作较大的改动。

（2）内容

以晚会的内容作为晚会分类标准，则可以被分为以下两种基本形式：

专场性晚会：是指专门演出某一类文艺节目为主的文艺晚会。如曲艺晚会、戏剧晚会等。它适合于层次、品味、爱好相近的观众观赏。

综合性晚会：把各种各样的文艺形式汇合在一起，可满足不同层次的观念的多种观赏需求。

3. 节目

在晚会的具体类型确定后，就需要立即进行节目的准备工作。在选定晚会节目时，重点要做的主要有节目的编排、节目的落实和节目说明三项内容：

（1）节目编排

首先需要对晚会节目的选定进行周密的安排。编排晚会节目，首先要提前确定晚会举行的时间长短，据此安排节目。举办综合性晚会，以 1~2 小时为宜，每个节目的时间大体为 5~10 分钟。在每个节目之前，还要留下充分的间隔时间。其次，在排定节目时，要注意将不同风格、不同水平的节目进行交叉安排，以便观众觉得有所变化。同时，慎选作为"开场"和"压轴"的节目。

（2）节目落实

节目确定下来后，务必将其落实到专人，令每个节目都有专人负责，并按要求尽量多加排练，精益求精。

举办正式晚会时，排练节目要宁缺毋滥。宁肯让不符合要求、准备不充分的节目下马，也绝不滥竽充数。

（3）节目说明

举办大型晚会，通常要为其印制专门的说明书，且发至每位来宾手里。

晚会上的说明书，通常又被称为节目单。它通常列有每个节目的具体名称和演职员名单等内容。有时，还会对节目的主要内容有所介绍，以便观众提前了解下一个节目。另外，有外宾参加的正式晚会上所提供的说明应以中英文对照的形式印制。

4. 场地

晚会所用的场地，是作为组织者所必须审慎选择并周全考虑的。具体来说，它又可被分为演出场地与观众场地，而这两种场地又有不同的要求。

（1）演出场地

演出场地，是节目表演者表演之处，也是观众聚精会神之处。因此，在可能的情况下，要尽量使之既方便表演又便于观看。

通常，举办晚会的演出场地有剧场舞台和露天舞台两种。剧场舞台是位于专业剧场内的演出场地，它的传声、灯光效果好，且便于控制晚会的规模。露天舞台是临时在室外搭建的演出场地。它所受的限制少，但演出效果往往会受到影响。

（2）观众场地

观众场地，是专供观众观看演出的地方。选择观众场地时，既要使之服从于演出场地的选择，还要兼顾安全与容量两大重要问题。

需要观众自带座椅时，最好要求按队列入场，按单位或部门一齐入场，并提前划分具体区域，使其在指定区域就座。

5. 人员

组织晚会时，演职人员必须进行精心挑选与认真安排。在安排演职人员时，特别要注意对主持人、演员以及舞台协调人员的选择。

（1）主持人

晚会的主持人，往往又被称为晚会的司仪或现场报幕员。主持人的现场表现如何，往往会对观众的情绪产生很大影响。通常，主持人可由多人交替担任，也可由一人专任。

晚会主持人的基本条件是：形象上佳，口齿清楚，音色悦耳，富有激情，长于表演，善于应变。

（2）演员

选择演员，不仅要看其演技、知名度、人缘，还要兼顾其艺德、台风、责任心以及年龄和身体状况。必要时，要准备几个"替补节目"，以防个别演员缺场，使演出被迫中断。

（3）协调人员

舞台协调人员，是每一台晚会的总指挥与总调度，依靠其监督、指挥和调度，一场晚会才会取得成功。担任舞台协调，需要头脑冷静，处事果断，观察入微，为人公道，知识渊博，经验丰富，善于协调，并且有较强的组织才干，是领导型人才。

（二）演出前的礼仪要求

作为观众，不仅有欣赏节目的权利，也有自觉遵守晚会礼仪的义务。在观看演出前，要注意以下几方面：

1. 着装适宜

观众要根据出席晚会的具体形式来选择着装，或庄重严肃，或活泼轻松。观看戏剧、舞蹈或综合类晚会宜穿着正装。衣着总体要求干净整洁，绝对不能穿着背心短裤、拖鞋，不能赤膊或赤脚。如有特殊要求的，要自觉遵守。

2. 入场礼仪

一般情况下，在演出开始前 15 分钟左右，观众即应进入场所。在极其特殊的情况下迟到，入场时一定要放轻脚步，旁边观众协助自己入座时一定要致谢。

3. 就座礼仪

观众应尊重组织者的安排，持票排队入座。在寻找自己座位时，若有领位员在场，最好请其带路或予以指点。若无领位员，自己最好从左侧向前行进，逐排寻找。千万不要为省时间而走捷径，从别人座位上踩过或跨过。走向自己座位的路上，也要有礼貌地同已经落座的观众致歉，尽量不要与其他观众有身体接触。如果自己座位上已有人，切忌争执，应主动出示自己的票，必要时请工作人员处理。落座时要优雅，不可弄出声响，不能东倒西歪，前仰后合，切忌脚乱伸，跷二郎腿。一旦落座不要随意进出，轻易不可与其他人调换座位。如果戴着帽子，要摘下，以免影响后排观众观看节目。

（三）观看演出中的礼仪要求

观看演出时，要全神贯注，专心致志，不要心不在焉，不能影响演员也不能影响其他观众。不要交头接耳、大声评论，最好也不要与同伴窃窃私语，语言要文明，适时给予同伴照顾。

尽量不要使用通信联络设备，进入会场后，手机最好关机，至少要调到静音或振动状态。拍照不能开闪光灯或快门声，在不允许拍照的情况下要严格遵守规定。

禁止吸烟，绝对不可在演出现场大吃大喝，也不要吃带壳的食物，或易拉罐类的饮料，这些都可能是噪声之源、垃圾之源。

不要随意走动，去卫生间要弯腰低头尽量不要打扰别人。

晚会过程中一定要支持演员，演员登台或表演结束退场时，观众要给予热烈的掌声，以表示欢迎或感谢；鼓掌频率，要按照观看节目的类别进行区别。交响音乐会中乐队演奏完一只乐曲、歌剧中结束独唱、芭蕾舞独舞结束时方可鼓掌。节目不好或不喜欢的演员，切忌喝倒彩、吹口哨。

观看节目时，不应中途退场。演出全部结束后，应起立鼓掌；若演员出场谢幕，应再次鼓掌；谢幕结束后应顺序退场。如遇嘉宾上台接见演员，应在接见仪式结束后再退场。

第二节　餐饮礼仪

餐饮礼仪是社会交往乃至国际交往中应该且必须讲究的重要礼节。它既是文明的反映，也是饮食文化的一项重要内容。本节将从中餐礼仪、西餐礼仪、酒水礼仪三个方面详细讲述餐饮礼仪的注意事项。

（一）中餐礼仪

随着中西饮食文化交流的不断加深，中餐不仅是中国人的传统饮食，还越来越受到外国人的青睐。而看似最寻常无奇的中式餐饮，用餐礼仪也是不容忽视的。

1. 中餐的文化背景

中国的礼仪源于饮食礼仪，至周代时期饮食礼仪已经形成一套相当完善的制度。《礼记·典礼》对饮食礼仪作出了一系列十分严格而细致的规定。如"共食不饱"（不能撑饱）、"当食不叹"（吃饭时不要唉声叹气）等。《周礼》有云"礼仪三百，威仪三千"。自古以来，中餐饮食礼仪细致全面，现代中餐礼仪更是在继承传统的基础上参考国外礼仪而形成的。

2. 环境布置

随着人们价值观的改变和社会的高度发展，人们不仅对宴会食品的要求高，对服务及环境气氛的要求也越来越高。举办宴会时，精心设计宴会环境，可在享受美味佳肴的同时从周围环境获得相应的感受。首先要选择环境优雅、卫生条件良好的用餐地点。其次要注意根据所宴请对象的喜好和禁忌布置环境，结合中餐特色，打造有特色、亲切优雅的用餐环境。最后，还要留意用餐地点交通是否便利，若不便利，应准备合适的交通工具。

3. 餐桌安排

餐桌安排有桌次安排和座次安排两个方面：

（1）桌次安排

正式宴会一般要事先安排好桌次座位，以便宴会参与者各入其位，入席井然有序，同时也是对客人的尊重。非正式的便宴有时可不安排座次。

按照惯例，桌次高低以离主桌位置远近而定，右高左低。桌数较多时，要摆桌次牌。宴会可采用圆桌、方桌、长桌等。一桌以上的宴会，桌子间的距离要适中，各个座位间距离要相等。团体宴请中一般以最靠前或居中的桌子为主桌。

（2）座次安排

礼宾次序是安排座位的主要依据。一般来说，要注意以下原则：

①以右为尊。如果男女主人并座，则男左女右，以右为大。如设两桌，男女主人分开主持，则以右桌为大。

②主宾和主人坐最主要的位置。一般离门最远的、面对着门的位置是主人的位置，离门最近的、背对着门的位置是末座。主人的右手是最主要的位置，称为第二号位，即主宾的位置，左边是第三号位，以此类推。如果主宾的身份高于主人，为表示对他的敬重，可以把主宾安排在主人的位置上，主人在主宾的位置上。末座不能安排女宾。

③与宴宾客有政府官员、社会团体领袖及社会贤达参加的场合，依政府官员、

社会团体领袖、社会贤达为序。

④职位或地位高者为尊，高者坐上席，依职位高低，即官阶高低定位，不能逾越。职位或地位相同，则必须按照官职传统习惯定位。

⑤女士以夫为贵。女士的排名顺序，与其丈夫相同。即在众多宾客中，男主宾为第一号位，则其夫人为第二号位。但若邀请对象是女宾，则此时以女宾为贵。

⑥在遵从礼宾次序的前提下，主人方面的陪客应尽可能穿插在客人之间，以便与客人交谈。在排位时还要注意尽可能使相邻者便于交谈。

（二）宴请的程序及礼仪

中餐宴请时要注意程序及相关礼仪，表现得十分热情好客，以保持宴会热烈的气氛，达到预期的目的。具体为以下五个方面：

1.引客入座

作为宴请者，在开宴前，应准备妥当，衣冠整洁，当客人相继到来时，应面带微笑，站立于门前欢迎客人。对客人态度应热诚恳切，一视同仁，不能冷落任何一位客人。如果客人之间有初次见面的，主人需逐一介绍，以增进宴会的友好气氛。然后按照预先安排好的座位，依次引客入座。如果客人坐错座位，一般"将错就错"或巧妙地加以换座，切勿损伤客人的自尊心。

2.按时开席

客人落座后，应按时开席，不能因个别客人误时而影响整个宴会的进行。如主要客人或主宾未能按时到达，应尽快弄清原因，采取紧急措施，并向其他客人致歉。一般来说，宴会延迟时间不能超过15分钟，万不得已时，最多不能超过30分钟。

3.致辞祝酒

在宴席中，主人应是第一个敬酒的人。敬酒是敬全席，而不应计较对方的身份。桌次多时，应按桌敬酒，不能顾此失彼。祝酒时，应由主人和主宾先碰杯，碰杯时应目视对方，以示敬意。人多时可同时举杯示意，但未必要碰杯，切忌交叉碰杯。在祝酒词中，应先感谢各位客人的光临，并说明此次宴请的原因，然后请大家同饮。受传统"酒过三巡，菜过五味"说法的影响，一般由客人领三杯酒，然后由第二主人领酒或主人与客人及客人与客人之间相互敬酒。敬酒方式也根据各地习俗有变化。敬酒要适可而止，对于确实不会饮酒的人，不宜劝其饮酒。

4.亲切交谈

宴会进行过程中，主客双方应就彼此都感兴趣的话题亲切交谈，注意不要涉及一些彼此都避讳的话题。同时，对于有一定目的的宴会，也应该"只叙友情，不谈工作"，切忌把餐桌当做办公室，以免陷入僵局，使双方都不愉快。交谈时，主人要控制局面，注意引发每个人的谈话兴趣，不要只和感兴趣的人交谈，而要让每个人都有谈话的机会，使宴请的热烈气氛贯穿始终。设宴方应及时介绍来宾，让来宾各方能互相结识，要优先向社会地位较高的以及年长的人士或女士介绍其他来宾。

5.热情送客

当客人用餐完毕，应征求大家的意见，适时以委婉的方式提出结束宴席，并真诚地感谢各位宾客的光临和赏识。设宴主人应热心过问如何安排宾客返回住处，如亲自叫出租车等。

（三）餐具的使用

中餐的餐具主要为筷子和调羹，而两者在用餐过程的礼仪要注意如下事项：

1.筷子礼仪

握筷姿势应规范，用餐时若需要用其他餐具时，应现将筷子放下。

筷子一定要放在筷子架上，不能放在杯子或盘子上，如果不小心把筷子碰掉在地上，可请服务员更换。在用餐过程中，已经举起筷子，但不知道该吃哪道菜，这时不可将筷子在各碟菜中来回移动或在空中游弋。不要用筷子叉取食物放进嘴里，或用舌头舔食筷子上的附着物，更不要用筷子推动碗盘和杯子。有事暂时离席，不能将筷子插进碗里，而要轻放在筷子架上。

席间说话时，不要把筷子当作道具，随意挥舞，更不能用筷子敲打碗碟桌面，或是用筷子指点他人。每次用完筷子要轻轻放下，不要发出响声。

2.调羹礼仪

调羹也是中餐中的常用餐具，同样有一定的讲究。首先手持调羹的方式为右手持调羹的柄端，食指在上，按住调羹的柄，拇指和中指在下支撑。

使用调羹，主要是喝汤，有时也可以用调羹盛装滑溜的食物。要注意：

①不要将调羹碰碗、盘发出声响。从外向里舀，调羹就口的程度，要以不离碗、盘正面为限，切不可使汤滴在碗、盘的外面。

②喝汤时不能发出声响，否则是十分粗俗的。

③不要以口对着热汤吹气。有时端上桌的汤很烫，这时，应先舀少许尝一尝。如果太烫，可将汤在碗里用调羹慢慢搅一会儿，等汤降温时再一口一口喝。

④不要将汤碗直接就口。当汤碗中的汤要喝尽时，应左手端碗，将碗稍微侧

转，再以右手持调羹舀汤。

（四）中餐的禁忌

中餐有许多应当注意的禁忌，而这些却常被忽视。主要禁忌事项如下：

①若席上有长者及女士，则应等长者和女士入座后，方可入席，切忌擅自入席。

②餐巾应摊开后，放在膝盖上端的大腿上，切忌系入腰带或挂在西装领口。不可用餐巾擦脸，且切忌用餐巾擦拭餐具。用餐完毕后，将餐巾叠好，不可揉成一团。

③上桌后不要先拿筷，应等主人邀请、主宾动筷时再拿筷。

④用餐时切忌急躁，要温文尔雅，从容安静。

⑤在餐桌上不能只顾自己，也要关心别人，尤其是要招呼两侧的女宾。

⑥取菜舀汤，应使用公筷公匙，切忌自用餐具在公共餐盘中夹取菜肴。

⑦要小口进食，不要大口地塞，食物未咽下时不能再塞入口。口内有食物时应避免说话。

⑧说话时不可喷出唾沫，嘴角不能留有白沫。不可高声谈话，影响他人。

⑨自己手上拿着筷子，或他人咀嚼食物时，均应避免跟人说话或敬酒。

⑩吃进口的食物不能吐出来，如食物过烫，可喝水或果汁冲凉。

⑪送食物入口时，两肘应向内靠，切忌向两旁张开，碰及邻座。食物带汤，不能匆忙入口，否则汤汁滴在桌布上，极为不雅。

⑫切忌用手指清理牙缝，应用牙签，且应用手或手帕遮掩。避免在桌上咳嗽、打喷嚏。万一控制不住，则应及时说"对不起"。

⑬喝酒宜各自随意，敬酒以礼到为止，切忌过度劝酒、划拳、吆喝。

⑭如不慎将酒水等溅到他人衣服上，表示歉意即可，不必恐慌赔罪，否则反使对方难为情。

⑮如欲取摆在同桌其他客人面前的调味品，应请邻座客人传递，不可伸手横越，长驱取物。

⑯吸烟要征求邻座同意，在禁烟餐厅不抽烟。

⑰不往地下和桌子底下扔东西。不慎摔碎餐具，应道歉并赔偿。

⑱如吃到不洁或有异味的食物，不可吞入，应将入口食物轻巧地用拇指和食指取出，放入盘中。或发现在盘中的菜肴有昆虫和碎石，不要大惊小怪，宜等侍者走近，轻声告知侍者更换。

⑲用餐的速度宜与男女主人同步，切忌过快或过慢。当其他客人还没吃完时，不要提前离席，等大家都吃完，主人起身，主宾离席时再致谢退席。

⑳食毕，餐具务必摆放整齐，不可凌乱放置。餐巾亦应折好放在桌上。

㉑在餐厅进餐，不能抢着付账，推拉争付，极为不雅。倘若作客，不能抢付账。未征得朋友同意，不宜代友付账。

㉒餐桌上不谈悲戚之事，否则会破坏欢愉的气氛。

㉓菜肴选择要注意民族禁忌，如回族不吃猪肉；宗教禁忌，如佛教吃素；地方禁忌，如欧美人士不吃动物内脏；职业禁忌，如司机禁酒；个人禁忌，如糖尿病患者不能吃甜品等。

二、西餐礼仪

西餐进入中国已经多年，从最初的贵族食品到如今的平民化饮食，对我们已经不再陌生。正宗的西餐与传统中餐相比，礼仪更加烦琐复杂，需要讲究的更多。因此，在吃西餐前一定要了解这些西餐礼仪。

（一）西餐的文化背景

西餐的历史要追溯到基督诞生之前，吃西餐讲究"6M"原则，Meeting(温馨的会面)、Menu（精美的菜单）、Manners（优雅的用餐礼节）、Meal（营养的食物）、Music（动听的音乐）、Mood（迷人的氛围）。而根据地域不同，西餐又可分为法式、英式、国际式等，其用餐文化习俗也各有不同。但基本礼仪还是一致的。比如宴请时的菜单往往比较简单，因为他们更重视的不是吃什么，而是进餐时的气氛、环境、衣着，等等，更注重精神享受。

（二）环境布置

西餐对于环境的要求较高，要根据选择西餐的种类对环境进行布置，打造干净整洁、优雅大方的用餐环境。开餐前，服务人员应准备好各种刀、叉、勺、咖啡杯、餐盘、酒杯以及酒篮、冰桶等就餐用具，并按餐厅规则摆放。

（三）餐桌安排

西餐宴客，为方便每个人都有交谈的对象，一般请客人数为偶数，在餐桌上，男女一般要对半分坐。西餐的排位方式主要有两种：

1.英美式就座方式

左右两端为男女主人，若夫妇一同受邀请，则男士坐在女主人右手边，女士坐在男主人右手边，左边依次是次客的位置，如果是陪客者，则尽量往中间坐。夫妻受邀时往往是被分开而坐，用意是要让人能多与身边客人聊天认识，达到社交的目的。

2.法式就座方式

主人位置在中间，男女主人对坐，女主人右边是男主客，左边是男次客；男主人右边是女次客，陪客则尽量往旁边坐。

邀请别人作客，应认真考虑座位的排列。此时可以选用合适的座位卡，不仅能告诉客人座位在哪里，还能美化餐桌。

在隆重的场合，如果餐桌安排在一个单独的房间里，在女主人请你入席之前，不应擅自进入。如果都是朋友，大家可以自由入座。在其他场合，客人要按女主人的指点入座。客人要服从主人的安排，最好在女主人和其他女士入座后方可坐下。

（四）用餐的程序及餐桌礼仪

西餐正餐的上菜顺序既复杂多样，又非常讲究。按上菜的顺序，吃什么菜用什么餐具，喝什么酒用什么酒杯，一顿完整的正餐，一般要吃上一两个小时。

1.头盘

也称为开胃品，一般有冷、热之分，常见的品种有鱼子酱、鹅肝酱、鸡尾杯、熏鲑鱼等。

2.汤

大致可分为清汤、奶油汤、蔬菜汤、冷汤四种。品种有牛尾清汤、各式奶油汤、海鲜汤、美式蛤蜊汤、俄式罗宋汤、意式蔬菜汤、法式洋葱汤等。西餐中喝汤应用勺由内往外舀。喝汤时不能发出响声，不能对着热汤吹气。汤碗不能直接就口，应用左手端碗，将汤碗稍为侧转，再以右手持汤匙舀汤。

3.副菜

通常为水产类菜肴或蛋类、面包类、酥盒菜肴。西餐上吃鱼类菜肴讲究使用专用的调味汁，品种有荷兰汁、白奶油汁、美国汁、水手鱼汁等。吃鱼应从鱼的中间切开，把肉拨到两边，去掉鱼刺鱼骨，慢慢食用。

4.主菜

肉、禽类菜肴是主菜。肉类菜肴的原料取自牛、羊、猪和小牛仔等各个部位的肉，其中最有代表性的是牛肉或牛排，肉菜类菜肴配用的调味汁主要有西班牙汁、蘑菇汁、白尼丝汁等。禽类菜肴的原料取自鸡、鸭、鹅，最多的是鸡，可煮、炸、烤，主要的调味料有咖喱汁、奶油汁等。吃肉类时有两种方式：一种是边割边吃；另一种是先把肉块切好，然后把刀子放在食盘的右侧，单用叉子取食。前者是欧洲的古老习惯，后者则是美式吃法，前者比较正式。

5. 蔬菜类菜肴

蔬菜类菜肴在西餐中称为沙拉。可以安排在肉类菜肴之后，亦可以与肉类菜肴同时上桌。与主菜同时搭配的沙拉，称为生蔬菜沙拉，一般用生菜、番茄、黄瓜、芦笋等制作。沙拉除了蔬菜之外，还有一类是用鱼、肉、蛋类制作的，这类沙拉一般不加味汁，在进餐顺序上可以作为头盘食用。还有一些蔬菜是熟食的，如花椰菜、煮菠菜、炸土豆条等。熟食的蔬菜通常是与主菜的肉食类菜肴一同摆放在餐盘中上桌，称为配菜。

6. 甜品

西餐的甜品是主菜后食用的，它包括所有主菜后的食物，如布丁、冰激凌、水果等。吃甜点可用叉或匙。握匙的正确姿势是：用大拇指握住匙的把，其他手指轻轻托住另一边。吃梨、苹果不要整只去咬，而应用水果刀将水果切成四至六块，剜去果心，用手拿着一块一块吃。吃香蕉则剥皮后整只放在盘子里，用刀、叉切开，一块一块吃。吃水果时，如果送上一个小水盂，这是供洗手用的，切勿将此当作饮料饮用。

7. 热饮

最正规的热饮是红茶或什么都不加的黑咖啡。喝咖啡和茶的方式是用小茶匙搅拌放糖，搅匀后仍将茶匙放回原处再喝，切忌将茶匙放在茶杯里。喝时，右手拿杯把，左手端杯托碟。请记住喝咖啡或茶一定要端起杯子找嘴，不要俯身去用嘴迁就杯子。喝完热饮，宴会就该结束了，客人可以开始告辞了。

一般情况下，出于时间和金钱的考虑，不采用正餐的形式，而是选择点前菜、主菜（鱼或肉择其一）和甜品。点菜并不是由前菜开始点，而是先选一样最想吃的主菜，再配上适合主菜的汤。点得太多吃不完反而无礼。

（五）餐具的使用

西餐一般左边放叉，右边放刀。刀叉数目与菜的道数相当，使用顺序按照上菜顺序。食盘上方放匙，小匙吃冷饮，大匙喝汤。匙上方是一排酒杯，从左到右，由小到大。匙的左边是面包碟，右方为黄油碟，碟内有专用的小刀。餐巾放在汤盘或水杯里。

刀叉使用的基本原则是右手持刀或汤匙，左手拿叉。若有两把以上，应由最外面的一把依次向内取用。刀叉的拿法是轻握尾端，食指按在柄上，餐刀绝对不能沾嘴唇。汤匙则用握笔的方式拿即可。如果感觉不方便，可以换右手拿叉。吃体积较大的蔬菜时，可用刀叉来折叠、分切。软软的食物可放在叉子平面上，用刀子整理一下。

临时离桌，刀叉以八字形状摆在桌子中央，用餐后，将刀叉并拢横斜放在盘内，柄向右。

餐巾的主要作用是防止弄脏衣服，也可以擦嘴和手上的油渍。在正式宴会上，客人需待主人先拿起餐巾时，自己方可拿起餐巾。男士要等女宾放好餐巾后再放餐巾。餐巾平铺在双膝上端的大腿上。最好用双手打开餐巾，切忌来回抖动打开餐巾，这是十分不雅的。不要将餐巾别在领口上或夹在衬衣的领口，也不要用餐巾擦拭餐具或擦脸。中途离席时将餐巾放在椅子上。餐毕，宜将餐巾折好，且把干净的一面向下置放餐桌上，然后离席。

（六）西餐的禁忌

①就座时，身体要端正，手肘不要放在桌面上，不可翘足，与餐桌的距离以便于使用餐具为佳。餐台上已摆好的餐具不要随意摆弄。将餐巾对折轻轻放在膝上。

②使用刀叉进餐时，刀刃不可向外。每吃完一道菜，将刀叉并拢放在盘中。如果是谈话，可以拿着刀叉，无需放下。不用刀时，也可以用右手持叉，但若需要作手势时，就应放下刀叉，千万不可手执刀叉在空中挥舞摇晃，也不要一手拿刀或叉，而另一只手拿餐巾擦嘴，也不可一手拿酒杯，另一只手拿叉取菜。要记住任何时候，都不可将刀叉的一端放在盘上，另一端放在桌上。

③每次送入口中的食物不宜过多，在咀嚼时不要说话，更不可主动与人谈话。

④喝汤时不要啜，吃东西时要闭嘴咀嚼。不要呲嘴唇或咂嘴发出声音。如汤菜过热，可待稍凉后再吃，不要用嘴吹。

⑤吃鱼、肉等带刺或骨的菜肴时，不要直接外吐，可用餐巾捂嘴轻轻吐在叉上放入盘内。如盘内剩余少量菜肴时，不要用叉子刮盘底，更不要用手指相助食用，应以小块面包或叉子相助食用。吃面条时要用叉子先将面条卷起，然后送入口中。

⑥面包一般掰成小块送入口中，不要拿着整块面包去咬。抹黄油和果酱时也

要先将面包掰成小块再抹。

⑦吃鸡时，欧美人多以鸡胸脯肉为贵。吃鸡腿时应先用力将骨去掉，不要用手拿着吃。吃鱼时不要将鱼翻身，要吃完上层后用刀叉将鱼骨剔掉后再吃下层。吃肉时，要切一块吃一块，块不可以切得过大，或一次将肉都切成块。

⑧不可在餐桌边化妆，用餐巾擦鼻涕。用餐时打嗝是最大的禁忌，万一发生此种情况，应立即向周围的人道歉。取食时不要站立起来，坐着拿不到的食物应麻烦别人传递。

⑨就餐时不可狼吞虎咽。对不愿吃的食物也应要一点放在盘中，以示礼貌。有时主人劝客人添菜，如有胃口，添菜不算失礼，相反主人也许会引以为荣。

⑩不可在进餐时中途退席。如有事确需离开应向前后的客人小声打招呼。饮酒干杯时，即使不喝，也应该将杯口在唇上碰一碰，以示敬意。当别人为你斟酒时，如不要，可简单地说一声"不！"或以手稍盖酒杯，表示谢绝。

⑪饮酒时边喝边透过酒杯看人、拿着酒杯边说话边喝酒或将口红印在酒杯沿上都是失礼的行为。宴会时，自己的饮酒量应掌握在平常酒量的三分之一左右为好。

⑫在进餐尚未全部结束时，不可抽烟，直到上咖啡表示用餐结束时方可。如在前后有女客人，应有礼貌地询问一声"您不介意吧！"

⑬进餐时应与前后客人交谈，但应避免高声谈笑。不要只同几个熟人交谈，前后客人如不认识，可先自我介绍。别人讲话不可搭嘴插话。

⑭喝咖啡时如愿意添加牛奶或糖，添加后要用小勺搅拌均匀，将小勺放在咖啡的垫碟上。喝时应右手拿杯把，左手端垫碟，直接用嘴喝，不要用小勺一勺一勺地舀着喝。

⑮吃水果时，不要拿着水果整个去咬，应先用水果刀切成四或六瓣，再用刀去掉皮、核、用叉子叉着吃。

⑯进餐过程中，不要解开纽扣或当众脱衣。如主人麻烦客人宽衣，男客人可将外衣脱下搭在椅背上，不要将外衣或随身携带的物品放在餐台上。

三、酒水礼仪

在商务接待中，人们常常与酒、茶、咖啡三大饮品打交道。如何在商务活动中得体地敬酒、奉茶、喝咖啡，成为商务人士的必修课。本节将逐一介绍关于酒、茶、咖啡的相关礼仪。

（一）酒的礼仪

酒的选用根据选择中餐或是西餐而不同，吃中餐时可以喝白酒、啤酒、黄酒、药酒；吃西餐时，可选用葡萄酒或啤酒。

1.选酒及取用

（1）中餐用酒

白酒：是中国特有的一种蒸馏酒，酒质无色（或微黄）透明，气味芳香纯正，入口绵甜爽净，酒精含量较高。可以净饮干喝，也可用来帮助吃菜下饭。白酒一旦和其他酒类如啤酒同饮，就很容易醉，而且在正式的商务宴请活动中是不允许将白酒与其他酒水在同杯中混合饮用的。在正式商务场合一般使用"肚量不大"的瓷杯或玻璃杯盛酒。此外，喝白酒时，不用加温、加冰，也不用以水稀释。

啤酒：啤酒是人类最古老的酒精饮料，于二十世纪初传入中国。啤酒以大麦芽、酒花、水为主要原料，经酵母发酵作用酿制而成的饱含二氧化碳的低酒精度酒。一般情况下啤酒属于便餐用酒，当然在现在商务宴请中主办方也同时提供多种品种的酒水供宾客选择，啤酒也是其中之一。

黄酒：黄酒是中国的民族特产，也称为米酒，属于酿造酒。是一种以稻米为原料酿成的粮食酒。不同于白酒，黄酒没有经过蒸馏，酒精含量低于20%。不同种类的黄酒颜色亦呈现出不同的米色、黄褐色或红棕色。一般在中餐中常使用白酒，但在特定的某些地区，如盛产黄酒的江浙地区或特定的节日如端午节，会在餐桌上使用黄酒作为佐餐酒。

药酒：素有"百药之长"之称，将强身健体的中药与酒"溶"于一体的药酒，不仅配制简单、药效稳定、安全有效，而且借助酒精，可使得药借酒力，充分发挥其效力，提高疗效。中国国内宴请中药酒的使用量也比较大，特别是秋冬季节。但在国际商务宴请中，很少使用药酒。

（2）西餐用酒

西餐用酒分餐前酒、佐餐酒、餐后酒三类。使用频率最高的酒类是葡萄酒，通常分红葡萄酒和白葡萄酒两种。以成品颜色来说，可分为红葡萄酒、白葡萄酒和粉红葡萄酒三类。红葡萄酒又可细分为干红葡萄酒、半干红葡萄酒、半甜红葡萄酒、甜葡萄酒；白葡萄酒则可细分为干白葡萄酒、半干白葡萄酒、半甜白葡萄酒、甜白葡萄酒。

餐前酒：又叫开胃酒，是在入席前请客人喝的酒类，常用的有鸡尾酒、威士

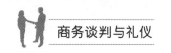

忌、香槟、马提尼等，另外还应准备果汁、汽水及可乐等饮料。开胃酒的目的是刺激食欲，喝得太多反而没有食欲，所以切忌多喝。

佐餐酒：上菜时配合菜肴用的葡萄酒，大多数是干葡萄酒或半干葡萄酒。

餐后酒：是用餐后用来帮助消化的酒水。最常见的是利口酒，又叫香甜酒。最有名的餐后酒是有"洋酒之王"美称的白兰地酒。

红酒应保存在温度低的房间，好的红酒要在餐前先打开瓶盖，充分与空气接触后，口味会更好。如果在很冷的季节为客人上红酒，建议把酒杯握在手里几分钟，可使酒迅速升温。

餐前应把白葡萄酒在冰箱里放置两个小时，如果有冰酒器，可以在有冰块的水里放置20分钟。要多准备些酒杯，因为在用过的杯里倒另外一种酒，会使酒的味道改变。

2. 酒与菜的搭配

餐前选用配制酒和开胃酒，而冷盘和海鲜则选用白葡萄酒，肉禽野味要选用红葡萄酒，甜食要选用甜型葡萄酒或汽酒。酒和酒的搭配是低度酒在先，高度酒在后；有气在前，无气在后；新酒在前，陈酒在后；淡雅风格在先，浓郁风格在后；普通酒在先，名贵酒在后；白葡萄酒在先，红葡萄酒在后。最好选用同一国家或地区的酒作为宴会用酒。

原则上是"白酒配白肉，红酒配红肉"。白葡萄酒适合开胃菜等小菜或虾类、螃蟹、贝类、鱼类等。炖牛肉等味浓的肉食菜则配以红葡萄酒。油炸的肉食适宜配味淡的红葡萄酒，也可以按照国别选酒。

3. 斟酒

服务员来斟酒，宾客不用拿起酒杯，但应向服务员致谢。如果是主人亲自斟酒时，必须端起酒杯致谢甚至起身站立或欠身点头致谢，也可将右手拇指、食指、中指捏在一起，指尖向下，轻叩桌面几下表示谢意。主人亲自斟酒时，要注意一视同仁，切勿只为个别人斟酒；此外还要注意顺序，可依照顺时针方向，也可先为尊长、嘉宾斟酒；还要注意斟酒适量。在正式场合，除主人和服务员外，其他宾客一般不要自行给别人斟酒。

斟酒的标准：由于酒种类不同，故斟酒的标准与顺序也不同，酒品的饮用顺序往往应与上菜的顺序相协调。斟酒的标准：白酒（烈性酒类）、黄酒应斟八分满；红葡萄酒入杯应为三分之一；白葡萄酒入杯应为三分之二；白兰地斟入杯中的量应是将酒杯横放时，杯中酒液与杯口齐平；香槟酒斟入杯中时，应先斟到三分之一，待杯中泡沫消退后，再往杯中续斟至七分满即可；斟啤酒，第一杯时应使酒液顺杯壁滑入杯中呈八成酒两成沫；调鸡尾酒时，酒液入杯占杯子三成即可。

斟酒顺序：一般来说，宴会斟酒的顺序应从主宾位开始，再斟主人位，并顺时针方向依次为客人斟酒。此外，宴请亚洲地区客人时，如主宾是男士，则应先斟男主宾位，再斟女主宾位，对主人及其他宾客则按顺时针方向绕台依次进行斟酒；先斟来宾位，最后为主人斟酒，以表示主人对来宾的尊敬；如为欧美客人斟酒，应先斟女主宾位，再斟男主宾位；高级宴会常规的斟酒顺序是先斟主宾位，后斟主人位，再斟其他客人位。如果由两个服务员同时为同一桌客人斟酒时，一个应从主宾开始，另一个从副主宾开始，按顺时针方向依次绕台进行斟酒服务；酒席、宴会上常有宾主祝酒讲话的场面出现，此时服务员应恭候在工作台旁，保持宴会场内的安静，同时要注意宾客杯中的酒水，发现不满就要及时斟满。

斟酒的方式：斟酒的基本方式有两种，一种是桌斟，一种是捧斟。桌斟指顾客的酒杯放在餐桌上，服务员持瓶向杯中斟酒。斟一般酒时，瓶口离杯口 2 厘米左右为宜；斟汽水或冰镇酒时，二者相距 5 厘米左右为宜。总之，无论哪种，均不可将瓶口沾贴杯口，以免有碍卫生及发出声响。酒杯总是在客人的右边，所以倒酒也是从客人右边倒。

4.敬酒的要点

①在正式宴会上，由男主人向来宾提议，提出某个事由而饮酒。饮酒时，通常要讲一些祝愿、祝福类的话，祝酒词的内容越短越好。

②敬酒可以随时在饮酒的过程中进行。祝酒词适合在宾主入座后、用餐开始前，也可在吃过主菜后、甜品上桌前进行。

③在饮酒特别是祝酒、敬酒时干杯，需要有人率先提议，可以是主人、主宾，也可以是在场的人。提议干杯时，应起身站立，右手端起酒杯，或用右手拿起酒杯后，再以左手托扶杯底，面带微笑，目视其他人特别是自己的祝酒对象，嘴里同时说着祝福的话。

④在中餐里，干杯前可象征性地和对方碰一下酒杯。碰杯时，应让自己的酒杯低于对方的酒杯，表示尊敬；用酒杯杯底轻碰桌面，也可表示和对方碰杯，当离对方较远时可使用这种方法。如果主人亲自敬酒干杯，要回敬主人，可和他再干一杯。在西餐里，祝酒干杯只用香槟酒，并且不能越过身边的人而和其他人祝酒干杯。

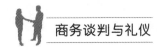

（二）茶的礼仪

茶叶的原产地在中国，饮茶在中国不仅是一种生活习惯，也是一种源远流长的文化传统。中国人习惯以茶待客，并形成了相关的饮茶礼仪。

1.茶叶的品种和应用特点

茶叶根据其制作工艺的差别大致可划分为六大类：绿茶、红茶、乌龙茶、白茶、黄茶和黑茶。同时，袋装茶和花茶也是商务活动中常常使用的茶类。

绿茶：采取茶树新叶，未经发酵，经杀青、揉拧、干燥等典型工艺，冲泡后茶汤较多地保留了鲜茶叶的绿色主调。一般当年的新茶，特别是"明前茶"（清明前采摘的茶叶）是首选，绿茶更适合在夏天饮用，用以消暑降温。我国著名的绿茶有杭州龙井、江苏太湖洞庭山的碧螺春、安徽黄山的毛峰、湖南洞庭湖青螺岛的君山银针等。

红茶：又称"乌茶"。是以新鲜茶叶经过烘制，完全发酵后制作而成。在冲泡后色泽油润乌黑。红茶可以暖胃补气、提神益智，性温热，适合在冬天饮用。最有名的是安徽祁门县的祁门红茶，还有产于云南西双版纳的滇红茶、产于福建的"正山小种"。

乌龙茶：又称为青茶，是半发酵茶。乌龙茶外形肥大、松散，茶叶边缘发酵，中间不发酵，整体外观上呈黑褐色。品尝后齿颊留香，回味甘鲜。冲泡后色泽凝重鲜亮，芳香宜人。喝过后，不仅可以化解油腻，而且提神健胃。我国乌龙茶多产于福建，最著名的是福建安溪县的铁观音、福建武夷山的武夷岩茶。

白茶：由于成品茶的外观呈白色，故称为白茶。白茶为福建特产，主要产区在福鼎、政和、松溪等地。白茶具有外形芽毫完整、满身披毫、毫香清鲜、汤色黄绿清澈、滋味清淡回甘的品质特点，是轻微发酵茶，是我国茶类中的特殊珍品，因其成品茶多为芽头，满披白毫，如银似雪而得名。此外，中国浙江的安吉白茶和贵州正安白茶因自然变异而整片茶叶呈白色，不同于带有白色绒毛的一般白茶。

黄茶：人们从炒青绿茶中发现，由于杀青、揉捻后干燥不足或不及时，叶色即变黄，故产生新的品种。黄茶特点是"黄叶黄汤"。黄茶分为黄芽茶、黄小茶、黄大茶三类。湖南岳阳为中国黄茶之乡。

黑茶：成品茶的外观呈黑色，故名黑茶，属于全发酵茶。黑茶按地域分布，主要分类是湖南黑茶、四川黑茶、云南黑茶（普洱茶）及湖北黑茶。普洱茶又根据发酵程度分为完全发酵的熟普和未发酵的生普。

花茶：又名香片，利用茶善于吸收异味的特点，将有香味的鲜花和茶一同闷，茶将香味吸收后再筛去干花。它的最大特点是冲泡后芳香扑鼻、口感浓郁、味道鲜嫩,一年四季都可以饮用。

为方便饮用,人们将茶叶分别装入纸袋,称为"袋茶",饮用时将茶袋放入杯中,冲泡即可。根据生活习惯,南方人爱喝绿茶,北方人爱喝花茶,东南沿海一带的人喜欢乌龙茶,欧美人喜欢红茶,特别是袋装红茶。

2.奉茶的礼仪和禁忌

①不要当着客人的面取茶冲泡。即使当着客人的面取茶,也不可直接下手抓茶叶,而要用勺子取,或是直接以茶罐将茶叶倒入茶壶、茶杯。

②奉茶时手不能触碰杯子边缘。正确的做法是在杯子下半段二分之一处,右手在上、左手在下托着茶杯。如果同时上两杯以上的茶,要用到托盘。托盘在使用时不能置于胸前,以免自己呼出的气体污染了茶叶。此外,在托盘内准备一张湿纸巾或干净的小毛巾,以便溢水时及时处理。

③茶水放置在客人方便取用的地方。搁放茶杯时应先将小拇指压在杯底再放杯,这样可以将干扰源降到最低。

④女性奉茶要注意自身仪态。最好能够将长发束发、不留长指甲、衣着端正。女性奉茶时,若不注意,会在无意中将女性的某些隐私部位暴露给客户,给自己带来不良影响。

⑤要注意客人的喜好、上茶的规矩、敬茶的方式以及续水的时机。可能的情况下,多准备几种茶叶,上茶前先询问客人用哪一种。如果只有一种茶叶,要说清楚。喝茶不要太浓,如果客人有特别要求除外。以茶待人要上热茶,而且是七分满。

⑥注意由谁奉茶及奉茶顺序。在家里待客,通常由家中晚辈或家庭服务员奉茶。接待重要客人时,最好是女主人甚至是主人亲自奉茶。在工作单位时,一般应由秘书、接待人员为来客上茶。接待重要的客人时,应由本单位在场的职位最高者亲自奉茶。如果客人多,可采用先客后主、先主宾后次宾、先女后男、先长辈后晚辈的原则,或按照顺时针依次上茶,或是按照客人的先来后到顺序。

⑦勤斟茶、勤续水。这种做法的寓意是"慢慢喝,慢慢叙"。以前,第一杯茶叫作敬客茶,第二杯叫作续水茶,第三杯叫作送客茶。所以,在用茶招待老年人或海外华人时,不要再三斟茶。

⑧为客人斟茶时,不要妨碍到对方。为客人续水时一手拿起茶杯,使茶杯远离客人身体、座位、桌子,另一只手把水续入,最好不要在客人面前续水。

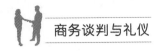
（三）咖啡的礼仪

咖啡是西方主流饮品，在商务向国际化发展的趋势下，商务人士对咖啡的饮用和相关礼仪规范必须掌握。

1.喝咖啡的时间

在家里用咖啡待客，不论是会友还是纯粹作为饮料，不要超过下午四点钟。邀人外出，在咖啡厅会客时喝咖啡的最佳时间是傍晚或午后。

在餐厅用餐时，人们往往会选用咖啡佐餐助兴。正式的西式宴会上，咖啡往往是"压轴戏"。而一些正式的西式宴会一般是晚上举行，所以在宴会上喝咖啡通常是在晚上。不过为照顾个人习惯，在宴会上上咖啡时最好同时备上红茶，由来宾自己选择。

2.喝咖啡的地点

喝咖啡的最常见地点主要有客厅、餐厅、写字间、咖啡厅等。

在客厅喝咖啡，主要适用于招待客人。如果在自家花园喝咖啡，适合和家人休闲休息，也适合于招待客人。西方有一种专供女士社交的咖啡会，就是在主人家的花园举行的，时间不长，重在交际和沟通。

3.咖啡器具的使用

咖啡碟：在正式场合，咖啡都是盛进杯子，然后放在碟子上一起端上桌。碟子的作用主要是用来放置咖啡匙，并接收溢出杯子的咖啡。

咖啡杯：握咖啡杯的得体方法是伸出右手，用拇指和食指握住杯耳后，再轻缓地端起杯子。餐后饮用的杯子，一般是袖珍型的。这种杯子杯耳较小，手指无法穿过，此时应是拇指和食指捏住杯把再把杯子端起，不可双手握杯或用手托着杯底，也不可俯身就着杯子喝。洒落在碟子上的咖啡用纸巾吸干。如果坐在桌子附近喝咖啡，通常只需要端起杯子，不需要端碟子。如果离桌子较远，或站立、走动时喝咖啡，应用左手把杯、碟一起端到齐胸高度，再用右手拿着杯子喝。

咖啡匙：在正式场合，咖啡匙的作用是加入牛奶或奶油后用它来轻轻搅动，使牛奶或奶油与咖啡相互融合。加入小糖块后，可用咖啡匙略加搅拌，以促进其迅速溶化。如果咖啡太烫，也可用咖啡匙稍作搅动。咖啡匙的使用要特别注意，一是不要用咖啡匙去舀咖啡来喝，二是不用时平放在咖啡碟里，不要立在咖啡杯里。

方糖夹：取用咖啡时，通常有糖、奶等配料可供选用。在为咖啡加方糖时，一般咖啡厅都会提供专门夹取咖啡的方糖夹，如果糖罐里是散装糖，则要用专门的汤匙取用。现在也有很多地方提供独立包装的糖包，则只需撕开糖包直接取用。

4. 咖啡取用数量及配料使用

在正式场合要注意的事项：

①杯数要少。在正式场合喝咖啡，它只是一种休闲或交际的陪衬和手段，所以最多不要超过三杯。

②入口要少。喝咖啡既然不是为了充饥解渴，那么在饮用时就不要动作粗鲁，让人发笑。端起杯子一饮而尽，或大口吞咽，喝得响声大作，都是失礼的。

③可根据自己需要添加牛奶、糖块之类的配料。要记住自主添加、文明添加两项要求，不要越俎代庖，给别人添加配料。如果某种配料用完需要补充，不要大呼大叫。加牛奶时动作要稳，以防洒在桌子上。加糖时要用专门的糖夹或糖匙去取，不可直接下手。

5. 咖啡配餐的取用

在喝咖啡时，为了不伤肠胃，往往会同时准备一些糕点、果仁、水果之类的小食品。需要用甜点时首先要放下咖啡杯。在喝咖啡时，手中不要同时拿着甜点品尝，更不能左右开弓，一边大吃，一边猛喝。

6. 取用咖啡的其他要求

喝咖啡时要适时地和交往对象交谈。这时务必细声细语，不可大声喧哗，乱开玩笑，更不要和人动手动脚，否则会破坏氛围。此外，不要在别人喝咖啡时向对方提出问题。自己喝过咖啡要讲话前最好先用纸巾擦拭嘴唇，免得让咖啡弄脏嘴角。

 练习题

一、简答题

1. 女士在舞会中拒绝邀舞的注意事项有什么？

2. 中餐使用筷子的禁忌是什么？

3. 西餐正餐的菜序是什么？

4. 敬酒的顺序是什么？

5. 奉茶的礼仪和禁忌分别是什么？

二、案例题

老刘的儿子留学归来，还带了位洋媳妇回来。为了讨好未来的公公，这位洋媳妇一回国就诚惶诚恐地张罗请老刘一家去当地最好的饭店吃西餐。

用餐开始后，老刘为显摆自己也很讲究，就用桌上的一块"很精致的布"仔细擦拭了自己的刀叉。用餐时学着他们的样子使用刀叉，既费劲又辛苦。用餐快结束时，老刘盛了几勺精致小盆里的"汤"放到自己碗里，然后捧着碗喝掉。洋媳妇一愣，也跟着喝掉。而他的儿子已经满面通红。

请问，你觉得老刘的儿子为何会满面通红？请找出此案例中不符合西餐礼仪的地方。

三、实训题

1. 模拟练习参加舞会的礼仪，在舞会上应表现得体，符合礼仪要求。

2. 在条件允许的情况下，与朋友一起去西餐厅用餐，感受氛围的同时，相互观察对方的行为举止是否符合西餐礼仪。

第十一章 商务礼仪之涉外礼仪

本章学习目标

1.掌握涉外商务交往的基本准则，并运用基本原则指导自身的国际交往。

2.掌握接待礼仪的基本要求，明确接待工作的具体环节，规范日常的接待行为。

3.掌握访问礼仪的基本要求，规范例行的出访行为。

由于地区和历史的原因，各地区各民族对礼仪的认识存有差异。为更好地与不同民族、不同国家的人进行商务交往，避免因为各自的文化、制度等差异产生误会和隔阂，人们在交往时要遵循共同的礼仪规范和准则。涉外礼仪实质上是人们在国际交往中形成和惯用的一种行为规范和行为准则。在一定程度上涉外礼仪反映着一个国家的文明程度，以及这个国家人民的文化素养和社会风尚。中国自古有"礼仪之邦"的美誉，讲究涉外礼仪，是中国人民这一传统美德在对外开放新形势下的延伸和发展。

第一节　涉外商务交往的基本原则

所谓涉外商务交往的基本原则，是指我国商务人员在接待外国商务人员时，应遵守并应用的有关国际交往惯例的基本原则。它既是对国际交往管理的高度概括，又对参与涉外交际的中国商务人员具有普遍的指导意义。本章从国际礼仪基本原则和各国家与地区礼仪的禁忌两个方面对涉外商务交往的基本原则进行讲解。

一、国际礼仪基本原则

国际礼仪的基本准则，通常是指人们运用国际礼仪时所必须遵循的共同准则，即对人们运用国际礼仪时所提出的最基本的、最重要的要求。它是对国际礼仪一般规律的高度概括，并对人们运用国际礼仪具有普遍的指导意义。

国际商务礼仪中，各式各样的礼仪纷繁复杂，但万变不离其宗，只要遵守并应用有关国际惯例的基本准则，就能在涉外交往中得心应手，举止有度。

维护形象

在涉外交往中必须时时刻刻注意维护个人形象，因为每一名商务人员的一言一行，不仅体现个人的教养和品味，而且还代表着其组织形象和国家形象，若是对自我形象毫不修饰，就意味着对交往对象的不尊重，是极为失礼的行为。维护形象包括三个方面：首先是讲究卫生。注意自身仪表干净整洁，身上没有异味或异物，杜绝蓬头垢面。其次是举止大方。在外国人面前，言行举止要从容得体，堂堂正正，同时又不自大狂傲、放肆嚣张。最后是态度热情友善。

1.不卑不亢

涉外交往是面对全球的、跨文化的活动，是一种双向互动交流活动。中国传统文化形成的热情好客、宾至如归等美德，在国际交往及待人接物中必须有"度"。因此，在涉外礼仪中尽管要热情有度，但也不能过谦。

2.求同存异

由于文化差异，国内外人士在许多问题上的看法很不一致。对于礼仪与习俗的差异性重要的是了解，而不是评判是非，鉴定优劣。在涉外交往中为减少麻烦，

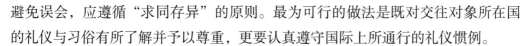

避免误会，应遵循"求同存异"的原则。最为可行的做法是既对交往对象所在国的礼仪与习俗有所了解并予以尊重，更要认真遵守国际上所通行的礼仪惯例。

3.入乡随俗

要了解和尊重各国的特殊习俗，否则会因误会而使宾主双方不愉快，甚至彻底失败。因此"入乡随俗"的原则要求在涉外交往中，要真正做到尊重交往对象，就必须尊重对方所独有的风俗习惯：首先必须充分了解对方相关的习俗；其次必须无条件地对对方所特有的习俗加以尊重。

4.遵时守约

在国际交往中，每一位涉外人员都必须义无反顾地遵守自己对其他人所作出的各项正式承诺，坚持以信为本。在与他人打交道时，说话务必算数，许诺一定要兑现，约会必须如约而至。遵守一切与时间相关的正式约定。

5.热情有度

在与外国人士进行交往时，既要注意为人热情，以示友善之意，更要充分把握好分寸，否则就有可能事与愿违。即在待人热情的同时一定要铭记：自己的所作所为均应以不影响对方、不妨碍对方、不给对方添麻烦、不令对方感到不快、不干涉对方的私人生活、不损害对方的个人尊严为限度。

6.不宜过谦

在涉外交往中，既不要自吹自擂，也不宜自谦，特别是不要自我贬低，以免被人误会。在外国人看来，做人首先要自信，不自信的人就不可能得到别人的尊重。因此在涉外交往中，要自尊自信。当外国人当众夸赞你时，只需大大方方地说声"谢谢"即可。在自我介绍或自我评价时，既要实事求是，又要勇于大胆肯定自身的价值。

7.尊重隐私

中国传统礼仪文化讲究亲密无间，但在国外，人们普遍讲究个性强调个性。因此涉外交往强调关心有度，不得打探或涉及个人隐私问题。在国际商务交往中，要注意个人隐私八不问：第一不问收入支出，第二不问年龄大小，第三不问恋爱婚姻，第四不问健康状态，第五不问家庭住址，第六不问个人经历，第七不问信仰政见，第八不问所忙何事。

8.女士优先

"女士优先"是国际社会公认的一条重要的礼仪原则，主要包括两方面的含意：一是每一名成年男子都有义务主动自觉地以自己的实际行动去尊重、照顾、体谅、关心和保护妇女；二是要对所有女士一视同仁。倘若因为男士的不慎而使妇女陷于尴尬、困难的处境，则意味着男士的失职。能够做到"女士优先"的男士，会被人视为教养良好，有绅士风度。

9. 以右为尊

在正式的国际交往中，依照国际惯例，但凡有必要确定排列主次尊卑时，最基本的规则是右高左低，即以右为尊，以左为卑；以右为上，以左为下。无论是商务往来、文化交流或是私人接触、社交应酬，"以右为尊"都是普遍适用的。

10. 保护环境

国外普遍认为，一个人对待环境的态度是评判文明程度高低的标准之一。"保护环境"的主要含义是每个人都有义务对人类所赖以生存的环境，自觉地加以爱惜和保护。具体包括：不可毁损自然环境，不可虐待动物，不可损坏公物，不可乱堆乱挂私人物品，不可乱丢废弃物品，不可随地吐痰，不可随意抽烟，不可任意制造噪声等。另外，由于西方人以猫狗为宠物，因此避免在交谈中谈及狗肉之类的话题，以免引起对方的反感。

11. 白金法则

"白金法则"是美国最具有影响力的演说家托尼·亚历山德拉博士与人力资源专家迈克尔·奥康纳博士于 20 世纪 80 年代末期所提出的一项关于人际交往的基本法则。它的基本内容是：在人际交往中，尤其是在服务岗位中，若想获得成功，就必须做到：交往对象需要什么，就应当在合法的条件下努力去满足对方什么。就本质而言，白金法则包括以下三个要点：第一，在人际交往中必须自觉地知法、懂法、守法。第二，交往的成功有赖于凡事以对方为中心。第三，交际必须有效地满足交往对象的实际需要。具体到涉外人员身上，主要有两点：其一，必须摆正自己的位置；其二，必须调整好自己的心态。

二、各国家与地区礼仪的禁忌

随着国际商务交往的日益频繁，我们与世界各地的商务人士交往越来越密切。世界各国由于所处的地域、文化背景、政治制度等不同使得商务礼仪千差万别。因此，与国际商务人士的交流合作，要了解各个国家与地区礼仪的禁忌，以免给交往带来不利影响。

（一）美洲国家

美洲位于西半球，此处主要指经济较为发达的北美洲地区，他们的祖先多系欧洲移民，礼仪及禁忌与欧洲相仿。

1. 美国

全称是美利坚合众国。美国的绰号是"山姆大叔"，这也是它的一个象征。"世界霸主""超级大国""国际警察"等也是对美国的常用代称。

在美国居民中白人约占 84%，黑人约占 12%，此外，还有少量土著居民以及亚洲人、南美人等。美国的主要宗教是基督教和天主教。官方语言是英语。

总体而言，美国人平时的穿着打扮不太讲究。崇尚自然，偏爱宽松，讲究个性，是美国人穿着打扮的基本特征。但美国人认为，一个人的着装，必须因其所处的具体场合，或是所扮演的具体角色而定。同时要注意以下服饰禁忌：

拜访美国人时，进门一定要脱下帽子和手套，美国人认为这是一种礼貌。在室内依旧戴着墨镜不摘的人，往往会被美国人视作"见不得阳光的人"。

美国人十分重视着装的细节。在美国人看来，穿深色西服套装时脚穿白色袜子，或穿套裙时让袜口露出自己的裙摆之外，都是缺乏基本的着装常识。

在美国，一位女子要是随随便便在男士面前脱下自己的鞋子，或撩动自己裙子的下摆，往往会有引诱对方之嫌。

美国人认为，出入公共场合时化艳妆，或是在大庭广众当众化妆、补妆，不但会被人视为缺乏教养，而且还有可能会令人感到"身份可疑"。

美国人认为：狗是人类最忠实的朋友。因此对于那些自称爱吃狗肉的人是十分厌恶的。在美国人眼里，驴代表坚强，象代表稳重，它们的形象分别是共和党、民主党的标识。

美国人喜欢运用手势或其他体态语来表达自己的感情。不过下列体态语是忌用的：一是盯视他人，二是冲着别人伸舌头，三是用食指指点交往对象，四是用食指横在喉头前。美国人认为这些都有侮辱他人之意。

与美国人交往时，要与之保持适当的距离。因此，如果碰到别人要及时道歉，坐在他人身边要先征得对方认可，谈话时距离对方过近是失敬于人的。一般与美国人交往时，保持 50 ~ 100 厘米的距离是比较合适的。

在与美国人交谈时，不要说"长胖"之类的话，也要少提"黑"这个词，同时不能打听对方的祖居之地。

2.加拿大

在世界上，加拿大有"移民之国""枫叶之国""万湖之国"等多种美称。加拿大人来自世界各地，英裔居民最多，约占40%，法裔居民约占27%，土著居民仅占3%。加拿大的主要宗教是天主教和基督教。官方语言是英语和法语并用，实行"双语制"。

在日常生活中，加拿大人着装以欧式为主。在参加社交应酬时，加拿大人循例都要认真地进行自我修饰。参加交际活动时，男士必须提前理发、修面，女士们则无一例外地要进行适当地化妆，并选戴一些首饰。否则不仅会让别人觉得失之于自尊自爱，而且还会被视为是对交往对象的不尊重。

白雪在加拿大人心目中有着崇高的地位，并被视为吉祥的象征与辟邪之物。在不少地方人们甚至忌讳铲雪。

在与加拿大人交谈时，不要插嘴、打断对方的话，或是与对方强词夺理。议论性与宗教，讨论魁北克省要求独立的问题，处处将加拿大与美国连在一起进行比较，或是大讲特讲美国的种种优点与长处，都是要避免涉及的。

在需要指示方向或向某人介绍时，加拿大人忌讳用食指指指点点，而是采用五指并拢、掌心向上的手势。

在与加拿大土著居民交往时，千万不要称其为"印第安人"或"爱斯基摩人"。前者被认为暗示其非土著居民，后者的本意是"食生肉者"，因而具有侮辱之意。对于后者，应当采取对方所认可的称呼，称为"因纽特人"。对于前者则宜以对方具体所在的部族之名相称。

（二）欧洲国家

欧洲位于东半球西北部，绝大多数是欧罗巴人种。

1.德国

全称是德意志联邦共和国。德国有"经济巨人""欧洲的心脏""运河之国"等美称。德国的主体民族是德意志人，此外还有少量的丹麦人、吉普赛人、索布人以及外籍人。德国的主要宗教是基督教和天主教。官方语言是德语。

德国人在穿着打扮上总体风格是庄重、朴素、整洁。他们不大容易接受过分前卫的服装，不喜欢穿着过分鲜艳花哨的服装，并且对衣冠不整、服装不洁者难于容忍。

德国人对发型较为重视。在德国，男子不宜剃光头，免得被当成"纳粹"分子。

在德国，不宜随意以玫瑰或蔷薇送人，前者表示求爱，后者专用于悼亡。送女士一枝花也是不合适的。

德国人对黑色、灰色比较喜欢，对于红色以及掺有红色或红、黑之间的色，则不感兴趣。

德国人对纳粹党党徽的图案十分忌讳。它与我国民间表示吉祥的符号相似，但前者开口是顺时针方向，后者是逆时针方向，切勿混淆。

跟别人打招呼时切勿身体立正，右手向上方伸直，掌心向外，这是过去纳粹的行礼方式。

在与德国人交谈时，不要涉及纳粹、宗教与党派之争。在公共场合窃窃私语被认为是十分无礼的。

在与德国人一起用餐时，有几条特殊的规矩：若同时饮用啤酒与葡萄酒，宜先饮啤酒，后饮葡萄酒；吃鱼用的刀叉不得用来吃肉和奶酪；食盘中不宜堆积过多食物；不得用餐巾来扇风；忌吃核桃。

2. 英国

全称是大不列颠及北爱尔兰联合王国，有时也被称为"大不列颠帝国""大英帝国""英吉利"等。英国现在的居民主要有英格兰人、威尔士人、苏格兰人和爱尔兰人，此外还有少量的犹太人。主要宗教是基督教。官方语言是英语。

英国人在正式场合的着装大致有四条禁忌：一是忌打条纹式领带，二是忌不系长袖衬衫袖口的扣子，三是忌在正式场合穿凉鞋，四是忌以浅色皮鞋配西服套装。

英国的国花是玫瑰，对于被视为死亡象征的百合花和菊花，英国人十分忌讳。

英国的国鸟是知更鸟，而孔雀与猫头鹰却在英国声名不佳。英国人十分喜欢动物，其中狗和猫尤是喜欢，但对黑色的猫十分厌恶。此外，英国人也不喜欢大象。

在与英国人打交道时要注意：一是忌当众打喷嚏，二是忌讳用同一根火柴连续点燃两支香烟，三是忌讳把鞋子放在桌子上，四是忌讳在屋子里撑伞，五是禁忌从梯子下走过。

英国人的饮食禁忌主要是不吃狗肉，不吃过咸、过辣或带有黏汁的菜肴。做菜时加入调味品也有所忌讳。

3. 意大利

全称是意大利共和国。有"欧洲花园""旅游之国""航海之国"等美称。意大利的主要宗教是天主教。官方语言是意大利语，在个别边境地区也有一些人讲法语和德语。

意大利人最喜欢的颜色是绿色、灰色，对于黄色和蓝色也给予好评。但对于紫色比较忌讳。

在一般情况下，意大利人以午餐为主餐。他们认为拒绝赴宴的邀请很不礼貌。在席间，意大利人主张不谈公事，以便专心致志地用心品尝佳肴。

（三）亚洲国家

亚洲位于东半球东北部，是世界上最大的洲。由于亚洲历史悠久，礼节礼仪比较繁杂。

1. 朝鲜

全称是朝鲜民主主义人民共和国。在欧美，它常常被人们以其古称"高丽"相称。朝鲜国的民族是单一的朝鲜族，主要宗教是佛教和基督教。国语是朝鲜语。

朝鲜人在家中待客时宾主大都席地而坐。由于拜访朝鲜人时进门必须首先脱鞋，所以切记此前一定要穿一双干净无异味、无破洞的袜子。在朝鲜，在外人面前不穿袜子是一种失礼行为。

在朝鲜，递接东西以用双手为佳。在他人面前不得吐痰、擤鼻涕、掏耳朵。

对于非议尊长、男女关系、个人崇拜、国内困难以及与美、韩关系问题，朝鲜人大都不愿涉及。

一般情况下，朝鲜妇女不与外国人握手，而只是鞠躬为礼。朝鲜男子与外国女性握手则是许可的。

日常交往中，称呼朝鲜人最好采用尊称或其职务、职称。直呼其名的做法他们是不习惯的。

朝鲜人的主要饮食禁忌是不吃鸭子、羊肉、肥猪肉。讨厌吃稀饭。吃热菜时不喜欢加醋。

2. 韩国

全称是大韩民国。全国是单一的朝鲜族人。韩国的主要宗教是佛教。除此之外，也有一些韩国人信奉儒教、天主教或天道教。官方语言是韩语。

在韩国，邋里邋遢、衣冠不整的人和着装过露、过透的人一样，都是让人看不起的。

在韩国，参加社交活动时光脚是一种失礼的行为。进屋之前需要脱鞋时，韩国人是不准将鞋尖直对房间内的，不然会使对方极其不满。

韩国以木槿花为国花，松树为国树，喜鹊为国鸟，老虎为国兽。对此不要妄加非议，更不能当着韩国人的面不恭不敬。

在与韩国人交谈时，发音与"死"相似的"私""师""事"等几个词尽量避免使用。需要称呼其国家或民族时，应称为"韩国"或"韩国人"。

在韩国不宜谈论的话题有：政治腐败、经济危机、意识形态、南北分裂、韩朝关系等。

3. 马来西亚

马来西亚籍华人和华侨占马来西亚全国总人口的二分之一以上，除此之外，还有少量印度人和巴基斯坦人。马来西亚以伊斯兰教为国教。官方语言是马来语，英语和华语是通用的语言。

和马来西亚人接触时要注意：一是不要触摸被其视为神圣不可侵犯的头部与肩部。二是不要在其面前跷脚、露出脚底，或用脚去挪动物品。三是不要用一手握拳去打另一只半握的手，这在马来西亚人看来是十分下流的。四是与其交谈时不要将双手贴在臀部，不然有勃然大怒之疑。五是不要当众打呵欠。万不得已时，务必以手遮住口部。

马来西亚由于以伊斯兰教为国教，因此在饮食习俗上要了解并尊重穆斯林的有关禁忌。

马来西亚人一般十分好客，他们认为客人在主人家不吃不喝是不尊重主人的行为。

4. 新加坡

全称是新加坡共和国。有"花园之国"的美称。主要宗教是伊斯兰教。除此之外，还有佛教、印度教、基督教。马来语被定为国语，马来语、英语、华语、泰米尔语同为官方语言，英语为行政语言。

新加坡人在人际交往中崇尚清爽卫生，对于蓬头垢面、衣冠不整、胡子拉碴的人大都会侧目而视。

在新加坡的许多公共场所，穿着过分随便者，比如穿牛仔裤、运动装、低胸装、露脐装的人往往被禁止入内。

在与新加坡人交谈时，不仅不能口吐脏字，而且要多使用谦词敬语。与此同时，对于话题的选择务必多加重视。对于新加坡国内政治、宗教、民族问题，执政党的方针、政策等最好不要涉及。

新加坡人对"恭喜发财"这句祝颂词十分反感。他们认为这句话带有教唆别人去发不义之财、损人利己的意思。在商业活动中，宗教词语和如来佛的图像也被禁用。

（四）非洲和大洋洲国家

1. 埃及

全称是阿拉伯埃及共和国。有着"文明古国""金字塔之国"和"棉花之国"

等美称。埃及由阿拉伯人、科普特人、贝都因人、努比亚人等多个民族构成。主体民族为阿拉伯人。主要宗教是伊斯兰教，多属于逊尼派。国语是阿拉伯语。

埃及人以猫作为本国国兽，讨厌猪，同时与猪相近的大熊猫也为埃及人所反感。

在埃及民间，人们对葱很看重，因为它代表了真理。对于针十分忌讳，在埃及，"针"是骂人的词语。

在待客时，主人往往在客人一登门便送上茶水，并且还要挽留客人用餐。对于主人所上茶水，客人必须喝光，否则会触犯埃及人的禁忌。同样，在主人家里用餐时要尽量多用一些。此外，他们还习惯以自制甜点招待客人，如果客人婉言谢绝，会让主人极其失望，而且也是失敬于主人的表现。

2. 南非

全称是南非共和国。南非是举世闻名的"钻石之国"。人口构成上可分为黑人、白人、有色人种与亚洲人四大种族。南非的主要宗教是基督教。官方语言是英语和南非荷兰语。

与南非人进行商务交往时，最好穿样式保守、色彩偏深的套装或套裙，不然会被对方认为是失礼。在与其打交道时，首先要了解对方的宗教信仰，并且要非常尊重，这一点至关重要。

一般而论，南非的黑人都非常敬仰自己的祖先，因此他们特别忌讳外人对其先祖在言行上表现出失敬。由于历史的原因，南非人为人处世非常大胆而直爽。在与对方交谈时，过分地委婉或兜圈子是不受欢迎的。

在与南非黑人交谈时，有四个方面的话题切勿涉及：一是不要为白人评功摆好；二是不要评论不同黑人部落或派别之间的关系及矛盾；三是不要非议黑人的古老习惯；四是不要为对方生男孩表示祝贺，在许多部落中这件事不令人欣喜。

3. 澳大利亚

全称是澳大利亚联邦。有"牧羊之国""骑在羊背上的国家""淘金圣地"等美称。澳大利亚当地土著居民仅占全国的1%，其余主要是外国移民的后裔。主要宗教是基督教。官方语言是英语。

在澳大利亚人眼里，兔子是一种不吉祥的动物，遇到兔子可能是厄运降临的预兆。

在人际交往中，爱好娱乐的澳大利亚人往往邀请友人一同外出游玩，对此邀请给予拒绝会被理解为不给面子。

澳大利亚人反感将本国与英国处处联系在一起。虽然不少人私下里会对自己与英国有某种关系而津津乐道，但在正式场合对于将两国混为一谈会十分反感。

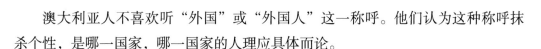

澳大利亚人不喜欢听"外国"或"外国人"这一称呼。他们认为这种称呼抹杀个性，是哪一国家，哪一国家的人理应具体而论。

澳大利亚人对公共场合的噪声极其厌恶。在公共场所大声喧哗者，尤其是在门外高声喊人者是被看不起的。

澳大利亚的基督教徒有周日做礼拜的习惯，因此尽量不要把约会定在周日。

澳大利亚人不吃狗肉、猫肉、蛇肉，不吃动物的内脏与头爪。对于加了味精的食物也十分厌恶。

4. 新西兰

新西兰环境十分优美，素有"绿色花园之国"和"白云之乡"的称号。同时国民经济以畜牧业为主，又有"畜牧之国"、"牧羊之国"之称。新西兰由欧洲移民后裔、毛利人、华人等民族构成。新西兰的主要宗教是基督教和天主教。通用语是英语，但毛利人依然习惯讲毛利语。

新西兰人把狗看为人类的朋友，因此在新西兰不要谈论关于狗肉的话题。

毛利人信奉原始宗教，相信灵魂不灭，因此对于拍照、摄像十分忌讳。

新西兰人比较严肃寡言，并且很讲绅士风度。当众闲聊、剔牙、吃东西、喝饮料、抓头发、紧皮带、嚼口香糖等，均被看做是不文明的行为。

新西兰人奉行所谓"不干涉主义"，即反对干涉他人的个人自由。对于交往对象的政治立场、宗教信仰、职务级别等，他们一律主张不闻不问。

新西兰人在男女交往方面较为严谨保守，并且有种种清规戒律。男女同场活动往往遭到禁止。

新西兰人在人际交往中讲究"平等主义"。他们认为人都是生而平等的。新西兰人非常反对讲身份、摆架子。称呼新西兰人时特别要注意：直呼其名常受欢迎，称呼头衔却往往令人侧目。

第二节　涉外接待礼仪

接待礼仪通常是指涉外人员在国际交往中具体从事接待工作时所应遵守的基本行为规范。接待礼仪的基本要求是：从事具体接待工作的每一名涉外人员，都应树立起良好的礼宾意识。

一、礼宾的规格与次序

（一）礼宾的规格

在涉外接待中，礼宾规格通常都被专业人士视为头等大事。在确定接待工作的具体环节与具体程序时，首先必须确定礼宾规格。

确定礼宾规格主要是确定由哪一级人员出面迎接。接待方的主要迎接人员一般应与来宾身份相当，只有与我方关系极为密切时才允许破格接待。如因特殊情况，如当事人不在当地或因身体状况不能出席，不能完全与来宾身份相当时，则可由职位相当的人员或副职出面迎接，但要注意不能与对方身份相差太大。根据接待规格不同，一般分为以下三种情形：

①隆重迎接，主要适用于各国的国家元首、政府首脑的正式访问或重要的官方代表团。此类规格讲究规范性和严肃性，必须关注每个细节，稍有疏忽都会有损于国家形象。

②一般迎送，一般人员或代表团来访，大都不举行迎送仪式，但在其抵达或离开时，均应安排相应身份的人员前往迎接或送别。国际商务往来一般采取此种规格。

③私人性质的迎送，如果来访者是国际友人，属于私人性质的访问，则视彼此关系予以适当调整。可适当轻松实在些，但切不可忽视必要的礼仪。

（二）礼宾的次序

所谓礼宾次序，亦称礼宾序列、礼宾排列或名次安排。在国际礼仪中是指在正式的、多边性质的涉外接待过程中，东道主一方对于在同一时间到达现场，来自不同国家、不同地区、不同单位、不同部门、不同组织具有不同职级、不同人数的外方人士，视其"尊卑"来安排接待的先后顺序或位次。

一般来说，礼宾次序的常规排序方式主要有六种。这六种方式有时可采用其中的一种，有时则可几种方式兼用。下面依次介绍。

1.按行政职务高低排序

大凡正式的官方交往，如正规的政务活动、商务活动、学术活动等，均可按照来宾具体行政职务的高低进行礼宾次序排列。在此种情况下，礼宾次序排列只需按照具体人员的行政职务，而不需考虑性别、年龄。

在接待不再担任现职的外方人士时，一般可以根据其所担任的最高或最后行政职务作为排序的依据。但若该外方人士与担任现职的人士同时到场的话，则应位列对方之后，以示"现任高于原任"。若需同时排列多位曾任同一职务者时，可按照对方任职时间的早晚为序，将任职较早者排列在前。

在接待多方团队时，一般并不重视人数的多少，而是按其团长或领队行政职务的高低排列。

2.按拼写字母的先后顺序

一般来说，在国际组织进行活动或举行国际会议、进行体育比赛时，按照来宾所在国家、地区、组织或所在单位具体名称拼写字母的先后为序，是最为通行的做法。

此处有两点要注意：

第一，按照国际惯例，字母顺序通常是指拉丁字母顺序，而非某国法定文字的字母顺序，这样做是为了维护国与国之间的平等。

第二，如果进行排序的两个或两个以上国家、地区、组织、单位名称的起始字母相同，则应以第二个字母作为排序依据，以下以此类推。

3.按抵达现场的先后排序

有时可按照来宾正式抵达活动现场具体时间的先后为序。这种排列方式即是"以先来后到为序"。在国际交往中主要适用于一些特定的外交场合及非正式场合，以及以上两种排列方式难以运用的场合。

4.按报名参加的早晚排序

某些时候亦可按照来宾正式报名的具体时间早晚进行排序。它所适用的主要范围有：跨国举行的各种招商会、展示会、博览会等大型商贸类活动。

5.按宾主地位的不同排列

在多方涉外接待中，有时除主办方外难免还会有国内其他组织或单位的人员到场。此时即可采用此种方式排序：来访者一方应当居前，国内其他单位的人士居中，东道主一方应居后。即境外人士应排在境内人士前，国内其他单位的人士应当排列在主办单位的人士前。

6.不进行正式的顺序排列

此种方式一般称为"不排列"。在多方接待中，此种排列顺序主要适用于如下两种情况：一是没有必要排序，二是实在难以任何方式排序。

二、制订接待计划

接待计划又称接待预案，是指接待方对于来宾的接待工作所进行的具体规划

与安排。在具体制订接待计划时，应将接待方针与接待内容作为重点予以重视。

（一）接待方针

在制订接待计划时，往往要提出一些总体要求与指导思想，令计划的制订变得有章可循，易于操作。所谓接待方针就是接待工作的指导方针，即接待工作的总体要求与指导思想。

一般来说，要把礼待来宾、周详具体、节俭务实、规模适度、灵活机动、先期制定、上级批准、通报对方、以我为主、监督总结作为制定接待计划的总体要求。

其次，在接待方针的基本内容里还应包括一些具体考虑，主要有国家差异、民族差异、党派差异、宗教差异、文化差异五个方面。

（二）接待内容

在涉外接待中，所谓接待内容通常是指接待计划所应包括在内的基本项目。一般情况下应包括以下五个方面：

1.接待形式

所谓接待形式一般是指接待活动的主要方式、方法。以正式与否来区分，有正式接待与非正式接待之别；以规范与否来区分，有常规接待与非常规接待之别；以接待方来区分，有官方接待与非官方接待之别；以来宾在我方停留过程来区分，有全程接待与非全程接待之别；以我方接待单位多寡来区分，有单方接待和多方接待之别。

在确定接待形式时一定要从简务实，量力而行，且要合乎惯例。

2.接待日程

在接待计划中，所谓接待日程是指在接待来宾工作中按日排定的具体行事程序。在设定日程时，应将接待过程中的全部重要活动一律包括在涉外接待的日程中。

在具体安排接待日程时要注意：一是应逐项列出，一清二楚；二是时间安排要精确，便于控制；三是疏密有致，有张有弛；四是应将接待日程提前提交对方，以使对方有数；五是应留有余地，以便调整补充。

3.经费预算

在制定具体涉外接待计划时，必须对所需经费开支作出总预算，并正式报请有关领导批准执行。在制定经费预算时要注意四点：一是应按照接待工作的具体程序逐项列出所需费用开支，以求预算精确；二是应厉行节俭，努力压缩一切可用可不用的费用；三是应严格遵守有关规定，不得在费用使用中有意违规；四是应

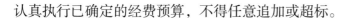

认真执行已确定的经费预算，不得任意追加或超标。

4.安保与宣传

在制订涉外接待计划时，对有关于安保宣传方面的相关内容要高度重视。

所谓安保是安全保卫工作的简称。在安排涉外接待活动前，应向有关公安、国家安全部门正式报告，以取得其指导与协作。在具体接待环节的接待也要安全至上，并坚决维护我国的国家安全。

所谓宣传主要是指有关接待活动的新闻报道。必须兼顾我方条件、外方特点、礼宾规格以及具体的新闻价值。一般而言，重要涉外接待活动的新闻报道计划，要事先向外事外宣部门报批。必要时可通知新闻单位到场。

5.人员分工

在安排接待活动时一定要注重有关人员的协调与分工。首先要分工负责，整体上要有专人负责，具体工作环节也应由专人负责。其次，涉外人员的选用要择优。此外，在选择人员时要考虑便于双方的沟通及适应对方。

三、迎来送往礼仪

在涉外接待过程中，迎来送往不仅反映我方的接待水准，体现着我方的礼宾规格，而且意味着双边关系发展的程度，暗示我方对外方重视与否，同时还事关外方对我方的第一印象和最后印象。因此，涉外接待中的迎来送往无可置疑地被视为一件礼仪大事。

（一）充分准备，了解详情

对涉外迎送活动而言，具体包括三个方面，即外方状况，我方要求与他方反映。

1.掌握外方状况

若要使得迎来送往工作进行得顺利圆满，达到双方都满意的效果，我方要首先充分掌握外方的具体状况。主要有以下五个方面：

①主宾的个人简况。对于外方主宾的简况要一清二楚，外方其他来宾的情况亦要尽可能有所了解。

②来宾的总体情况。在迎送活动中，对于一些来宾的总体情况尤其具体人数、骨干成员、性别概况及负责人等，我方人员均应予以关注。

③来宾的整体计划。外方在来访前必定会制定具体访问计划。对外宾的来访

计划，特别是访问目的、指导方针、大致安排等，我方应有一定程度的了解。

④来宾的具体要求。我方对外方所提出的要求要予以充分考虑。

⑤来宾的往返时间。对来宾正式抵达和离去的时间及相应航班、车次、地点等，我方要充分掌握并再三核对，以免在具体工作中出现重大失误。

2.了解我方要求

我方人员对我方的有关要求要有一个全面认识。特别是以下几点，更是不能忽略：

①我方的接待方针。它具体涉及我方整个接待工作的基本要求。

②我方的基本意图。它与迎送工作的具体操作及结果相关。

③我方的礼宾规格。它是我方所给予来宾具体礼遇的最明显体现。

④我方的礼宾次序。在同时接待多方来宾时，礼宾次序的正确运用关系甚大。

⑤我方的操作重点。对迎来送往过程中的某些重点环节，有关人员必须重视。

⑥我方的有关预案。对用来防止某些临时变故的预备方案，有关人员必须清楚，不能一知半解。

3.关注他方反映

在涉外接待过程中，对其他各方对我方迎送活动的反映亦应给予重视。尤其是对官方的反映、民间的反映和媒体的反映。

（二）确定抵离的具体"时空"

在正式的涉外接待中，主客双方均会对迎来送往的具体时间与空间十分重视。

1.活动的时间

在具体涉外接待中的迎送工作时，对时间应高度重视。要做到双方商定、约定精确、留有余地、反复确认、严格遵守。

2.活动的空间

在规范迎送活动具体时间的同时，对其具体空间也应有所规范。通常对于活动的具体地点，要在主方决定的情况下，注意空间开阔、环境良好并根据情况不同对地点有所区别。

应注意的一点是，在条件允许的情况下，接待外方来宾时应避免使不同的迎送活动在同一时间同一地点进行，以免顾此失彼，或令外方互相攀比。

（三）关注多方细节

在迎送外方来宾的具体活动中，我方工作人员既要事事从大局着眼，也要处处从小事着手，关注细枝末节，以免因小失大。在具体的迎送活动中，至少应对

气象、交通、安全三大细节予以高度重视。

1. 气象状况

对气象状况的注意主要有两点：第一是掌握当地的气候变化规律。第二是制定气象突变的应对措施。

2. 交通状况

不论举行何种形式的迎送活动，交通状况都不容回避。倘若交通方面存在隐患，会影响迎送活动的正常进行。

通常要注意三点：一是安排适量的交通工具，二是事先向交管部门通报，三是进行必要的交通管制。

3. 安全状况

由于许多迎送活动都是公开举行的，因此有关部门和有关人员一定要对安全状况高度重视，并牢固树立"安全第一"的观念。

在这一重要问题上，通常要注意以下四点：一是采取必要的安全措施；二是有关部门应各负其责；三是宾主双方要沟通合作；四是密切关注社会动态，不仅要关注国内的社会动态，还须关注世界各国的动态，尤其是某些敌对国家和敌对势力的动态。

（四）熟知迎送程序

就国际礼仪而言，凡属重大活动皆应规定必要的程序，并在届时循序而行。在涉外接待工作中，迎送外方的活动，特别是隆重而热烈的迎送仪式亦应如此。因此，每一名具体从事迎来送往的工作人员，都应当熟知与迎来送往活动相关的具体程序。

四、会面会谈与签字

（一）会面会谈

会面和会谈是涉外活动中常见的一种活动，其目的是通过直接面对面的交谈加深了解，增进友谊，加强合作。同时也可通过磋商来解决双方的矛盾，以便达成共识。

1. 会面与会谈的内涵

会面在国际上一般有两种情况：一种是接见，是指身份高的人士会见身份低的人士，或是主人会见客人；另一种是拜会，是指身份低的人会见身份高的人。在接见或拜会后的回访称为回拜。会见的地点一般选在会客厅或办公室，会见时

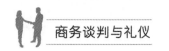

间较短，内容较为广泛。会谈内容较会面更加正式，往往是对有关问题交换意见，也可接洽公务或谈判具体业务。

2.会场布置与座位安排

在安排会面、会谈时，组织方应事先将时间、地点、本方出席人、程序安排及有关注意事项通知对方，并安排好会场、座次。中国的会面座次是：主宾居中，主人居右，记录员和译员应坐于宾主后面。客方随员依礼宾次序在主宾一侧就座，主方随员一次在主人一侧就座，如果只有两方会谈，一般用长方形或椭圆形桌子，客人座位应设在对门位置或入门方向的右侧，以示对客人的尊重。小范围的会谈也有不用长桌，只设沙发的，双方座位按会见座位安排。在安排座位时要在每个位置前摆好双语座位卡。

3.会面会谈的注意事项

做好准备工作。主宾双方都可向对方提出要求，接见一方应尽快答复，如遇到特殊情况不能接见，应婉言向对方做好解释工作。做好会面前的沟通工作，是双方的一种礼貌相待。

迎候客人。会见双方都应遵守约定，尤其作为主方人员应提前到达会见地点以迎候客人。迎候时可站在会见的大楼正门，也可在会客厅门口等候。当客人到达时，应主动上前行礼表示欢迎，并引导客人入座。

4.会面会谈的服务礼仪

会面期间应根据不同季节与来访客人的习惯，准备不同的饮品进行招待。如时间较长，可适当上咖啡、点心等。如允许记者采访，则应在会见开始前几分钟进行，会面、会谈开始后即离开。

合影。为表示友好，会面应准备合影环节。合影前应事先画好合影图，一般主人居中，主宾紧挨主人的右侧，队尾两端应安排主方人员。

握别。会面、会谈结束后，双方热情话别，并送到车前或门口握别，同时目送客人远去后离开。

（二）签字

在涉外交往中，举行签字仪式不仅是对谈判成果的一种公开化，而且也是有关各方对自己履行合同、协议所作出的一种正式承诺。

1.位次排列

举行签字仪式时，在力所能及的条件下一定要郑重其事。一般而言，举行签字仪式时座位排列的具体方式共有三种：

①并列式。签字桌在室内横放，双方出席仪式的全体人员在签字桌后面并排排列，双方签字人员居中面门而坐，客房居右，主方居左。

②相对式。与并列式排位基本相同，二者之间的主要差别是相对式排位将双边参加签字仪式的随员移至签字人的对面。

③主席式。此种主要适用于多边签字仪式。签字桌仍在室内横放，签字席仍须设在桌后面对正门，但只设一个，并且不固定其就座者。举行仪式时，所有人员包括签字人在内，皆应背对正门、面向签字席就座。签字时，签字人应以规定的先后顺序依次走上签字席就座签字，签完后回原处就座。

2.基本程序

①宣布开始。此时有关人员应先后步入签字厅，并在各自既定的位置上就位。

②签署文件。通常首先签署由己方保存的文件，然后再签署应由他方签署的文件。按照礼仪规范，每一位签字人在己方所保留的文本上签字时应当名列首位。

③交换文本。各方签字人应热烈握手互致庆贺，并交换方才自己所用过的签字笔以作纪念。全场人员应热烈鼓掌，表示庆贺。

④饮酒庆贺。有关各方人员一般应在交换文本后当场饮一杯香槟酒，并与其他方面的人士一一干杯。这是国际上通行的增加仪式喜庆色彩的一种常规性做法。

五、国旗升挂仪式

国旗是一个国家的象征与标志。它是由一个国家法律规定的、具有一定正式规格与式样的旗帜，用以在正式场所悬挂。

在正式活动中，人们往往通过升挂本国国旗来表达自己的民族自尊心与自豪感。在国际交往中，恰如其分地升挂本国国旗或外国国旗不仅有助于维护本国的尊严与荣誉，而且还有助于对外国表示应有的尊重与友好。

（一）悬挂国旗

在正式场合悬挂本国国旗，不仅是一种国际惯例，也是人们向祖国致敬的一种方式。

涉外人员必须明确，我国国旗及其图案至高无上。根据惯例，悬挂国旗应以其正面面向观众，不准随便将其交叉悬挂、竖挂或反挂，更不得倒挂。有必要竖挂国旗或使用其反面时，须按照国家的有关规定办理。

在室外升挂国旗时，通常不宜令其角触及地面，尤其是不得将其直接弃置于地面。遇到恶劣天气时可不挂国旗。夜间通常不在室外升挂国旗，倘若有此必要，则必须将其置于灯光照射之下。在任何情况下，我国国旗及其图案绝不可用做广告和商标，不得用于私人丧事活动。

不得升挂有破损、污损、褪色或不合格的国旗。在公共场合，凡故意以焚烧、毁损、涂划、玷污、践踏等方式侮辱我国国旗均属于违法行为，应被依法追究刑事责任。

（二）升旗仪式

在实际工作与生活中，涉外人员时常有可能参加升旗仪式。所谓升旗仪式，一般是指在正式场合中以一系列的规范化程序郑重其事地升挂本国国旗的整个过程。

正式的升旗仪式，通常包括以下五项基本程序：

①全场肃立。

②宣布仪式正式开始。

③出旗。出旗是指国旗正式出场。出旗应由专人负责，其负责操作者通常由一名旗手与双数的护旗手组成。出旗时，通常为旗手居中，护旗手在其身后分别两侧随行，大家一起齐步走向旗杆。

④正式升挂国旗。升旗者可以是旗手，也可由事先指定的代表担任。

⑤奏国歌或唱国歌。升旗时若奏国歌应与升旗同步进行，一般为旗升乐起，旗停乐止。若唱国歌，也可在升旗后进行。

此外，作为升旗仪式最重要的后续环节之一，降旗必须为涉外人员所重视。此处的降旗特指降下升旗仪式中所升挂的国旗。唯有做好此点，升旗仪式才算得上有始有终。

一般而言，降旗不需要组织专门仪式，但仍须由训练有素的旗手、护旗手负责操作。届时，所有在场者均应肃立。无论有无他人在场，降旗时其具体操作者均应严肃认真。降旗完毕，旗手、护旗手应手捧国旗，列队齐步退场，然后将其交由专人保管，切不可将其乱折、乱叠、乱揉、乱拿、乱塞、乱放。

在出席升旗仪式时，所有涉外人员均应有意识地对自己的行为加以约束，做到肃立致敬、神态庄严、保持安静。

（三）国旗排序

国旗排序是指我国国旗与其他旗帜或外国国旗同时升挂时顺序的排列。具体而言，它被分为中国国旗与其他国旗的排序、中国国旗与外国国旗的排序两种情况。这两种情况又分别体现在内部活动排序和国家交往排序中。

1. 内部活动排序

国旗与其他旗帜排序，具体来说就是指国旗与其他组织、单位的专用旗帜或彩旗同时升挂时的顺序排列。一般情况下，升挂我国国旗与其他旗帜时，主要有两种常见的排序。

前后排列。当我国国旗与其他旗帜呈前后队列状态进行排列时，一般将我国国旗排于前列。

并列排列。国旗与其他旗帜并排升挂时，有三种具体情况：其一，一面国旗与另外一面其他旗帜并列，应将国旗居于右侧。其二，一面国旗与另外多面其他旗帜并列，应将国旗位于中央位置。其三，国旗与其他旗帜呈高低不同状态排列，必须将国旗处于较高位置。

2. 国际交往排序

在某些特殊情况下，我国境内可以升挂外国国旗。在处理这一问题时，涉外人员一定要遵守有关国家的惯例与中国外交部的明文规定。

在我国升挂的外国国旗，必须规格标准、色彩鲜艳、完好无损，为正确而合法的外国国旗。除外国驻华领馆和其他外交代表机构外，凡在我国国境内升挂外国国旗时，一律应同时升挂中国国旗。在中国境内，凡同时升挂多国国旗时必须同时升挂中国国旗。外国公民在中国境内平日不得在室外和公共场所升挂其国籍国旗，唯有其国籍的国庆日除外，但届时必须同时升挂中国国旗。在中国境内，中国国旗与多国国旗同时升起时，中国国旗应处于荣誉地位，且各国国旗应按本国规定的比例制作，尽量做到其面积大体相等。多个国家的国旗并列升挂时，旗杆高度应统一。在同一旗杆上，不能升挂两个国家的国旗。

中国国旗与外国国旗并列时的排序，主要分为双边排列与多边排列两种。

双边排列。我国规定：在中国境内举行双边活动需要悬挂中外国旗时，凡由中方主办的活动，外国国旗应置于上首；凡由外方主办的活动，则中方国旗应置于上首。

多边排列。当中国国旗在中国境内与其他两个或两个以上国家的国旗并列升挂时，按规定应使我国国旗处于以下荣誉位置：按一列排列时，以旗面面向观众为准，中国国旗则应处于最右方；按单方排列时，中国国旗应处于最前方；按弧形或从中间往两旁排列时，中国国旗应处于中心；按圆形排列时，中国国旗应处于主席台（或主入口）对面的中心位置。

第三节　国际出访礼仪

国际出访的礼仪，通常是指涉外人员在其出国访问期间所应具体遵守的基本行为规范。出访礼仪的基本要求是：客随主便，入乡随俗，严以律己。

一、外交特权

外交特权与豁免，简称外交特权，又称外交优待。它是为了使职业外交官以及外交使团作为派遣国的代表能够独立、合法、有效地履行职务，而使其在接受国之内享有特殊的、规范的国际法地位，即给予一定的特殊权利，并免除其接受本国公民应尽的某些义务。在此需要明确的是：除职业外交官与外交使团外，其他人通常并无多少机会享有外交特权与豁免。

（一）适用对象

根据1961年所制定的《维也纳外交关系公约》的规定，外交特权与豁免的适用对象是外交代表。按照该公约所作出的具体解释，外交代表特指使馆馆长和其他具有外交官级位的使馆外交人员。而使馆外交职员，则是指具有外交官职位的使馆职员。

除此之外，按照国际惯例，下述人员也可完全或部分地享有外交特权。

①与使馆馆长或使馆外交职员构成同一户口之家属，即其配偶及未成年的子女。

②一个主权国家的国家元首、政府首脑以及外交部长出国时。

③使馆行政与技术职员。但其执行职务范围以外的行为时，不能豁免民事和行政管辖。对其关税的豁免，也仅限于其赴任时所运入的物品。

④使馆事务人员。他们是指派遣国政府所雇佣的司机、厨师等人。除其执行公务的行为豁免管辖外，其受雇所得报酬免除捐税和免予使用接受国保险办法。

⑤使馆职员的私人仆役。该类人员的受雇所得报酬免除捐税。至于其他方面，则仅在接受国批准的范围内享有特权与豁免。

⑥使馆行政与技术职员的家属。他们可分别享有与行政及技术职员相同的特权。

但承认这一特权，应以他们不是接受国国民为前提。

除上述常住使馆人员外，由派遣国与接受国双方同意，临时派遣的代表一国就特定任务进行交涉的特别使团人员、派往国际组织的各国代表团成员、国际组织的高级职员等，也可根据有关国际公约享有类似的外交特权与豁免。

（二）适用时间

《维也纳外交关系公约》规定，外交特权与豁免的适用时间为：外交特权与豁免享有者自其赴任进入接受国之时起，至其职务终止离开接受国之时止。该公约还进一步规定：对在接受国内尚未享有外交特权与豁免者，自派遣国将其委任通知送达接受国外交部之时起，即享有外交特权与豁免。

倘若外交代表和其他使馆人员死亡，其家属应继续享有所应享有的外交特权与豁免，直至其离开接受国国境的合理期间为止。

（三）适用地点

依照国际惯例，对外交代表及其家属而言，外交特权与豁免的适用地点主要是在其接受国国境之内。不过在一般情况下，他们在第三国境内通常亦可享有外交特权与豁免。

对在外交级别上高于外交代表的一国国家元首、政府首脑、外交部长而言，他们在国外活动时一般均享有外交特权与豁免。

为维护国家主权，各国大都对外交特权和豁免及其适用范围有各自的解释与特别规定。

二、出入国境

进行涉外访问时，必然要离开本国国境并进入其他国家的国境。为维护本国的国家安全，世界各国目前都不允许外国人任意出入本国国境。在本国公民需要出入境时，通常也有一些限制。

在出入境时，尤其是因公出境时，需要办理必要的手续，经过规定的申报审批程序。按照中国政府的现行规定，中国公民的出国出境通常被划分为因公和因私两大类。根据规定，因公和因私出国出境的两类人员需要的申报、审批程序各不相同。

在出入国境时，一些有关事项必须为我方人员所重视。初次出入国境者，对相关事项更应倍加关注。

（一）接受出入境检查

为维护国家安全，世界各国均对出入境旅客实行严格的检查。出入境的检查

部门一般都设在旅客出入境的地点，如机场、码头、车站等。各国目前所实行的出入境检查，大致包括以下四种：

第一，边防检查。此项检查在许多国家均由移民局或外侨警察局负责，我国则有边防检查站负责。其主要内容为：填写出入境登记卡片、交验护照、检查签证等。有些国家免办过境签证，并允许过境旅客走出机场前往市区参观，只需将护照留在边防部门，领取过境卡片，返回时再去交换。

第二，海关检查。根据惯例，此项检查一般只询问旅客有无需要申报的物品，或由旅客填写携带物品出入境的申报单。必要时海关有权开箱检查旅客所携带的物品。唯有持外交护照者，方可免检。对于出入境物品，各国的管理与规定往往有所不一。在一般情况下，烟酒等物品限量放行；文物、武器、毒品、动植物、本地货币、涉密物品则为禁止出入境物品。正常情况下，海关对于外国旅客或非本地居民的例行检查，一般采取免检、口头申报、填写海关申报单、填写海关申报单并开箱检查四种方式。就现状而言，前三种情形较为常见，最后一种则较为少见。

第三，安全检查。为防止有人秘密携带武器弹药等劫持飞机，或从事其他非法活动，目前世界上绝大多数国际机场在旅客上下飞机前后均要对其进行安全检查。进行安全检查的方式主要有搜身、使用磁性探测器、使用红外线透视仪、通过安全门及开箱检查等方式。上述几种方式往往同时采用。按照惯例，不论外交代表还是外交护照的持有者，都必须接受有关的安全检查。

第四，卫生检疫。按照惯例，旅客在出入国境时，国境卫生检疫部门需要检查其预防接种证书，即黄皮书。如果发现出入境的旅客未进行必要的接种，就会对其采取隔离或强制接种措施。我国卫生检疫部门根据旅客来自国家或地区的不同，决定是否对其实施检疫；对于我国旅客，则根据其前往的国家或地区，在其回国时决定是否对其进行检疫。

（二）出入境具体问题

出入国境时，对一些具体问题必须有所了解。

1. 出境须知

出境时，我方人员需要注意的具体问题有：

①严格遵守各国海关的有关规定。

②尽量减少手提行李，不要将金属物品置于手提行李之中。

③妥善保管好本人的护照、相关文件，以备随时交付检查。

④出国团、组应集体活动，登上飞机前应清点人数，依次登机，以防失散。

⑤认真填写海关申报单与出境登记卡，有不明之处应及时向有关人员咨询，以免填错或漏填。

2.入境须知

入境时，我方人员需要注意的主要有：

①尽量选乘与我国建交的国家航班，在直接过境机场应尽量不下飞机，以免发生意外。必要时可在候机室内休息。

②尽量在飞机上填好海关申报单或入境登记卡。

③到达目的地后，应依照礼宾次序依次进入其边防检查处接受检查。

④妥善保管好本人护照与相关文件。

⑤接受边防检查后，通常应先取回本人行李，然后再去海关办理有关手续。

⑥人数较多的出访团、组，在全体人员入境后，应整理好自己的队伍，点好人数，有秩序地进行集体行动。若无特殊事由，出访人员在入境时切忌擅自离队或单独行动。

三、应对媒体

媒体在当今的信息化时代几乎无处不在，一直发挥着十分重要的作用。作为一名涉外人员，在国际交往中应对媒体时，既要掌握政策、遵守纪律、注意分寸，又要沉着机智、落落大方、举止得体。

应对媒体时，首先要对自己即将面对的媒体有所了解，着重了解其政治倾向、实际影响、具体特征。与媒体接触时，要方便媒体，统一口径。现场表现要做到：

①泰然自若。首先要不慌不忙。应对媒体时，切勿手忙脚乱，胡言乱语。一般来说，在媒体面前不慌不忙的人，往往会赢得媒体与公众的好感。其次要不骄不躁。涉外人员在应对媒体时，切勿骄傲自大、目中无人。

②谨言慎行。在应对媒体时，涉外人员应对自己的一言一行倍加注意，力求不出差错。尽量做到有问必答、真实无欺、巧妙作答、行为得当。

③善待记者。在应对媒体时，应善待工作人员，尤其是辛劳的新闻记者们。在现场应对媒体时，善待记者的最佳表现是主动合作、态度友善并平等待人。

④弥补失误。涉外人员在现场应对媒体时，一方面应当一丝不苟，避免失误；另一方面要在出现失误时尽力弥补。弥补应对媒体失误的具体做法有以下三个：

一是当场弥补失误。在现场应对媒体时，一旦发现自己出现某种失误，应当想方设法当场更正，以免置之不理酿成祸端。

二是事后弥补失误。加入事后发现自己或我方应对媒体时有误，应在力所能

及的情况下，采取一切可能的措施进行弥补。

三是认真总结教训。每次应对媒体后，一定要认真收集有关媒体的报道，并对其进行分析。对于所发现的问题，要探究原因并设法予以弥补。

 练习题

一、简答题

1. 在国际交往中怎样才能表现得热情有度？怎样才能表现得不卑不亢？

2. 为何提倡"入乡随俗"？

3. 怎样具体确定来宾的接待规格？

4. 怎样确定宾主介绍时的标准顺序？

5. 悬挂国旗的主要礼仪有哪些？

6. 哪些人员享有外交特权与豁免？

二、案例题

双星集团总经理汪海有一次去美国考察，在一次新闻发布会上遇到许多记者提问。一位意大利记者问："你们生产的运动鞋为什么叫'双星'？是不是代表你们常说的物质文明和精神文明？"汪海微笑着点头，说："还可以这样理解：一颗星代表东半球，一颗星代表西半球，我们要让'双星'牌运动鞋潇洒走向世界。"对这番豪言壮语，一位美国记者却不以为然，问道："请问先生，您脚上穿的是什么鞋？"这一用意十分明显：如果你穿的是"双星"牌子，那自然没话说，但如果穿的是洋货，那意味着自己都不愿穿，何谈走向世界？不料，汪海十分沉着冷静地说："在贵国这种场合脱鞋是十分不礼貌的，但是这位先生既然问了，我就破例了。"说着他把自己的鞋子脱了，高高举起，指着商标处，大声说道："Double Star（双星）！"这时，场上响起了热烈的掌声，不少记者争相拍下这一镜头。第二天，美国纽约各大报纸在主要版面纷纷刊登出这张照片。《纽约时报》一位记者评述道："在美国脱鞋的有两个人，一个是苏联的领导人赫鲁晓夫，他脱鞋敲桌子表明了一个大国的傲慢无礼；一个是来自中国大陆的双星集团总经理，他脱鞋表明了中国的商品要征服美国市场的雄心。"

请问，汪海在美国新闻发布会上的举动表明了什么？体现了涉外礼仪的哪些原则？

三、实训题

学生分组进行各国禁忌礼仪的表演：以 2~4 名学生为一组，并指定某一特定的国家，让学生将该国的一些禁忌和礼仪掺入所表演的商务活动中。然后由其他组成员指出该表演中的相关礼仪和禁忌。

参考文献

[1] 杜海玲，许彩霞，金依明，杨娜.商务谈判实务（第2版）[M].北京：清华大学出版社，2014.

[2] 陈文汉.商务谈判实务(第2版)[M].北京：人民邮电出版社，2014.

[3][美]艾莉卡·爱瑞儿·福克斯.哈佛谈判心理学[M].美国，译.北京：中国友谊出版公司，2014.

[4] 张强.商务谈判学(第二版)[M].北京：中国人民大学出版社，2014.

[5] 尹渔清.商务谈判[M].广州：广东高等教育出版社，2014.

[6] 刘华.商务谈判与礼仪[M].北京：中国铁道出版社，2014.

[7] 余红平.商务谈判[M].北京：中国财经出版社，2014.

[8] 谭小芳.清华总裁班受欢迎的谈判课[M].北京：北京理工大学出版社，2014.

[9] 王威，李莉.国际商务谈判[M].厦门：厦门大学出版社，2014.

[10] 王思怡.20几岁要懂得的社交礼仪常识[M].北京：电子工业出版社，2014.

[11] 李昆益，姬忠莉.商务谈判实务[M].北京：中国人民大学出版社，2014.

[12] 赵春明，熊珍琴，王薪翰.商务谈判[M].北京：中国财政经济出版社，2014.

[13] [美]博恩·崔西.谈判[M].马喜文，译.北京：机械工业出版社，2014.

[14] [美]罗伯特·迈尔.谈判就是搞定人：世界谈判大师的超级谈判术[M].丛铭辉，王唤明，译.北京：北京时代华文书局，2014.

[15] 王军旗.商务谈判——理论.技巧与案例(第4版)[M].北京：中国人民大学出版社，2014.

[16] 叶伟巍，朱新颜.商务谈判[M].杭州：浙江大学出版社，2014.

[17] 景楠.商务谈判[M].北京：对外经济贸易大学出版社，2014.

[18] 余柏，陶雪楠.新编实用谈判案例详解与应用[M].哈尔滨：哈尔滨出版社，2014.

[19] 施海霞.商务谈判实用教程[M].北京：中国铁道出版社，2014.

[20] 刘园.国际商务谈判[M].北京：中国人民大学出版社，2014.

[21] 彭庆武.商务谈判——理论与实务[M].北京：北京交通大学出版社，2014.

[22] 张婵婵 . 谈判力：字里行间的心理博弈术 [M]. 贵阳：贵州人民出版社，2014.

[23] 白远 . 国际商务谈判——理论案例分析与实践（第三版）[M]. 北京：中国人民大学出版社，2014.

[24] 龚荒 . 商务谈判与沟通：理论、技巧、实务 [M]. 北京：人民邮电出版社，2014.

[25] 徐宪江 . 哈佛谈判课 [M]. 北京：中国法制出版社，2014.

[26] [英] 史蒂夫·盖茨 . 优势谈判实战训练手册 [M]. 苏西，译 . 深圳：海天出版社，2014.

[27] [美] 莉·汤普森 . 谈判的真理 [M]. 方颖，译 . 北京：机械工业出版社，2014.

[28] 杨震，解永秋 . 模拟商务谈判案例教程 [M]. 北京：中国轻工业出版社，2014.

[29] [美] 里奇费里德曼 . 别让不懂礼仪害了你 [M]. 南京：江苏文艺出版社，2014.

[30] 杨松梓 . 商务礼仪实务 [M]. 北京：科学出版社，2014.

[31] 汪东亮，胡世伟 . 商务礼仪 [M]. 桂林：广西师范大学出版社，2014.

[32] 蔡颖华 . 国际商务礼仪 [M]. 北京：中国人民大学出版社，2014.

[33] 王玉苓，徐春晖 . 商务礼仪 [M]. 北京：人民邮电出版社，2014.

[34] 李晓东 . 社交与礼仪知识全知道 [M]. 北京：北方妇女儿童出版社，2014.

[35] 孙立湘，王颖 . 实用交际礼仪 (第 3 版)[M]. 北京：机械工业出版社，2014.

[36] 李娌 . 社交礼仪 [M]. 北京：中国人民大学出版社，2014.